宁夏地方史话丛书

宁夏史话 上

总主编　张　廉
主　编　贠有强

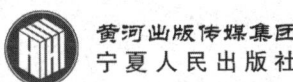

黄河出版传媒集团
宁夏人民出版社

图书在版编目(CIP)数据

宁夏史话.上/负有强主编. — 银川:宁夏人民出版社,2017.12

(宁夏地方史话丛书/张廉总主编)

ISBN 978-7-227-06842-6

Ⅰ.①宁… Ⅱ.①负… Ⅲ.①宁夏—地方史 Ⅳ.①K294.3

中国版本图书馆 CIP 数据核字(2017)第 329441 号

宁夏地方史话丛书
宁夏史话(上)

张 廉 总主编
负有强 主 编

责任编辑　周淑芸
责任校对　白　雪
封面设计　香　榆
责任印制　肖　艳

黄河出版传媒集团
宁夏人民出版社　出版发行

地　　址	宁夏银川市北京东路 139 号出版大厦
网　　址	http://www.yrpubm.com
网上书店	http://www.hh-book.com
电子信箱	nxrmcbs@126.com
邮购电话	0951-5052104　5052106
经　　销	全国新华书店
印刷装订	宁夏精捷彩色印务有限公司
印刷委托书号	(宁)0008210

开本　720mm×980mm　　1/16
印张　19.75　　字数　320 千字
版次　2017 年 12 月第 1 版
印次　2017 年 12 月第 1 次印刷
书号　ISBN 978-7-227-06842-6
定价　60.00 元

版权所有　侵权必究

《宁夏地方史话丛书》

编委会

主　任	咸　辉			
副主任	赵永清	杨培君	张　廉	刘天明
委　员	许　宁	陈春平	赵旭辉	李秋玲
	郭秉晨	杨志东	马汉文	曹志斌
	白耀华	王文宇	宋建钢	马建民
	撒承贤	李志炜	王生屹	杨玉经
	李郁华	喜清江	马汉成	万新恒
	贠有强	周福琦	赵会勇	刘　虹
	赵　波	马自忠	苏焕喜	李　彬
	马莉方	李玉山	谭兴玲	金永灵
	戴培吉	丁　炜	房正纶	武维东
	潘建宁	马威虎	刘启东	陈　宏
	许正清	孙生玉	张永祥	赵军文

主　　　编　张　廉
副　主　编　刘天明　　贠有强　　张万静
特邀编审　吴忠礼　　孙生玉
编辑部主任　贠有强
编辑部副主任　张万静

《宁夏史话(上下)》

编委会

主　　任	张　廉	
副 主 任	刘天明	贠有强
委　　员	吴忠礼	饶彦久
	李习文	霍丽娜
	黄　鑫	

主　　编　　贠有强
副 主 编　　张万静
特邀编审　　吴忠礼
撰　　稿　　王晓华

前 言

宁夏历史悠久,文化灿烂,是中华文明的发祥地之一。有史以来,北方游牧民族与中原农耕民族在这里繁衍生息、相互交融、相互渗透,形成了多种文化形态并存的局面,积淀了独特的地域和民族文化资源。丰富璀璨的宁夏历史文化遗存,既蕴含了物换星移、兵戎玉帛的沧桑往事,也呈现出厚重丰富、独具特色的文化内涵。

宁夏回族自治区党委、政府高度重视文化的大发展、大繁荣,十分重视历史典籍的编纂出版工作。广大史学工作者依托宁夏丰富的历史文化资源,辛勤耕耘,忘我奉献,编辑出版了一大批反映宁夏历史文化的研究成果,为宁夏历史文化的开发和利用展现了新的窗口,对人们了解宁夏、认识宁夏发挥了重要的作用。新时期,继续深入挖掘宁夏历史文化资源,推出大批适合时代要求、人民群众需要的研究成果,不仅是宁夏广大史学工作者的重要使命和历史任务,也是建设和谐富裕新宁夏、与全国同步进入全面小康社会的迫切要求。《宁夏地方史话丛书》编纂工作的启动,正是适应这一发展要求应运而生的产物。

《宁夏地方史话丛书》旨在以宁夏多元文化为主线,分门别类,按照地域和行业来分类,以重大历史事件来陈述,打造一整套宁夏地方历史文化的集大成之作。这套丛书不仅展现了宁夏历史文化的不同侧面,而且系统介绍了宁夏历史发展进程,是彰显宁夏历史文化特色、打造宁夏历史文化品牌、促进宁夏历史文化发展的优秀成果。

　　新中国地方志编纂工作开展三十余年来，各地地方志、年鉴、地情资料丛书的大量出版，积累了丰富的地方历史文化资料，培养了一批文字功底强、业务能力精的史志专家队伍。各级领导对地方史志工作也给予了大力支持，创造了良好的发展环境，为打造品质一流、特色浓厚的《宁夏地方史话丛书》奠定了坚实的基础。通过《宁夏地方史话丛书》，人们可以感受宁夏历史文化的苍凉厚重，领略宁夏历史文化的奇特魅力。

《宁夏地方史话丛书》编辑部

目录 MULU

上 册

001	伏羲女娲居陇山	人文始祖留圣迹
011	史前考古发祥地	文明之源水洞沟
024	历史画卷石上刻	神秘岩画山中留
036	黄帝问道广成子	道教溯源六盘山
042	幽王烽火戏诸侯	犬戎举兵灭西周
049	嬴秦族崛起陇山	秦穆公称霸西戎
059	惠文王跃马黄河	宣太后智灭义渠
066	始皇平定河南地	蒙恬开边新秦中
078	一代巨商乌氏倮	位比封君享殊荣
084	回中道里回中宫	秦皇汉武巡朔方
092	汉代移民大开发	再造天府新乐园
102	民族自治初尝试	安定属国开先河
110	梁氏豪族把朝政	外戚专权惹祸端
119	梁鹄书法世称绝	八分奇书文化魂
129	羌族烽火遍宁夏	傅燮追封壮节侯

目录 MULU

143	布衣名士皇甫谧	乱世忠臣张士彦
157	赫连氏雄踞高平	建大夏穷兵黩武
167	刁雍开凿艾山渠	宁夏处处米粮川
174	北周移民古灵州	塞北江南始有名
181	胡琛举义高平城	丑奴建元号神兽
187	太宗灵州会百王	民族团结一家亲
198	唐皇优抚吐谷浑	公主下嫁诺曷钵
206	唐肃宗灵州登基	朔方军匡扶社稷
221	丝绸之路通宁夏	中外交流结硕果
226	弃故土党项东迁	尊唐室拓跋称雄
240	党项族割据夏州	李继迁反叛宋廷
253	继迁攻占灵州城	德明定都兴庆府
268	李元昊登基称帝	宋辽夏鼎足而立
282	造文字标新立异	尊儒学崇尚佛教
296	蒙古军势不可挡	西夏国灰飞烟灭

伏羲女娲居陇山
人文始祖留圣迹

六盘山

伏羲

美丽的六盘山绵延千里,横亘于宁夏、甘肃、陕西三省交界处,在干旱少雨的黄土高原上,像一颗硕大的绿色翡翠,镶嵌在祖国西北美丽辽阔的土地上。这是一个历史悠久、人文荟萃、人杰地灵的地方,从六盘山的怀抱里,奔腾流淌的泾河、渭河、葫芦河,像哺育婴儿的乳汁,为中华文明的发展壮大提供着丰富的养料。无数动人的诗篇赞颂过她,无数悠久的典籍记载过她。《山海经》里有她,《诗经》里有她,《史记》《水经注》里同样有她。数不清的帝王将相、文人雅士来过这里,黄帝来过,秦始皇来过,汉武帝来过,成吉思汗来过,开国领袖毛泽东、改革开放总设计师邓小平也来过。这里是丝绸之路的必经之地,驼铃阵阵,羌管悠悠,唱响着一曲曲历代经济文化交流的赞歌。这座大山像一座默默的丰碑,承载着我们中华民族太多的历史、太多的故事。关于她的

历史传奇,似乎永远也说不完。追寻六盘山的历史源头,远的让人无法想象。在那人类身披兽皮、茹毛饮血的年代里,六盘山地区就是中华民族人文始祖伏羲、女娲的故乡。

伏羲、女娲的传说也许是中华民族历史上最经典、最伟大的传说,里面包含了太多中华民族幼年时期的亘古记忆和不朽传奇。那段历史是如此遥远,连西汉史学大师司马迁都感叹难以记述,发出了"夫神农以前,吾不知已"的感叹。意思是说,神农氏炎帝以前(即伏羲、女娲时代)的中国历史,连我也说不清楚。司马迁这样的史学巨匠都说不清的伏羲、女娲时代,今天的人们能说清楚吗?以现在的历史研究水平来说,答案是肯定的。虽然今天的史学工作者未必有太史公马迁那样渊博的历史知识,但人们认识世界的方式方法在进步,今天的人们可以综合运用考古学、人类学、文化学等综合文化知识去认识传说中的历史时代,比太史公多了不少便利的条件。特别是建国以来在泾河、渭河、葫芦河沿岸发现的大量考古遗迹,其中以天水秦安大地湾遗址为代表,让今天的人们了解伏羲女娲时期的六盘山历史文化提供了丰富的实物资料,也为最终揭开这段中华文明源头的千年之谜提供了依据。

六盘山地区是一个跨越行政区域概念的提法,它包括了宁夏固原市所辖的5县区以及甘肃省的平凉市所辖的7县区和天水市北部的秦安,东北部的清水县,西北部的甘谷县、张家川县以及定西市的通渭县、白银市的会宁县,还包括了庆阳市的镇原县。另外,陕西宝鸡市偏西北的陇县

也属六盘山系的余脉地区。六盘山地区范围内的甘、宁、陕所辖的平凉、庆阳、天水、定西、白银、固原、宝鸡7个市的20个县境内,仅旧石器、新石器时代的遗址就有4000余处。这里有中华人民共和国重大考古发现之一的大地湾遗址,它的发掘证明了六盘山地区先民在中华文明的形成过程中曾经作出过的不朽贡献。伏羲、女娲传说是宁夏、甘肃、陕西三省,甚至包括河南在内的黄河中下游地区共同的宝贵历史财富,值得人们去努力探索传说时代的奥秘。

伏羲、女娲是传说中的人物,是中华民族的人文始祖,对于流传千年的神话传说,许多人也许认为不是真实的历史,只是人们长期口耳相传的虚无缥缈的传

| 六盘林海

闻,这就大错特错了。这些神话传说往往隐藏着惊人的秘密,就像人类历史文明的基因,是繁衍生命的源泉。让我们一起走入传说中的伏羲、女娲时代,去探求那些深藏于奇闻趣事中的历史真相吧!

据载,伏羲和女娲是兄妹关系,南宋郑樵《通志》卷一《三皇纪第一》引《春秋世谱》云:"华胥生男子为伏羲,女子为女娲。"《路史·后记》二注引《风俗通义》云:"女娲,伏羲之妹。"文献中有关于伏羲出生地的记载,《帝王世纪》云:"母曰华胥……生疱牺于成纪","有大人迹出于雷泽,华胥履之而生疱牺,长于成纪"。成纪,秦县名,属陇西郡。疱牺即伏羲,传说伏羲教会人们用火,由茹毛饮血变为吃熟食,保证了人类的健康,所以又称疱牺。雷泽,《山海经·海内西经》曰:"雷泽中有雷神,龙身而人头,鼓其腹,在吴西。"吴即吴山,亦称吴岳。吴岳是华山以西的名山之一;吴山又称西虞,《管子·小匡篇》云:"西服流沙、西虞。"西虞,《国语·齐语》作"西吴"。《汉书·地理志》右扶风汧县本注:"吴山在西,古文以为汧山,雍州山。北有蒲谷乡弦中谷,雍州弦蒲薮。汧水出西北,入渭。"《水经注·渭水》亦云:"汧水又东会一水,水发南山西侧,俗以此山为吴山。"吴山即汧山,则"吴西"当为汧山(或陇山)以西。吴西之雷泽很有可能为汉之朝那湫。成纪又在其西,此即伏羲

| 黄河坛

之生地。女娲、伏羲以兄妹为夫妻,则女娲或亦成纪一带人。

伏羲、女娲的诞生地在成纪,历史上的成纪就是指现在宁夏南部和甘肃东部葫芦河、渭河一带的广大地区。发源于今天宁夏西吉县月亮山的葫芦河是中华远古文明发展史上非常重要的一条河流。它的命名有着远古农业文明的鲜明烙印。葫芦,早在一万年前的远古时期,就开始种植食用,葫芦的营养价值丰富,嫩时可以食用,等到长老时,又可以作为盛水、盛食物的器物。正是因为葫芦在古代具有重要的作用,所以从远古时期起,葫芦就是人们崇拜和喜爱的对象。葫芦从外形来看,就像一个怀胎十月、即将临盆的孕妇,又像是处在哺乳期的母亲那充满乳汁的乳房。葫芦多籽,在我国古代历来有"多子多福"的说法,所以葫芦又被看作是人类繁衍、传宗接代的象征。闻一多先生考证说:伏羲、女娲,甚至包括盘古,都是葫芦的拟人化。在远古时期,人们还没有发明陶器,取水是人类遇到的一大难题。人们尝试着用各种东西盛水,最后终于发现葫芦是盛水的最佳工具。远古时期的人类对于神奇莫测的大自然充满了敬畏之情,他们会把某些自然现象当作神的恩赐或惩罚,也会把某些动物或植物当作神一样进行崇拜,对葫芦的崇拜就是非常典型的例证。

根据传说,伏羲的母亲华胥氏一天去野外游玩,走到一个叫作"雷泽"的大湖边,突然看到一个非常大的脚印,她非常好奇,于是便伸脚在上面踩了一下,回去后便怀孕了。后来顺利生下了一个男孩,取名叫伏羲。伏羲的诞生真的这么神秘吗?其实不然。在远古社会,女性在原始部落中扮演着非常重要的角色,人们的婚姻也并不是一夫一妻制,所以生出来的孩子只知道妈妈的名字,在这样的母系氏族社会里,母亲是维系一个氏族彼此关系的纽带。伏羲的诞生传说实际上是古代母系氏族社会只知其母、不知其父的婚姻现象的反映。伏羲的诞生地,那个传说中的大湖到底在哪里呢?谁也说不清楚。但史学工作者根据历史典籍上的蛛丝马迹,查证到了一些线索。司马迁曾经在《史记》中记载:在秦始皇时期,在全国重要的山川湖泊进行祭祀活动。其中一处重要的祭祀地点在湫渊。那么,湫渊在什么地方呢?根据考古发现,湫渊就是今天固原市彭阳县古城镇甘海村的甘海子,为什么要选择湫渊进行祭祀?是因为湫渊这个湖泊非常神奇,湖水一年四季不增不减,是传说中龙的藏身处。在六盘山地区只有湫渊这个高山湖泊得到了国家级的祭祀地位,这是不是古人对伏羲诞生地、传说中的"雷泽"的一种特殊的怀念方

式呢？

在六盘山一带，至今还流传着伏羲、女娲兄妹用葫芦避难，兄妹成婚的神话故事。

在远古时期，人们过着衣食无忧的幸福生活。可是人们却毫不满足，以劳动为耻，以享乐为荣。不知道孝顺父母，尊老爱幼。这些人间的丑恶现象被天帝发现了，天帝大怒，决定要毁灭人类，给人类以巨大的惩罚。但是天帝又觉得应该下界去看看，是不是真的要把人类全部灭绝。于是，他化身为一个白胡子乞丐，到人间去观察一番。

这天，假扮成乞丐的天帝来到了葫芦河畔的一个村庄，正好伏羲、女娲兄妹俩在家。乞丐伸出手敲打着屋门："行行好，给点水喝吧，我快渴死了。"

伏羲听到声音，探出了身子，看到一个浑身肮脏、满脸尘土的老乞丐站在门口，连忙把他搀进了屋子，"老大爷，您休息一下，我这就给你舀水喝。"说着，用葫芦瓢舀了一瓢清水给他喝。老乞丐渴极了，连声说着："谢谢，谢谢，好心的小伙子。"一边捧起瓢"咕咚""咕咚"地喝起水来。

女娲在一旁看到老乞丐腿上沾满了污泥，一只脚还溃烂着，不停地向外流着脓血。连忙说："老大爷，您的脚受伤了，我家里还有点草药，给您包扎一下吧。"当时六盘山盛产中药材，有党参、黄芪、甘草、灵芝等，是古代人们治病强身的天然药库，女娲细心地用清水把伤口洗干净，然后敷上了从六盘山上采来的止血消肿的草药。

假装老乞丐的天帝看到人世间还有这样的好心人，不禁非常感动。他终于决定不再把人类全部毁灭，而是把这对好心的兄妹留下来，让他们重新繁衍出善良、淳朴的人类后代。

临走时，老乞丐拿出一个宝葫芦，送给伏羲、女娲兄妹。郑重地嘱咐说："我走后，人间将发生巨大的灾难，到时候你们不要害怕，只要躲在这个宝葫芦里，就可以躲过灾难！"说完，就化作一道金光不见了。

伏羲、女娲不禁目瞪口呆，他们知道肯定是遇到神仙了。

当天夜里，狂风大作，乌云密布，天就像被捅漏了一样，下起了倾盆大雨，地上顿时成了一片汪洋，房屋、树木、鸟兽都被统统淹没在水中。

刚开始下雨，宝葫芦就越长越大，变成了一座小房子般大小，伏羲、女娲兄妹

女娲补天

俩连忙从葫芦嘴爬进去,葫芦开始在无边的汪洋中随着波浪漂浮。

这场大雨一连下了七七四十九天才停下来。原来大地上的人都在这场大洪水中被淹死了,只有伏羲、女娲兄妹活了下来。洪水退后,大地重新恢复了原来的生机。伏羲、女娲从葫芦里出来,开始用自己勤劳的双手重建家园。

可是,一个重要的现实问题是:世上只剩下他们兄妹俩,怎么繁衍后代呢?伏羲只好对妹妹女娲说:"妹妹,现在世上只有你我两个人了。我们必须结为夫妻,才能生儿育女,否则人就要灭绝了。"

女娲听了哥哥的话,低下头默不做声,过了一会儿,她说:"兄妹按理说是不能婚配的,现在只有看天意如何了。如果天和地都答应我们俩婚配为夫妻,那么我就答应你。"

"怎么证明天地答应我们结为夫妻呢?"

女娲说:"这个好办,我们俩各点燃一堆柴草,如果冒出的烟能合拢到一起,

那就说明上天同意我们结为夫妻。"

伏羲听了半信半疑，但只能按妹妹说的做。两人分别点燃两堆柴草后，向上天跪拜祈祷："如果天意要我俩结为夫妻，就使烟合并，如果没有这个意思，就让烟分散飘开。"

这时候，奇迹出现了，两股浓烟从两堆火苗中蹿出后，像两个依依不舍的恋人般缠绵在一起，一起飘到半空中都不散开。

伏羲高兴地说："妹妹，看来上天同意我们结为夫妻了。"

女娲平静地说："下面就看大地的意思了。我们俩站在对面的两座山上，各自往山下推一扇磨，如果两扇磨能合到一起，那么就证明大地也同意了。"

伏羲和女娲各自站在月亮山和美高山的山顶上，两扇石磨"咕噜噜"地顺着沟滚到了山下，说也奇怪，两扇磨就像是磁铁一样，"砰"地撞到了一块，紧紧地合到了一起。这就是后来"磨合"一词的来历。

女娲看到天地都同意了他们的婚事，只好害羞地答应了。当天夜里，女娲用一把用草编成的扇子挡住羞红的脸，和哥哥拜堂成了亲。后来的人们为了纪念这两位人文始祖，也在结婚的时候用盖头把新娘子的脸遮住。

为什么在中国远古时兄妹可以通婚呢？这就要从人类最原始的婚姻状态说起。人类最初是没有婚姻和家庭观念的。最初人类的两性关系是杂乱的，随着采集、狩猎经济的发展，古人在劳动中开始按照男女、年龄进行分工，他们的思维也发生了进步，父母开始不愿与自己的子女发生两性关系，最后人类终于排斥了杂乱的两性关系，发展成比较固定的血缘群团，又称血缘家庭或血缘公社。它既是一个生产生活单位，又是一个内部通婚的集团。在这里面开始不许祖辈与少辈之间、双亲与子女之间发生两性关系，而却允许兄弟姐妹之间互相通婚。这种血缘群婚在人类发展史上经历了以百万年计的漫长岁月，伏羲和女娲的年代距今有多长时间，现代的历史学家还给不出一个准确答案。但是有一点可以认定，他们一定是生活在原始社会的血缘公社时期，而这一时期的时间跨度要有百万年以上。马克思曾说："在原始时代，姊妹曾经是妻子，而这是合乎道德的。"这样看来，伏羲和女娲兄妹通婚也就不足为奇了。从当时原始部落联盟的角度来看，伏羲、女娲兄妹成婚也是两个具有血缘关系的部落组成联盟的反映。

除了葫芦崇拜以后，伏羲、女娲与中华民族的象征"龙"也有着千丝万缕的联

新石器时期陶器

系。龙文化是中华远古文化的凝聚和积淀。龙成了中国的象征、中华民族的象征、中国文化的象征。"龙的子孙""龙的传人"这些称谓常令我们激动、奋发、自豪。龙的文化除了在中华大地上传播承继外,还被远渡海外的华人带到了世界各地,在世界各国的华人居住区或中国城内,最多和最引人注目的饰物仍然是龙。因而,"龙的传人""龙的国度"也获得了世界的认同。

今天,当我们看到古人绘制的伏羲、女娲像时,都会惊异地发现,作为中华民族人文始祖的伏羲、女娲居然上半身是人、下半身是蛇的模样。山东、河南、四川等省考古发现的汉墓画像砖上,有两个人头蛇身交尾的画面;东汉《鲁灵光殿赋》云:"伏羲鳞身,女娲蛇躯。"故汉墓画像砖上的画像确即伏羲、女娲,两尾相交正是夫妻的象征。在汉墓画像砖的画面上,男子而手执方矩者为兄伏羲,女子而手执圆规者为妹女娲。据研究,伏羲、女娲不仅以人首蛇身交尾表现两性间的自然形态;其也包含着天地交泰的内容。伏羲、女娲分别手执规矩,依古代天圆地方说,圆规为天形的代表,方矩为地形的代表。阴阳在自然中代表天地,在人世间代表男女,在这一图像中就完善地体现出来了。

这种奇怪的画像究竟是怎么回事呢？难道我们的老祖先是蛇的后代吗？其实这是古代氏族部落图腾的反映。所谓图腾，就是原始时代的人们把某种动物、植物或非生物等当作自己的亲属、祖先或保护神。相信他们有一种超自然力，会保护自己，并且还可以获得他们的力量和技能。在原始人的眼里，图腾实际是一个被人格化的崇拜对象。在远古时期，伏羲、女娲所在的风姓部落应该是以蛇为图腾崇拜。所以，伏羲女娲是人首蛇身，也就不奇怪了。

伏羲、女娲的人首蛇身和龙又有着什么样的联系呢？这是当时华夏民族的先民们互相交流融合的结果。当伏羲、女娲以蛇为图腾的风姓部落向东发展时，与生活在黄河中下游的古代氏族部落不断融合，结成更大的部落联盟。当时这些生活在黄河中下游的氏族部落图腾中，有的是鸟，有的是鱼，有的是马……当这些部落组成大的部落联合体时，就需要创造出一种新的图腾来，作为本氏族的保护神。于是在蛇的身体上，加上了鸟的爪子、鱼的鳞片、马的脸、鹿的角……龙的形象越来越丰满，被赋予了飞天遁地、行云布雨等种种神奇力量，成为中华民族共同的图腾象征。龙的主体躯干正是伏羲、女娲的蛇身，也说明了伏羲、女娲是中华民族龙文化的主体所在。今天的六盘山在古代又被称为陇山，陇的意思就是高高的连绵不断的山丘。那高高的山脊，不正像龙盘旋曲折的脊梁吗？六盘山，也就是陇山，就是中华民族龙兴之地，是中华民族腾飞的地方！

作为伏羲、女娲的诞生地，六盘山地区关于伏羲、女娲两位人文始祖的传说还有很多很多。这些神话传说是我们民族最初的记忆，是对伟大祖先的缅怀纪念，是中华民族从蒙昧走向文明的永恒记忆。六盘山是记录中华民族伟大历史的神圣之山！

史前考古发祥地
文明之源水洞沟

水洞沟遗址

　　距离宁夏回族自治区首府银川以东数十公里有一个不起眼的地方，名叫水洞沟，正好位于银川平原和鄂尔多斯台地的边缘地带。这里在明代是边防屯兵之地——红山堡西南的一段道路区域。这段道路东西长约5公里，很有特色，道路处于断崖之中，路旁的沟中常年有水，遇有山洪，整个道路便成了泄洪沟。而从断崖之上远望，则是一马平川，只是被这条沟壑所阻断，而沟中的洪水仿佛从洞中涌出。这大概就是水洞沟地名的来历。这段道路是清代至民国时期宁夏至陕北、绥远最为便捷的一条道路。到20世纪70年代，当国道307线贯通后，这条道路便被人淡忘。这里人迹罕至，鸟兽难觅，黄沙满地，即便是当地人，也少有人知道水洞沟这个地方。当人们站在沟崖之上，只见一段颓废的明长城依然顽强地屹立在荒芜的沙丘上，毛乌素沙漠南缘的沙丘慢慢侵蚀着长城脚下的黄土地，企图把水洞沟揽入自己的怀抱。在这片难得看到绿色的土地上，奇迹般地流淌出一条孕育着生命的小河。每当夏天暴雨季节来临，山洪暴发，水量骤增，河水像奔腾的骏马向前冲去，缺乏植被保护的黄土层在激流的无情冲刷下，被切割成一道道深沟，在河岸边形成陡峭笔直的断崖，这种沟壑纵横的破碎地貌，在广袤无垠的黄土高原上，随处可见，毫不稀奇。

　　历史总是在不经意间和人们开着善意的玩笑，就在这个被人们遗忘的小山沟里，在那被洪水冲刷了千万年的断崖下，却深埋着中国史前石器时代的惊天秘密，记录着人类童年那懵懂青涩的记忆。近百年来，在考古工作者的不断发掘和研究下，深藏于水洞沟地下的史前遗迹揭开了神秘的面纱，数万年前的人类生活

图景渐渐从迷雾中清晰起来。今天的水洞沟,已经成为著名的旅游胜地,迎接着来自四面八方的游客,它作为世界人类石器时代的著名古迹,有力地证明了宁夏是人类文明的发源地之一。今天,当人们站在沙石遍地的水洞沟断崖上,俯视着脚下那流淌了万年的细细的溪流,眺望着远处苍凉古老的长城,心中一定会涌起莫名的感叹。桑海沧田,世事变迁,数万年前,在那远得难以想象的时代,在眼前这片土地上,人类的祖先是怎么来到这里的呢?古老的遗迹是怎样被无意中发现的呢?那深埋在地下的历史还有什么秘密没有被探索明白呢?

历史的谜团一个接一个摆在我们面前,等着我们去探索。要想完整了解水洞沟的过去,还要从水洞沟秘密如何被发现说起。这段历史要追溯到20世纪初期,在那个兵荒马乱的年代里,古老的中国变成了西方列强眼中的肥肉,在辛亥革命浪潮的席卷下,大清王朝轰然垮塌,推翻两千多年封建帝制后建立起来的中华民国,在军阀割据、民不聊生的局面下,名不符实地存在着。混乱无序的政治局面并没有阻止现代文明的西风东渐,在西方现代文明的熏陶下,考古热在中华大地上蔚然成风,研究甲骨文的王国维、罗振玉,研究古生物的贾兰坡、裴文中成为这一时期涌现出的大师。这段时期书写了中国古代文化史上一个又一个传奇,敦煌藏经洞的发现,北京猿人头盖骨的出土,安阳殷墟的发掘……中国这个古老而神秘的文明古国,再次成为世界的焦点。但是中国的考古热最早却是由西方传教士带来的。这些来自欧美国家的传教士,不远万里深入中国的乡村城镇,企图把他们眼中处于蛮荒时代的中国改造成信仰上帝的"文明"国家,但他们的改造计划遭到了来自中国封建士大夫和农民阶层的激烈抵抗,往往无功而返。宗教和科学就像是一对孪生兄弟,往往并肩而来。这些传教士们既是神父,又是科学家,大多学识渊博,敢于创新,甚至深入中国最落后的西北农村进行传教和科学考察。但他们的科学考察同时也带着文化掠夺的性质,敦煌藏经洞遭浩劫,大量国宝被卖往国外就是最典型的例子,成为中华文明史上永远的伤痛。水洞沟的发现和其他古迹一样,也和这些外来的传教士兼科学家们关系密切。水洞沟的发现者就是来自法国的传教士兼科学家德日进和桑志华。

德日进(1881—1955),本名泰亚尔·德·夏尔丹,德日进是其中文名字。他是一位杰出的科学家和思想家,是进化论的积极拥护者。由于主张进化论,他被教廷斥为异端。德日进之所以来中国,是因为他在自己的国家被剥夺了公开讲学和发表文章的权利,他作为一个流亡学者在中国生活了长达23年。英国历史学家汤因比认为:德日进"既是科学家,同时又成了精神界的巨人"。是他在中国最早发现了人类化石,是他研究鉴定并确认北京猿人头盖骨为猿人颅骨,是中国古脊椎动物学的奠基者和领路人。

桑志华(1876—1952),法国著名地质学家、古生物学家、考古学家。1914年,以法国天主教耶稣会神父的身份来到中国,他还是"法国古生物考察团"的重要成员。从事田野考察和考古调查工作25年,足迹遍及中国北方各省,行程50000多公里,采集地质、古生物标本达几十万件。德日进、桑志华这两位水洞沟文明遗迹的发现者以及深入研究过水洞沟文明的法国科学家步日耶,都是在国际古人类学、地质学、古生物学界大名鼎鼎的人物,中国考古界泰斗贾兰坡先生就是德日进的学生。德日进、桑志华等人,对北京周口店、内蒙古萨拉乌苏古人类遗址等进行了深入的研究,正是在他们的主持下,著名的北京猿人头盖骨,才被中国另一位考古界泰斗裴文中先生从周口店的山洞中发掘出来,他们的考古成果震撼了整个世界,为达尔文"从猿到人"的进化论提供了有力的证据。那么,他们是怎样在兵匪横行的动乱年代里,来到宁夏水洞沟进行科学考察的呢?

早在清末,一些西方传教士就沿着黄河,从包头一带的后套地区进入宁夏,在平罗、宁夏府城(今银川市)建立了教堂。20世纪20年代初,一位名叫绍特的比利时神父从水洞沟附近的红山堡路过,无意中在沟崖边的土层中发现了一块

↑法国考古学者德日进

↑法国考古学者桑志华

↑法国考古学者步日耶

披毛犀的头骨和一件石英石器。具备简单考古学知识的他立即意识到这些东西的价值,小心地收藏了起来。1923年,完成传教任务的绍特回到了天津,正巧遇到了来中国进行科学考察的德日进和桑志华,绍特请他们鉴定了无意中捡到的化石和石器,讲述了在宁夏的见闻,引起了两位考古学大师对宁夏的浓厚兴趣。他们立即收拾行装,准备到宁夏这块考古"处女地"上一显身手。

德日进、桑志华的水洞沟之行就这样开始了。1923年的河套地区,土匪横行,治安混乱,为了安全抵达目的地。德日进、桑志华雇了一支驼队,队伍举着红、白、蓝三色的法国国旗,上面还绣着"法国进士""中国农林咨议"等头衔。进士是中国科举时代的产物,是中国古代知识分子尊贵身份的象征,怎么又冒出个"法国进士"呢?原来德日进、桑志华都是考古学博士,在他们的头脑中,进士就是博士"中国化"的改称,这也算是入乡随俗吧。而"中国农林咨议"则是从北洋政府农林部要来的虚职。就是这支土洋结合、另类奇特的考古队伍,居然把沿途地方政府官员们给唬住了,在他们眼里,这些长相奇特的"洋鬼子"是从京城来的外国官,容不得怠慢。他们毕恭毕敬地接待着这支外国考察队,为他们的科学考察大开绿

水洞沟

灯,使得考察工作得以顺利进行。

德日进、桑志华从包头沿着黄河西行,穿过今内蒙古后套地区的乌拉山和狼山,在磴口附近东渡黄河,沿着黄河右岸向南到达了今灵武市的水洞沟。当时的水洞沟方圆五里以内没有人烟,白天狐狸出没,晚上野狼嚎叫,沿河的坟堆里晚上偶尔可以看到一簇簇被当地人称为"鬼火"的磷火在燃烧。由于这里是陕北到银川一带的商业通道,偶尔可以见到收购皮毛、药材的商队经过。为了给来往的商队提供住宿方便,在这片荒野里,一家小小的客栈应运而生,为这片荒凉的土地带来一丝生气。店主名叫张梓,因为排行老三,人们都叫他张三,他的店也被称为"张三小店"。由于生意清淡,这家小客栈异常简陋,只有一个大土炕,来往的客商往往自带被褥、粮食、蔬菜,客栈只是一个临时遮风避雨的场所。

1923年6月的一天,德日进一行来到了水洞沟,住进了张三小店。店主张三热情地招待了这两位来自异国他乡的客人,为他们的考察提供尽可能周到的服务。由于小店周围人迹罕至,连面粉都难以买到,德日进和桑志华每天只能吃到仅有的一些土豆和鸡蛋,西方人爱喝的咖啡和牛奶在这里成了奢侈品。在艰苦的条件下,德日进和桑志华认真地投入到野外考察中,到达水洞沟的第一天晚上,他们就在水洞沟的北崖壁上发现了一个古代动物的化石,还发现了人类用火的灰烬,这些发现令他们兴奋不已。他们立即拟订了更为全面的考古计划,在当地雇佣了一些老百姓做帮手,在断崖处进行深入发掘。

外国考察队的到来无疑成为当地一条爆炸性的新闻。人们对这两个服装古怪、行为奇特的外国人指指点点、评头论足。在他们的眼中,这些洋人是来挖坟寻宝的。按照当时迷信的说法,到沟崖里进行发掘是会带来晦气的,在旷野里游荡的野鬼一定会附在这些洋人的身上,给他们带来霉运和灾祸。在当地村民惊异的目光中,德日进和桑志华开始了夜以继日的考察工作。功夫不负有心人,他们在水洞沟的崖壁上挖到了300多公斤石核、刮削器、尖状器等旧石器。每天发掘工作结束后,德日进和桑志华都会坐在昏暗的油灯下,细心地抚摸着这些白天辛苦取得的"战利品"。根据长期研究西欧古人类遗迹的经验,他们已经敏锐地意识到这些旧石器和西欧旧石器时代莫斯特、奥瑞纳文化技术风格的石器有着惊人的相似。在距离法国莫斯特古人类遗址8000多公里之遥的宁夏水洞沟,发现如此众多且类型相似的旧石器,令两位考古学家震惊不已。发掘工作结束后,德日进、

桑志华把这些石器装入木箱,用骡子驮回了天津,准备下一步的研究工作。正是这年夏天艰苦的科学考察,成就了水洞沟不朽的传奇!

根据水洞沟发掘的大量实物,德日进、桑志华和步日耶一起,开始了深入细致的研究工作。1928年,三人共同发表了长达数十页的《中国的旧石器》报告,报告指出:"在水洞沟采集的值得注意的材料,至少三分之一可以同我们欧洲、西亚和北非已演变的莫斯特人类栖居地的材料相提并论。"这份研究报告明确指出中国是古人类在东亚的重要活动地区。水洞沟遗址的发现与研究开启了我国旧石器时代考古的先河,具有重要的划时代意义,水洞沟也成为中国最早发现的旧石器时代重要遗址之一。

水洞沟遗址被发现后,掀起了中国旧石器文化研究的热潮。但限于当时战乱频仍的环境和落后的科研条件,对水洞沟的研究还处于初步的认识阶段。新中国成立后,以贾兰坡、裴文中为首的中国顶尖考古学家先后带队到水洞沟进行大规模发掘考察。

1960年,中国和苏联组建的中苏古生物考察队开始了第二次水洞沟发掘。他们在桑志华和德日进发掘坑位的旁边挖了长宽各6米、深11米的探坑,挖出约2000件石制品。然而,中苏关系的破裂打断了这次联合科考的进程,由于苏联专家带走了第一手的考古资料,这次挖掘报告没有出炉。此次挖掘还有一件不同寻常的趣事,挖掘队的司机王振海在考古人员忙于发掘之时,由于闲得无聊,就到长城外、毛乌素沙漠边缘闲逛,他根据在发掘工地上现学的识别石器的知识,无意中在水洞沟西北一处沙滩上拾捡到许多石片。当他带着这些石片回来时,考古人员一看,其中有许多两端尖、两面经修琢的类似"莫斯特尖状器"的石器,这是一个惊人的发现,令考古人员兴奋不已。尽管对这类石器的年代尚无结论,但这类石器却是不同于水洞沟遗址、时代相对较晚的另一类文化遗存。

1963年8月,中国科学院古脊椎动物与古人类研究所开始第三次系统的发掘。领队者是北京猿人头盖骨的发现者裴文中。经过一个多月的研究发现,水洞沟遗址并不是完全意义上的旧石器遗址,还有新石器的迹象,充分证明了在上次挖掘中,王师傅所找回的石片就是水洞沟新石器的一个佐证。1974年,贾兰坡又对水洞沟进行了正式发掘,但此次发掘与前两次一样,并没有正式的挖掘报告。

水洞沟遗址南临小河,常年细流不断,可是一遇大雨,河水骤增,便冲刷着遗

| 水洞沟

址的基部,经常造成遗址所在地的大片崩塌。为减少损失,保护好这处遗址,1980年夏,报经国家文物局批准,由宁夏博物馆组成发掘队,对水洞沟遗址进行了第四次较大规模的发掘。此次挖掘工作由宁夏博物馆馆长钟侃带队,历时一个多月。这次发掘采用了综合研究的手段,一是通过采集的 C_{14} 标本,第一次测定出了水洞沟上下层不同时代遗存的年代;二是通过采集的土壤标本,第一次鉴定出了三万多年前水洞沟地区的植物种类;三是新发现了两件扁平的圆形磨石,进一步证明水洞沟旧石器时代晚期遗址已孕育着磨制工具的雏形。这次发掘形成了《水洞沟——1980年发掘报告》,并在中国最具权威性的学术刊物——《考古学报》上

发表。著名地质学家、国家自然科学奖获得者刘东生院士在该报告序中说:"水洞沟不同于一般的考古遗址。它是一个东西文化交流中不断迸发出明亮火花的闪光点。从二万多年前猎人们之间的往来,到现代东西方科学家的共同工作,都体现了这种东西文化的交流与碰撞。今天,那些在20世纪初为了寻求科学真理和人类价值而到东方来,并为中国科学事业作出过贡献的西方科学家们,以及为了旧石器考古学在中国土地上生根开花倾注了毕生精力的裴文中和贾兰坡先生已经离开了我们。但是,他们的精神,他们的事业,以及他们所开拓的东西文化交流与世长存,并必将发扬光大。"

2003年8月,宁夏文物考古研究所和中国古脊椎动物与古人类研究所联合对水洞沟进行第五次发掘。此次考古发掘队员分别来自中国科学院古脊椎动物与古人类研究所、宁夏文物考古研究所、浙江文物考古研究所、云南考古研究所和北京大学、吉林大学、厦门大学、复旦大学、郑州大学等10多个单位。第五次发掘历时4年之久,每年都有不同的科研单位加入。中国科学院院士刘东生对此次发掘给予了"中国旧石器考古的文艺复兴"的高度评价。在这次全面的科学发掘工作中,考古人员共发掘石制品和动物化石三万多件。石制品类型多样,包括石核、石片、刮削器、砍砸器、尖状器等。考古遗物的大量发现,为我们了解数万年前水洞沟的自然环境和生活在这里的古人类生产、生活状况提供了丰富的资料。

经过5次考古发掘,水洞沟考古成绩斐然。考古工作者在地质剖面上已发现了5个以上人类活动遗留下来的文化层,每个文化层中都包含有非常丰富的石制品,这表明更新世晚期若干个时段都有人类在这里生存活动。从第五次发掘中所采集到的信息看,可以认定水洞沟当时的大地环境属于干旱的荒漠草原,在近水洞沟一带有一条东南至西北流向的黄河支流。这条支流的水量随着末次冰川的冷、暖、干、湿的曲线波动,有时在河流的低洼地带形成串珠状湖泊,湖面面积随水流的大小而变化,但总的水流量不大。河湖岸边有低矮的小乔木和灌木丛以及连片的水草,离水岸较远的地方则生长着较茂密的沙生草本植物。这里是荒漠草原动物的天堂,也是水洞沟人的家园。人们以小的群体为单元共同生活,以渔猎的方式获取动物蛋白食物,但常年则主要依靠采集和贮藏植物的种子、根茎或叶片作为食品来充饥。因大量用火而普遍食熟食,半露天的穴居是他们主要的住所。他们有一定的生产分工,生活状态相对稳定。

经过多次挖掘,水洞沟遗址先后出土文物超过 40000 件,其中绝大多数都是石制品。这些石制品大致分两类,一类属于欧洲旧石器中期的莫斯特文化和奥瑞纳文化技术传统的类型,代表物有大量的石叶与石叶工具,如尖状器、圆头刮削器等;另一类则秉承了华北旧石器中的小石器传统,代表物有雕刻器等。这种东西方文化类型共生的现象在中国考古遗址里非常独特。就数量而言,水洞沟遗址出土的石制品多数属于前一类,即风格和技术非常接近莫斯特文化或奥瑞纳文化的类型。在 2003 年的考古发掘中,出土的文物除石制品、动物碎骨和用火遗迹外,尤其重要的是,还出土了近百枚精美的环状装饰品。装饰品以鸵鸟蛋皮、骨片为原料,圆形,其外径一般在 8 毫米左右,用琢制和磨制结合的方法做成,中间钻小孔,孔径一般在 2~3 毫米,个别的有 4 毫米,有的表面还被矿物质颜料染过色。完整、残缺、成品、半成品各种类型都有发现。这些装饰品小巧、规范,为目前在中国发现的旧石器时代同类遗物中制作最为精美者,极大地丰富了水洞沟文化的内涵,为研究远古人类的生产力水平、行为模式和审美能力提供了重要的信息。水洞沟遗址所代表的文化,在阐述区域性石器技术传统的成因、远古文化的发掘和变异,以及晚更新人类在东北亚的迁移、扩散和交流方面具有重要地位,对 30000 多年前东西文化的比较研究具有十分重要的意义。

被誉为"中国史前考古的发祥地"的水洞沟,自 1923 年的首次发掘至今,已走过了近百年的考古历程,每次都有新的发现。它向人们展示了距今 3 万年前古人类的生存画卷,是迄今为止我国在黄河地区唯一经过正式发掘的旧石器时代遗址。对这种地区相隔遥远、文化雷同的现象,外国著名考古专家认为是人类"大距离迁徙的同化影响"。

距今 40000~12000 年前,宁夏平原湖泊密布,古老的黄河缓缓流淌在这片沃野上,由于水流平缓,泥沙淤积,黄河分出许多河汊和支流,一串串珍珠般的湖泊散落在贺兰山与鄂尔多斯高原之间的低洼地面上,河边生长着低矮的小乔木和茂盛的灌木丛,嫩绿的草地为野马、犀牛、羚羊等动物提供丰富的食物,离水岸较远的鄂尔多斯台地气候干爽,生长着茂密的沙生植物,鸵鸟等喜欢在沙地上生活的动物悠闲地散着步。这里是古代草原动物的天堂,同时也为人类的栖息提供了丰富的食物和水源。数万年前的一天,一群远古人顶着凛冽的西伯利亚寒风,艰难地跋涉在无穷无尽的旷野上,没有人知道他们从哪里来,也没有人知道他们去

向何方，这群男女老少组成的队伍，身上穿着兽皮，手里拿着石刀石斧，疲惫不堪地翻过一道道山梁。突然，领头的首领兴奋地大声吼着，手指着前方，只见不远处的地方隐约出现一片水草丰盛的湖泊，远处草原上可以看到成群奔跑的野马、野驴和羚羊。显然，这是一片适合他们生存的地方。于是他们放下行装，就地扎营，开始在在这片后来叫作水洞沟的地方书写生活的新篇章。水洞沟就是人类童年时代的缩影，在数万年前那个远得无法想象的时代，人类过着极为原始的生活。人类向大自然索取食物的能力非常有限，使得他们必须群居才能维持基本的温饱。男人们手里握着石头打制的简陋工具猎捕羚羊，女人们则用石器采集植物的果实和种子，偶尔他们也会从鸵鸟窝里取来鸟蛋食用，爱美的少女们则把蛋皮做成好看的饰品挂在身上。

这样的生活不知道过了多少年，突然有一天灾难降临了，连绵的暴雨使河水骤然上涨，惊慌失措的水洞沟人来不及带走笨重的石器，就匆匆地逃离了营地。后来湖水和河流淤积的泥沙把这里的一切深深地掩埋起来，一切的秘密都深埋于黄土之中，只有一条小河不愿停息，终年流淌在荒凉的沙丘上，冲刷出一道道深沟，今天的水洞沟遗址正是位于河流冲刷形成的断崖上。时光如梭，水洞沟由于古人类的遗迹而闻名世界，附近的明长城、兵沟、藏兵洞成为著名的旅游景点，吸引着一批又一批前来寻古探秘的游客。今天的水洞沟仍然留给人们许多未解之谜。

张三小店

史前考古发祥地
文明之源水洞沟

历史画卷石上刻
神秘岩画山中留

贺兰山岩画

贺兰山是中国西北内陆一座重要的山脉。她横亘于阿拉善草原和宁夏平原之间,像一个沉默的巨人,用自己伟岸的身躯,阻挡着从西伯利亚南下的刺骨寒风和从蒙古高原吹来的漫天黄沙。从太平洋吹来的湿润的东南季风在山势的阻挡下,为这片干旱的土地洒下珍贵的雨水。她像一位慈祥的母亲,用自己绵延200多公里的臂膀,细心地呵护着怀抱里的宁夏平原,为他遮风挡雨,为他饱经风霜。富饶美丽的宁夏平原像一块镶嵌在贺兰山与周围沙漠间晶莹夺目的翡翠,养育着生活在这片绿洲上的人们。假如没有贺兰山,阿拉善草原上的乌兰布和沙漠与腾格里沙漠早就吞噬了这块生命的绿洲;假如没有贺兰山,黄河再也不可能安静地从山下流过,去哺育美丽富饶的河套平原。这座美丽神秘的大山,承载着太多的历史,曾几何时,为了争夺脚下富饶的河套平原,"贺兰山下阵如云,羽檄交驰日夕闻",难以忘怀岳飞那悲壮的"驾长车,踏破贺兰山缺"。贺兰山是平凡而伟大的,她记录的不仅仅是战争,也记录着许多古代少数民族的迁徙足迹、流浪牧歌。贺兰山众多历史遗迹中,最为神秘的当数贺兰山岩画。在贺兰山绵延200多公里大大小小的山间谷地,在一块块平坦光滑的巨石上,人们总能在不经意间找到一幅幅神秘的岩画,这些刻在石头上的图画千奇百怪,光怪陆离,内容极其丰富。是谁在这些巨大的岩石上刻下这些神秘的图案呢?这些图案到底刻画着什么样的内容呢?让我们一起走进历史,去探索其中的奥秘吧!

20世纪60年代末,在那个阶级斗争口号喊地震天响的岁月里,贺兰县文教卫生科有一个叫李祥石的20多岁的年轻人,到贺兰山脚下一个叫金山公社的地方检查工作。闲来无事的他走进一个叫贺兰口的山谷,突然发现谷口两侧的石壁上,密密麻麻地刻着许多奇怪的图案,有的像人物,有的像牛马,有的根本难以看懂,他非常好奇,决定向上级汇报,同时向当地的牧羊人做了一番深入了解。在那个政治为纲的年代里,根本无人关心这些神秘的图案。这些岩画继续沉睡在寂静的山谷里。

20世纪80年代,改革开放的春风吹遍了宁夏大地,一股文化研究的热潮随即展开。1984年,宁夏文物普查全面展开。各市县组成了文物普查工作队,在对贺兰山一线的文物普查中,李祥石发现的贺兰山岩画得以重见天日。在文物普查中,人们欣喜地发现,贺兰山岩画分布非常广泛。在卓子山(乌海市界地)、落石滩、树林口、宗别立、大峰沟、白芨沟、白灵山、黑石峁、韭菜沟、大水沟、插旗口、贺兰口、苏峪口、大麦地等处,分布着数以万计的岩画。为了进一步摸清贺兰山岩画的分布范围,以便于进行系统的整理和科学研究,1987—1991年,宁夏回族自治区文管会以及宁夏文物考古所各自组成了贺兰山岩画考察小组,由北向南对

贺兰山岩画

每一个岩画点加以编号,进行现场记录、拍摄、临摹和拓印工作。在近10年的考察中,调查范围涉及宁夏2市6县21个地点,在17个山口发现有岩画,调查岩画万余幅,记录2000余幅。出版了许成、王系松、李文杰、卫忠的《贺兰山岩画拓片》,李祥石、朱存世的《贺兰山岩画与北山岩画》,许成、卫忠的《贺兰山岩画拓本粹编》《贺兰山岩画》等书。2001年冬,贺兰山岩画管理处对贺兰口岩画重新进行了踏勘、摸排普查,共编号记录贺兰口岩画1957幅,单体图案5088个,并进行了线绘和微机录入,完成了贺兰口地形测绘和岩画分布图的制作,对沟口外约4.181平方千米的洪积扇上分布的1000多块岩画石进行编号和定位记录,首次用卫星定位仪(GPS)记录了每块岩画石所处的经纬度和海拔高度。2001年,贺兰山麓南侧山坡发现了一幅长约1米的"巨鹿"岩画,是迄今为止贺兰口岩画风景区内发现的动物岩画中单体面积最大的一幅。

这些神秘的岩画真的是当代人才发现的吗?翻开厚厚的史册,其实早在古代人们已经注意到了这些神秘的岩画了。早在公元5世纪,我国北魏时期的地理学家郦道元在《水经注》中就记录了贺兰山岩画:"河水又东北,历石岩山西,去北地五百里,石上之自然有纹,尽着虎马之状,粲然成群,类似图马。故亦谓之画石山也"。

这些岩画的作者是谁呢?从现在的研究来看,这些岩画的作者就是古代长期生活在贺兰山脚下的众多游牧民族。亘古以来,宁夏贺兰山一带就是我国诸多古代民族繁衍生息、驻牧游猎的场所,有曾经让商王武丁苦征3年的鬼方人,颠覆了西周的西戎人,与秦汉抗争了数百年的匈奴人,五胡十六国和南北朝时期叱咤风云的鲜卑、氐、羌人,敕勒人以及突厥人、柔然人、吐蕃人、党项人等等。在贺兰山脚下这片神奇的土地上,各民族纵马奔驰,放声高歌,共同在这里演绎了一幕幕历史活剧,为我国的历史发展作出了巨大的贡献。在这大山之上、黄河两岸,众多民族繁衍生息,勤奋耕耘,建功立业,他们在创造独具风格的游牧文化的同时,也给我们留下了大量的文化遗迹和不朽的艺术杰作,创造了辉煌璀璨的岩画艺术。可以说,贺兰山岩画是古代贺兰山地区人们生产、生活的鲜明写照,是古人留给我们的宝贵财富。

贺兰山岩画是宁夏独有的吗?世界上其他地方有没有岩画呢?岩画的制作其实是从人类原始社会的蒙昧时代就开始了。现在世界上公认的岩画出现在距今约40000年前,最早是在非洲、亚洲和欧洲,20000年前出现在澳洲,17000年前出现在巴西,10000年前出现在南美洲大陆的最南端。旧石器时代的岩画以洞窟艺术为主,著名的有西班牙阿尔塔米拉洞窟岩画、法国拉斯科洞窟壁画和康巴列斯洞窟线刻,作品刻在不见阳光的洞窟深处,处于黑暗之中。到了中石器时代以后,岩画从洞窟深处走向了敞亮的崖面,制作于岩阴的岩画多了起来,当时岩画都制作在直接或间接接受阳光的岩阴处的崖壁之上。这些岩画都是利用自然形态不加修饰的岩石表面,采用绘画、刻画、浮雕3种基本方法制作。这种岩画大部分是史前时代制作的,只有部分属于历史时期。现在全世界五大洲150多个国家和地区都有岩画发现。直到今天,生活在澳大利亚的土著民族还在岩阴处绘制岩画。

中国是东方文明的发祥地,也是世界岩画大国,我国迄今已有16个省(市)、自治区100多个县(旗)发现了古代岩画。主要有黑龙江的牡丹江,内蒙古的百岔河、乌兰察布、阴山、阿拉善,山西的吉县,宁夏银川的贺兰山及中卫的大麦地、香山,甘肃的黑山、祁连山,青海的青海湖、格尔木市野牛沟,新疆的阿尔泰山、昆仑山、天山等地。它们分布十分广泛,北起黑龙江,南至广西,东起大海之滨,西达昆仑山,几乎遍及大半个中国。其中以贺兰山岩画为代表的北方岩画,是中国以及世界岩画艺术宝库中的瑰宝,甚至是中国艺术之源。

贺兰山岩画与邻近的内蒙古阴山、乌兰察布,甘肃黑山,新疆天山、阿尔泰山岩画相比,无论题材内容、风格特点、刻制方法都有很多相似之处。所以,可以毫不夸张地说,北方岩画体系中的所有特征,贺兰山岩画都基本具备。远古时期贺兰山繁茂的森林和充足的水源,成为原始人类生活的良好自然环境。北方游牧民族正是看准了这块膏腴之地才在这里创造了他们独特的原始经济。由于北方游牧民族频繁流动,致使经济文化积累散失多,实物保存少,所以很多古代少数民族没有留下本民族典型的文献资料。因此,贺兰山岩画就成为当时北方游牧民族经济文化的写照和最好的"史书"。

从位置上看,岩画一般都凿刻在避风向阳处。一是凿刻在山梁上或低临槽谷,或中至半坡,或高及山顶;二是凿刻在山水沟两岸的峭壁上,特别是山水沟转弯处岩画最为密集;三是凿刻在高山奇峰上;四是刻制在岩檐下;五是绘制在洞穴内。贺兰山岩画由于南北间距较大,自然条件存在一定差异,因而岩画的分布

贺兰山人面像岩画

各有特色,可以分为3种类型,一是分布在山前洪积扇坡地上,二是分布在山谷沟坡上,三是分布在沙漠、丘陵上。3种类型的岩画尽管在地理环境、分布刻制及保存状况方面存在一定差异,但总体有一定共性:一是对岩石的选择基本一致,大多数岩画都刻制在硬度较高的砂岩上;二是岩画的刻制方向一致,一般都刻制在避风向阳的地方,通常是刻制在沟口或沟的北坡,画面面东或面南分布,而以面南者居多,或刻在山的阳坡一直到山顶上;三是对地理环境的选择相同,岩画分布点周围一般都有开阔的草地,沟内有泉水流出。

　　分布在山前洪积扇坡地上的岩画主要在贺兰山北段石嘴山境内的麦如井、翻石沟、大树林沟、小树林沟、红果子口等地。这里山坡平缓,沟壑纵横,岩体裸露。岩画或凿刻在山前的乱石丛中,或凿刻在山沟侧的岩石块上,岩画画面较小。麦如井岩画是贺兰山岩画最北的一处,位于石嘴山市西10千米处。岩画刻制在黑色石头上，东距明代修建的麦如井故城址300米。岩画分布不均，相互之间没有规律，多数面向南方。由于石面较小，一般为个体图案，组合图案较少。画面以动物图案居多，有马、北山羊、岩羊、野牛、狗、鹰等，个别的为人物和植物、符号图案。岩画采用敲凿和研磨两种方法制成。翻石沟位于麦如井南侧3.5千米处。岩画分布相对集中，画面向南为多。个体画面居多，组合图案较少。有北山羊、岩羊、羚羊、马、牦牛、狗等。画面采用敲凿和划刻两种方法制作，以敲凿法为主。大树林沟位于翻石沟南侧1.4千米处。沟内有泉，岩画凿刻在沟外乱石滩上，分布不规则，个体图像居多，组合图像较少，画面方向各异。以动物图案为主，有北山羊、岩羊、盘羊、黄羊、马、蛇等，也有人物和车轮图像。岩画的制作采用敲凿和划刻法，以敲凿为主，个别为划刻图案。小树林沟位于大树林沟南侧0.5千米处，是一个狭窄山谷，岩画分布于沟外的洪积扇上，数量较少，凿刻方法和内容与大树林沟岩画相似。红果子沟位于惠农区城西10千米处。沟内长有小片灌木，岩画分布于北侧的洪积扇之上，分布稀疏，数量较少，内容与树林沟岩画类似。分布在山前洪积扇坡地上的岩画分布面积较大，但数量相对较少。每组岩画之间稀疏杂乱，分布没有规律。岩画画面的方向各异，作画大致面南，少量面西或西北。石面一般较小，长宽多在10厘米左右，很少有长宽超过30厘米的，画面较小，内容简单，以个体图案居多，组合图案较少。原因是此地缺乏适合凿刻岩画的大型石面。岩画绝大多数为敲凿而成，少数使用磨刻图案。这一地区的岩画据发现初期的统计，数量至少在千幅以上，由于当地频繁采石，造成岩画数量急剧下降。岩画以北山羊和马为主，盘羊、岩羊、牛、骆驼、大雁、虎、狼、豹、人物和符号为次。构图简单，以单一型构图为主，复合型构图次之。图像的表现手法有减地阴刻和减地阴线条勾勒两种。制作方法分磨刻和凿刻。磨制法的痕迹较浅，一般与石面同色，不易辨认。从凿痕分析，运用了石质工具和金属工具。岩画的题材主要表现为单个动物、人物与狩猎、动物与符号的简单组合，以人物为题材的岩画较少。

　　分布在山谷沟坡的岩画主要集中于贺兰山中北段，分布距离较长。这类岩画主要分布于深山腹地的山梁之上或陡峭石壁上，或分布于沟口两侧的山崖和沿沟崖的两侧石壁上。主要分布于黑石峁、归德沟、韭菜沟、白芨沟、大西峰沟、小西峰沟、贺兰口沟、苏峪口、回回沟等地。山地岩画分布集中，无论在深山腹地，还是沟口两侧，岩画点周围地势相对开阔，岩画分布相对密集。石面大小有别，最大的

画面有几平方米，最小的仅几平方厘米。黑石峁岩画：位于大武口区西北10千米的贺兰山北端。黑石峁，位于贺兰山的小枣沟内，距小枣沟口5千米处，海拔在1400米以上，山势陡峭，散布着大量不规则的黑色石头，岩画凿刻在黑褐色岩石上，主要分布在山梁靠近顶部的南北两坡及山顶上，山腰和沟底也有零星分布。岩画采用敲凿、研磨方法，以敲凿法为主，少量为研磨图案，个别使用了划刻法。画面以动物图案居多，主要有北山羊、岩羊、盘羊、黄羊、骆驼、马、梅花鹿等。有人物图案，反映舞蹈、射猎等场面。画面个体居多，少量为组合图案。归德沟岩画：位于大武口区西侧5千米处的归德沟内。岩画分布点距沟口8千米，岩画排列于山岩层面上，岩画西侧坡地分布有墓葬。岩画分布在3个点上。这3个点的岩画凿刻较为原始，基本使用凿刻法，凿点大而浅，图像单调，主要以人物和动物为主，也有个别题刻，还有狩猎、骑射等场面。白芨沟岩画：白芨沟位于贺兰山北段，与汝箕沟相距10余千米。岩画分布在白芨沟西口的杏花村南约1千米处，岩画刻在一块高11米、宽16米的面北陡壁上，最大画面高3.8米，宽5.4米。大白芨沟内10千米处发现彩绘洞窟岩画31组，约100个个体形象。口子门沟岩画：口子门沟位于青铜峡市西南约50千米的贺兰山南段。岩画位于口子门沟入沟7千米处，分布在沟南砂石梁子山上，以及周围约5平方千米的沟壑中。岩画散布在一座座山梁上。每一座山梁上的岩画数量都较少，而且比较分散。岩画地点所处山势相对较高，一般高度距沟底80~100米不等。岩画画面大小不等，内容以动物为主，大多数面南，个别面东或面西，使用敲凿法作画，岩画分布在18个地点。四眼井岩画：四眼井位于口子门沟南2千米处。岩画凿刻于贺兰山山体东侧的崖壁和岩石上，多分布在平整光滑的石面上，每一处地点岩画相对密集，大部分面南或面东南，少量面上或面西。这一地区岩画分布范围较广，无规律地分布在11个地点。芦沟湖岩画：芦沟湖位于四眼井南侧约2千米处。沟口处有泉眼，积水成湖，湖边发现有新石器时代的文化遗迹。岩画散布于沟两侧的山崖上的6个地点。石马湾岩画：芨芨沟向西南入沟20千米左右处的沟崖上，有大量马的图像，故此地被牧民称之为石马湾。石马湾岩画分布较为集中，主要在山梁面西的崖壁和山顶之上。石面平整，岩画保存较好，使用敲凿法制作。大西峰沟岩画：大西峰沟位于平罗县和贺兰县交界处。入沟约15千米处有西夏"皇城"遗址。岩画分布于沟谷两侧的崖石断壁上，从沟口循沟而进约10千米都有分布，北崖向阳岩画数量较多。岩画大致分布于沟口、马场、东沟门子一带,闻名于世的野牛岩画就位于大西峰沟口内,岩画制作多为研磨而成。小西峰沟岩画:位于大西峰沟南 0.5 千米处。岩画主要分布在小西峰沟北崖沟口的两个地点。数量较少,画面以动物形象为主,一般采用敲凿法,个别使用研磨法。苏峪口岩画:苏峪口在银川西北约 60 千米处。岩画分布在沟外、沟南和沟北等处。画面多用磨刻线条表现,人面像较多,且富于变化。以研磨为主,凿刻较少,以人物为题材的岩画较多,并且人物活动有一定的背景。主要表现人与马、虎、牛、羊等动物的关联。

贺兰口位于贺兰县金山乡金山村,距银川约 65 千米,俗称"豁了口",海拔 1448 米。山势陡峭,怪石嶙峋,岩画分布在沟南和沟北,数量较多,内容丰富,堪称贺兰山岩画荟萃之地。贺兰口岩画约 2100 幅 5000 个个体形象,分布在约 11 平方千米的山谷和冲积扇上。贺兰口岩画艺术造型粗犷浑厚,写实中用笔简练,构图朴实,给人一种真实、亲切、肃穆和纯真的美感,具有不同凡响的意境和艺术

| 贺兰山人面像岩画

效果。一般来说基本做到了造型准确、比例适度、姿态自然。岩画写实性较强,似乎信手拈来、直抒胸臆,又具有一定的浪漫主义色彩。贺兰口岩画数量最多的是各种各样的人面像(包括类人首、人物画像),许多人面像画面简单,多数岩画人物有眉毛、鼻子和嘴,而偏偏缺少一双眼睛,这可能与作画民族的习俗和信仰有关。贺兰口及其他地点的岩画中,有一个耐人寻味的有趣现象,即人面像中似有一个站立人的轮廓,双臂弯曲,两腿叉开,腰佩长刀。有的人面像有条形或弧形等,可能与黥面或使用面具的习俗有关。另一部分是多种多样的动物岩画,有鹿、岩羊、狗、马等,还有部分手、太阳的岩画。贺兰口岩画的时代跨度较大,早期岩画产生于旧石器时代晚期或新石器时代早期,一直延续到中世纪。此处出土的许多石器可以作证。贺兰口岩画大部分为研磨制作,少部分为敲凿制作,以阴刻线条图形居多,另一部分为减地阴刻制作,线条优美,形象生动,不乏上乘之作。

分布在沙漠、丘陵上的岩画主要集中在贺兰山南段的卫宁北山,西部与腾格里沙漠毗邻的地方,所属岩画地点有中宁县黄羊湾,中卫苦井沟、大麦地等。这一类型的岩画明显有别于山前草原岩画和山地岩画。岩画分布点的相对高度明显降低,岩画多分布于山梁岩石的层面上。岩画分布有序,方向一般面南,少量面东,画面大小不一,单体图案和组合图案所占比例相当。多采用敲凿法,少量使用磨刻法和划刻法。黄羊湾岩画:位于黄羊湾村北侧1千米的黄羊山上,长城沿岩画分布点蜿蜒而过,南距黄河3千米。岩画一部分分布在山梁的南坡或山顶上,一部分分布在山沟沟崖上,分布范围较广,但每一个地点分布相对密集。绝大多数岩画面南,少量面西或面上,使用敲凿法制图。人为破坏较严重。大麦地岩画:位于中卫市城北30千米处,岩画分布于一条条东西向的岩脉的岩石上,分布极广,几乎每一条岩脉上都凿刻有岩画,分布相对密集,大多数岩脉岩石上无论石面大小,均有岩画,个别地点分布较少。岩画分布范围在镇照公路(镇罗—照壁山)以西、照壁山(大通沟)以北、苦井沟以东大约10平方千米的区域内。密集区在苦井沟东侧,范围有5平方千米左右,统称大麦地。大麦地岩画从题材内容、构图、凿刻方法以及刻痕颜色等方面来看,其早晚关系十分明显。岩画绝大部分采用敲凿法制作。岩画画面较小,一般面南或面东南,分布在32个地点。岩画题材以动物为主,另有星辰等,反映狩猎、放牧等内容。大多数岩画面南或面东南,一部分面西,少量面上。使用敲凿法制图,极少见到磨刻和划刻图像。大部分岩画

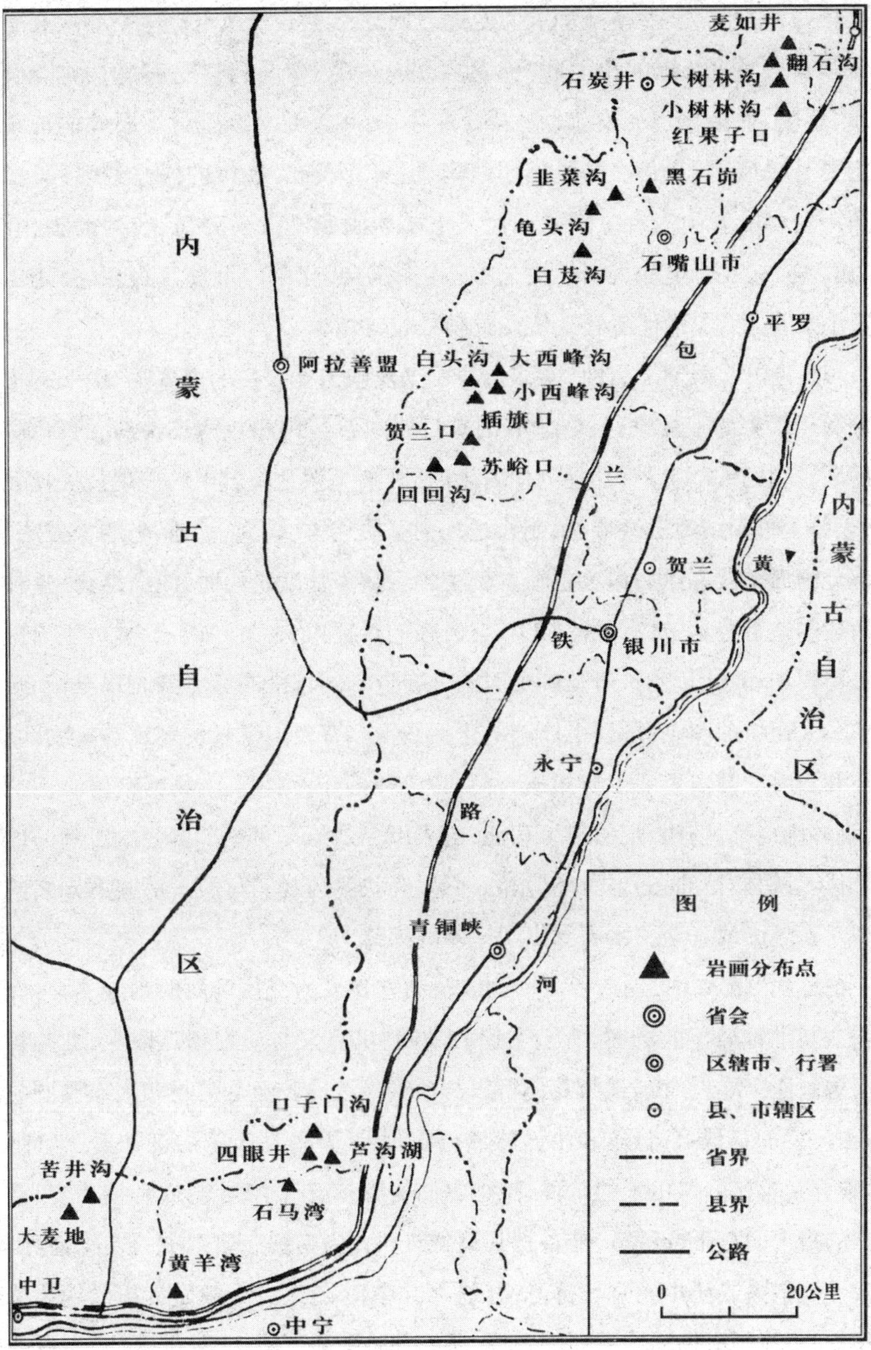
麦如井
翻石沟
石炭井
大树林沟
小树林沟
红果子口
韭菜沟
黑石峁
龟头沟
石嘴山市
白芨沟
平罗
包
阿拉善盟
白头沟
大西峰沟
小西峰沟
插旗口
贺兰口
苏峪口
兰
回回沟
内蒙古自治区
贺兰
黄
内蒙古自治区
铁
银川市
永宁
路
青铜峡
河
图例
岩画分布点
省会
区辖市、行署
县、市辖区
省界
县界
公路
0
20公里
口子门沟
四眼井
芦沟湖
苦井沟
石马湾
大麦地
黄羊湾
中卫
中宁

岩画分布图

保存较好，一部分被沙漠掩埋。大麦地岩画分布于6个地点。这一地区有千余幅岩画。岩画主要以北山羊和马为主要题材，牛、羚羊、骆驼、鹿、狗、蛇、蹄印、脚印、人骑、射猎、人物、交媾、虎、豹、符号、文字等为次要题材。图像的表现手法主要是减地阴刻，其次是减地阴线勾勒。以人物为题材的岩画较多，狩猎和人骑为题材的岩画占有一定的比例。人骑岩画主要是人骑马，有的射猎，有的"扛旗"，也有人骑羊和人骑鹿的岩画。构图复杂，除单一型和复合型外，还出现中心型和散漫型，而且占有一定的比例。

岩画是怎么雕刻上去的？众多的岩画又反映出什么样的内容呢？聪明的古人充分利用手中的工具进行创作，有的是打制的石器，有的是青铜铸成的刀具，还有后来锐利的铁制工具，都是创作岩画的"画笔"。贺兰山岩画的表现技法比较独特，大体上可归纳为凿磨雕刻，制作过程中多用点凿、线刻、铲地、平磨等方法，也有部分画面是线刻以后撒上色粉。贺兰山岩画多是以线代面，线面结合，这种凿磨而成的造型艺术，富有立体感，具有较强的表现力。在贺兰山岩画中，主要内容是射猎图和动物图，几乎遍及各个岩画分布点。同时也能够看到表现祭祀、自然现象和人面像的图画，展现出广阔的生活画面。贺兰山岩画所表现的人物活动，往往和当时的现实生活密切相连，特别是各种组合图案中，人物活动为画面的主体，许多画面都具有一定的叙事功能，给人以强烈的真实感。贺兰山岩画的内容从总体上讲是对当时的自然环境和人们生存状况的真实写照，那些不知名的创作者对贺兰山的一草一木流露出了深厚的感情。

在贺兰山岩画中，创造者对动物以及动物和人的交往场面的刻画非常生动，其中人与动物搏斗的场面，看上去惊心动魄；也有人与动物相互依存、友好相处的温馨画面。从贺兰山岩画，我们可以想象到贺兰山曾经是动物和人类共同的天堂，在茂盛的草地上，盘羊和小鹿悠然地啃食着野草，在茂密的森林里，老虎、豹子、狼等猛兽正盯着山下的羊群，想把它们变成自己口中的美味，身披兽皮、结实健壮的猎人们正手持弓箭，准备打几只野味回去当晚餐。岩画中的人物逼真，情趣盎然。猎人或徒步或骑马，行猎有单人也有双人，还有头戴面具巧妙伪装诱惑猎物的，集体围猎场面让人如临其境，所围动物惊恐万状，到处乱窜，猎人有的围追，有的堵截，有的驱赶，猎物有的倒地毙命，有的落入陷阱，有的掉下悬崖。放牧图中牧人有骑马的，有在前引牧的，有在后驱赶的，还有携带武器护卫的。这些都是当时人们狩猎、生活的真实写照。

比拟巫术是贺兰山岩画创作的主要内容之一。贺兰山岩画中的《太阳神》就是巫术内容的代表作。这幅《太阳神》岩画凿刻在悬崖峭壁上，制作十分精美，一双重环形双眼十分有神，脸面四周放射光芒，这可能是神灵崇拜的标志。在归德沟岩画区的岩画中，有诸如"大喜大吉""天坤有神地下人"这类的题记，据推测其与古代巫术有关。贺兰口北岸入口处，在类人首像旁边的崖壁上，有竖行阴刻五字西夏文题记，汉译为"能昌盛正法"，即这批岩画能使佛法昌盛。此外，贺兰山岩画的类人首图像往往包含着对自然、祖先的崇拜，具有原始宗教的特征。贺兰山岩画中的类人首像表现得比较特殊，面目可怕，装饰古怪，可能是一种崇拜的意思。

贺兰山岩画是中国艺术宝库中的奇葩，是宁夏的骄傲，目前对它的了解还只是揭开了神秘面纱的一角，作为人类共同的非物质文化重要遗产，我们要继续爱护它、研究它，让它发出更璀璨夺目的光芒。

贺兰山岩画——太阳神

黄帝问道广成子
道教溯源六盘山

六盘山

六盘山茫茫苍苍,绵延起伏,从南向北,矗立在祖国大西北。走近六盘山,总是能和历史与传说不期而遇,翻阅这座山的历史,其实就是在阅读华夏民族历史的篇章。中华人文始祖伏羲、女娲来了,他们在泾渭之源、葫芦河畔,率领族人披荆斩棘、风餐露宿,在人类蒙昧时代的黑暗中举起照亮文明的火炬,迎来中华民族崭新的曙光;喜欢巡游的周穆王来了,别过在瑶池为他举行盛宴的西王母,驾着他的八骏马车,那么急切地来到了六盘山,一睹云山雾海、层峦叠嶂的芳容;千古一帝秦始皇来了,在平定六国、扫平八荒之后,登上六盘山,寻觅着长生不老的仙药;雄才大略的汉武帝来了,西巡六盘,远眺河西,把昔日不可一世的匈奴踩在脚下;杰出的史学家司马迁也来了,这位史学奇才同汉武帝一起登上了六盘山,将这座名山和汉武帝的赫赫功业在《史记》中做了记载;开国领袖毛泽东来了,高声吟唱着《清平乐·六盘山》,率领长征的工农红军从这里经过,去开创中华民族的灿烂新天地。

对于一代又一代帝王将相、才子名人的登临拜访,六盘山像一位阅尽千古沧桑、看透了世间变幻的隐士高人,迎来送往,宠辱不惊,安然而卧,神态悠闲。或许,也只有了解了六盘山的神奇后,才能尽释我们心中的疑惑,那就是为什么六盘山会引来如此众多的名人足迹?这片土地为什么能诞生如此神奇的华夏文明?

六盘山地区的中华民族先民们,在那遥远的时代,靠着勤劳的双手,开创了中华最原始最古老的文明。根据六盘山南麓的天水大地湾古遗址的发掘,六盘山地区的先民们是最早进入农耕文明的中华先民,他们在大约一万年前就已经开始种植粟,也就是我们今天还在吃的小黄米。在长期的生产生活中,六盘山地区的先民们对大自然的了解越来越多。他们开始了解风雨雷电、四季交替的原因,开始了解植物枯荣、生命衰亡的真相。隐隐约约地感觉这些自然现象都有着亘古不变的自然规律,人们要想获得大自然的恩赐,必须要遵循这些自然规律。这就为原始哲学、天文学、医学、化学、物理学等打下了坚实的基础。人们开始探索人与自然的奥秘,学会借助自然的力量实现自身的不断飞跃,这种探索为道家文化的发展提供了丰富的养料。道家文化是中华民族文明的重要源泉,对我国的历史文化产生了巨大的影响。源出道家文化的中医至今还为人们服务,道家注重的天人合一思想是我们今天实践科学发展观的源头,是建设人与自然和谐相处、人与人和谐相处的和谐社会的古代思想体现。道家文化所崇尚的虚怀若

六盘云海

谷、谦逊豁达的人生态度是中国人的处世之道。今日之中国,道家文化的影响无处不在,深入人心。道家文化博大精深,没有道家文化,中国古代文化就像是一棵烂了根的大树。

六盘山地处黄土高原,是中华民族文化的重要发源地之一。著名国学大师南怀瑾先生说,中华民族文化"先由西北高原开始,逐渐向黄河下游发展,到了三代以下,便形成中原文化。这一系列的老祖宗大致都上推自伏羲画卦开始,以黄帝轩辕为中心,终以文王演绎八卦的《易经》哲学,奠定自伏羲,经黄帝,至于文王一系的学术思想,发源于西北高原,展开于黄河流域中心地区的文化。"这个被南怀瑾先生称为"《易学》学系的文化学术",也就是我们所理解的道家文化。

道家文化最早的源头可以追溯到伏羲女娲时期,民间传说伏羲是其母华胥怀孕十二年所生,所以伏羲的降生地叫成纪。纪,就是十二年的意思。成纪的大概地域范围,就在今天葫芦河、泾河、渭河流域的六盘山地区。后世的人们把先民的创造更多地集中在伏羲身上:他引导万民抛弃穴巢而定居屋舍,不吃生食而改用烹饪,告别裸身而穿上衣服,禁止杂居而推行嫁娶。伏羲创制古琴;以书契代替结绳;伏羲时有了春种秋耘的记时,创造了在当时最为发达的文化经济。伏羲画八卦对世界进行的初步认识和把握,孕育了中国哲学的萌芽,是中国乃至东方文化思想的根基,这也是后来《周易》的思想基础。以阴阳八卦而始,中经周文王演绎成六十四卦的《易经》,更成为一门世界性的研究科学,千百年来著述充栋,无数的科学家、军事家、政治家、文学家以及平民百姓,都能从《易经》中寻找到自己最需要的东西。

从伏羲女娲的传说可以看出道家文化与六盘山有着千丝万缕的联系,道家的创始人之一庄子,在他的《庄子·在宥》篇中,就记述了黄帝登鸡头山(也就是现在的六盘山),在六盘山余脉崆峒山问道广成子的故事,更加鲜明生动地印证了道家文化与六盘山的不解之缘。

远古的时候,在六盘山下的黄土高原地区,有一个著名的部落首领,用他的智慧和勇敢,维护着部落的利益和尊严,他南征北战,曾经率领自己的部族与中原地区的炎帝部落、东南方的蚩尤部族发生过激烈的冲突,这位部族首领就是轩辕黄帝。作为华夏民族的始祖黄帝与炎帝的部落起源地就在发源于六盘山地区的渭水流域的支流妫水(今陕西武功漆水河)和姜水(今陕西宝鸡清姜河),黄帝部族与炎帝和蚩尤部族的融合,为华夏族的形成奠定了良好的基础,同时使黄帝的名声更为显赫,并成为中原各部落的共同首领,加速了中华民族形成的历史进程。

根据《庄子·在宥》的记载:黄帝称天子十九年,他所创制的政令通行天下,黄帝是个圣人,对于宇宙万物与人类的关系有着深深的思索,迫切想知道世界的种种奥秘。他听说有一位叫广成子的高人,住在崆峒山上,特地前去拜访。

黄帝来到广成子修道的山洞,恭敬地对广成子说:"我听说先生您学识渊博,知道宇宙万物的奥秘和道理。我今天特地来向您请教这些世间的真理,我想用这些宇宙万物的生存之道来辅助五谷生长,来养育我所管辖的人民。我还想让天上的日月星辰、世间的风雨雷电、四季的变化交替都相互协调,和谐发展,为人类谋取福利,让世间万物都健康生长,我应当如何做,才能达成这样的愿望呢?"

对于黄帝的疑问,广成子却不屑地说:"你所想问的,都是世间万物的粗陋外表,没有注重世间万物的精神和精华;你所想掌管的,都是世间没有什么用处的残存之物。自从你治理天下以来,急功近利,不顾自然发展的客观规律,天上的云彩没有积聚起来,就盼着赶紧下雨;没有到秋天,就盼着谷物赶紧成熟,草木赶紧凋落。在你的治理之下,自然规律都被你破坏完了,你这样的帝王虽然聪明睿智,但心胸狭猾,贪念过多,你这样的人怎么能和你谈论宇宙间的至道真理呢?"

广成子看似拒绝的话,实际上已经讲明了道家崇尚天人合一、尊重自然规律的道理。

黄帝听了广成子的话,默默无言,满面惭愧,知道自己对"道"的认识太肤浅了。回去之后,黄帝把繁杂的政务交给手下的大臣,建造了一间茅草盖的屋子,把自己关在屋子里面整整3个月之久,睡在用白茅草铺就的床铺上,在这3个月里,黄帝天天冥思苦想,思索着广成子所说的世间至道,终于有所领悟。于是他又前往广成子处求说至道。广成子头朝南躺着,黄帝从下风口跪着用膝盖走近广成子,以头触地行叩拜之礼,然后问道:"听说先生您知晓天地万物的真理,请问应该如何养生,才能达到长寿的目的?"黄帝通过悟道,从盲目寻求改变外在客观世界转而寻求探索人与自然如何和谐相处,达到养生长寿的目的,是符合道家"天人合一"至道之理的。

听到黄帝这样问,广成子非常高兴,他从床上跳起来说:"你这个问题问得真好啊!过来,我给你讲讲宇宙万物存在的永恒之道。宇宙间的万事万物客观存在

轩辕黄帝

之道是很难讲清的,也是很奥妙复杂的。但是要想达到修持自身、完善自我的境界,必须要不受外界复杂环境的干扰,保持你心灵的纯净,不要让各种贪欲左右你的躯体,那么你就能开朗豁达,与世无争,那么你的身体自然就会健康快乐。一定要保持心情平静,精神清爽,不要让你的身体过分劳碌,不要让外界的诱惑扰乱你的精神,就可以达到长寿的目的。眼睛和耳朵不要被外界虚假的现象所迷惑,心里也不要想着各种贪念欲望,这样你的精神和形体就能合二为一,你的身体就能达到长生的目的。我要让你了解宇宙客观存在的各种规律和真理,世间万物都按照自己原定的轨迹运行,不依人的主观愿望而改变,所以世间的人们不要强行去改变自然规律,而是要顺应自然规律。顺应自然,那么世间万物将自行健壮成长。我按照这样的方法修身养性,已经活了一千二百岁了,我的身体仍然年轻,富有活力。"

听了广成子的话,黄帝感悟很深,他佩服地用头触地,说道:"先生您可以说和天地一样永恒了。"

从这篇对话中,我们可以清楚地了解道家文化所崇尚的文化精髓,那就是顺应自然,天人合一。只有人与自然、人与人之间都和谐相处了,人类才能得到更大、更久远的幸福。

传说中黄帝问道广成子的崆峒山是六盘山的著名余脉,为陇右名胜,被誉为"天下道教第一山"。所谓广成子,是道家供奉的上古神仙。究竟有无其人,议论不一。这里引用南怀瑾先生《禅宗与道家》中的一段话,至少可以提高我们对此传说的深层次认识。"究竟有无其人,姑且不谈,然而道家人物的名号,也和佛家菩萨的名号一样,往往名号是代表一种内容的,那么广成子便是集其中国文化大成的意思。"而就其实质来说,黄帝所问之道实际上就是上古圣人伏羲所创立的精神和物质的先进文化。至此,我们也就揭开了蒙在"道"上的层层面纱,正因为黄帝问道,终于得道升仙,被道家尊为始祖,这也是道家被称为"黄老之术"的原因。

道家文化源远流长,对中国文化影响极深,秦汉以来,基于道家追求长生的神仙思想,渐渐演化为中国土生土长的原始道教。道家文化与儒家文化、佛教思想等互相影响,共同发展,成为中华文明的参天大树。六盘山地区从道家文化诞生到发展壮大,都相伴相随。西晋时期,安定朝那(今宁夏彭阳县)人皇甫谧就深受道家文化影响,他倡导健身之术,发明了基于道家"经络之学"的针灸术,享有很高的名望。宁夏出了皇甫谧这样一位深受道家思想影响的名士,从另一个侧面反映出了六盘山与道家文化的紧密联系。

如今,人们走进六盘山更多的只是观山看景,然而,六盘山神奇的自然景观和那几千年的文化相依相携,让人在不知不觉中感受了华夏文明的辉煌绚丽。六盘山也作为中华民族文明的重要源头之一,彪炳史册,千古留名。

黄帝问道广成子
道教溯源六盘山

幽王烽火戏诸侯
犬戎举兵灭西周

周祖陵山

翻开春秋战国时代为数不多的史册,从《春秋》《国语》《战国策》的字里行间,人们往往会发现一个神秘的民族,他们虽然不能称之为一个国家,仅仅是一些部落的松散联合体,但却勇猛强悍。这就是在夏、商、周三代历史上扮演过重要角色的戎族。戎是我国古代西方少数民族的统称,这些以游牧为生的民族是草原的雄鹰,是大漠的骄子,他们其实并不神秘,也没有三头六臂,他们其实是华夏民族和西北许多少数民族,如羌族、蒙古族,甚至藏族的远古祖先,在夏朝人的眼里,他们被称为"荤粥",在商人刻在甲骨上的文字中,他们被称为"鬼方",在周人的史书上,他们又被称为"戎狄"。戎人是华夏民族的同胞兄弟,曾经患难与共,风雨同舟。早在夏朝末年,曾担任夏朝农官的周代先祖不窋为了躲避战乱,率领部族逃到渭水河畔的戎族部落地区,戎族部落热情地收留了他们,和他们一起放牧农耕。周武王伐纣时,戎族踊跃参加了这场正义战争。春秋时期,大量的戎族从西北边境进入到了中原地区,他们虽然也和中原诸国产生过摩擦矛盾,甚至战争,但更多的时候则是和平共处,为各国的经济开发作出了巨大的贡献。入居中原的戎族渐渐定居下来,成为农耕民族,融合在华夏民族之中。戎族和各诸侯国频繁通婚,显示出良好的关系。如春秋时期"五霸"之一的晋文公,其母就是戎女,在关中一带和戎族杂处的秦国,更是被东方诸国视为"戎狄之国",在血缘关系、风俗习惯等方面,和戎族有着千丝万缕的联系。

在众多的戎族部落中,有一个分支名叫犬戎,曾经长期生活在宁夏南部、陕西、甘肃交界的泾、渭流域地区,这支强大的部族曾经频繁地出现在春秋史册上,直到今天，人们还能从古史的字里行间，领略他们的风采。"犬戎"这个名称的由来，有着不同的说法。据国学大师王国维先生考证，犬戎实际上就是夏商时期的猃狁，只是读音上的差异罢了。有人说犬戎是一支以养狗（犬）著称的戎族，他们在长期的游牧狩猎中，把狼驯化成狗，成为人们放牧的好伙伴。还有人说犬戎是以狼（犬）为图腾的民族，也有后代史家认为称一个民族为犬，实际上是骂人的话，就像我们今天骂某人为狗一样，是对这个民族的蔑称。种种说法为犬戎这个消失在历史云烟中的古老部族蒙上了神秘的面纱。

犬戎最早的历史记录是在周穆王时期，周穆王是周朝的第五代君主，姓姬名满，他是一位充满传奇色彩的帝王，喜欢巡游各地，他的传奇故事被后人记录在《穆天子传》里。传说他曾驾着八骏马车，去会见住在昆仑山下的西王母，并乐而忘返。在中国最早的国别史著作《国语》中，记载了周穆王征讨犬戎的荒唐故事。周穆王征讨犬戎的原因，《国语》中没有记载，但是从《国语》中记载的大臣祭公谋

不窋像

父劝谏周穆王不要征讨犬戎的史实来看，这完全是周穆王穷兵黩武、好大喜功的结果。

祭公谋父是这样劝谏周穆王的，他说："先王历来只发扬德政，而不炫耀武力。军队在平时聚集力量，必要时才动用，一动就能显示威风；炫耀等于玩弄，那就失去了威风。所以周公的《颂》诗说：'把干戈收起来啊，把弓箭收藏好啊，我王施政求美德，要使恩惠遍中国，永远保持无缺失。'先王对于百姓，总要鼓励他们道德高尚，性情敦厚，财物丰裕，器具合用；以礼法教育他们，使他们明辨利害，务利而避害，怀念德政而畏惧刑威，因此王业就能世代相传，发扬光大。从前我周朝的祖先后稷世代担任农官，侍奉虞舜和夏禹。等到夏朝衰落，废除农官，忽视农业，我先王不窋因此丧失官职，只好迁居到戎狄之间。但他对农业仍不敢懈怠，时时宣扬后稷的德行，继承后稷的事业，学习后稷的教导和典则，早晚勤勤恳恳，以笃实的态度保持它，以忠信的情怀奉行它，世世代代继承先德，从不辱没前人的光彩。到了武王，他能发扬前人的美德，加以慈爱和平，侍奉神灵，保护百姓，无不欢欢喜喜。那商纣暴虐，百姓不堪其苦，都乐于拥戴武王。因此武王才出兵牧野。可见先王并非崇尚武力，而是体恤人民的痛苦，为人民除害。先王的制度：都城近郊是'甸服'，郊外是'侯服'，侯服以外是'宾服'，夷蛮'要服'，戎狄'荒服'。甸服，须供应天子祭祖的用品；侯服须供应'奉祀'高祖、曾祖的用品；宾服，须供应天子'享祭'远祖的用品；要服，须供应天子'贡祭'神灵的用品；荒服，诸侯必须来朝拜天子。祭礼每天一次，祀礼每月一次，享礼每季一次，贡礼每年一次，朝拜终生一次，这是先王的遗训。如果有不供应日祭的，天子就应检查自己的思想；有不供应月祀的，就应检查自己的言辞；有不供应季享的，就应检查自己的法令；有不供应岁贡的，就应检查自己的尊卑名分；有不来朝拜的，就应检查自己的德行。依次检查完了，还有不来的，这才检查刑法，惩罚不祭的、征伐不祀的、讨伐不享的、谴责不贡的、警告不朝的。因此才有用于惩罚的刑法，用于征伐的军队，用于讨伐的武备，才有谴责的命令、晓谕的文辞。如果宣传政令、发出文告，还有不来贡献朝见的，那就再努力增进自己的德行，决不劳民远征。这样，近处的诸侯没有不听从的，远处的诸侯没有不信服的。现在，自从大毕、伯仕去世以后，犬戎的君长已经尽了他'荒服'的职责，前来朝拜天子。可是天子却说：'我定要按照宾服不享的罪名讨伐他，还要向他炫耀军威。'恐怕违反先王的遗训，而您也难免挫败！我听说,犬戎的君长树惇能够遵循先人的德行,保持朝拜的礼节,办事认真,他有理由也有能力抵制我们。"

穆王不听,硬要去攻打犬戎。结果只得到4只白狼、4只白鹿。从此,荒服的诸侯再也不来朝拜天子了。

西周末年,政局日益混乱,周天子的权威大不如前,诸侯个个手握重兵,不把周天子放在眼里,此时,偏偏又出了一个昏庸的周幽王,彻底断送了周朝的基业。

周幽王有个妃子叫褒姒,据说她不爱笑,幽王便费尽心机企图博她一笑,但任何办法也不行。最后幽王想了一个荒唐的主意,用"烽火戏诸侯"的玩笑以博取褒姒一笑。烽火是古代的军事报警信号。为了传递军情,在边塞或军事要地,相隔一定距离修建一座高大的台子,作为烽火台。台上堆积着柴草,遇有敌人入侵,白天以柴草燃烟作为信号,称为"燧",夜里举火把为信号,称为"烽"。点燃烽燧,就意味着有紧急军情发生。在西周,如果周天子发出警报,诸侯都有出兵救援的义

| 庆阳肇周圣祖牌坊

周旧邦木坊

务。可见，燃烽燧，召诸侯，是一件十分严肃的军国大事。可是周幽王却拿它当儿戏。他命人点燃了烽燧，霎时间烽烟滚滚，传遍四方，诸侯闻警，纷纷率领本国兵马浩浩荡荡开赴镐京勤王。来到镐京一看，根本没有敌人进犯，才知道上了当，被周天子戏弄了，兵将都非常狼狈。褒姒见此情景，感到非常好笑，不禁开怀大笑，乐不可支。幽王自以为得计，也满心欢喜。幽王为了一计之乐，竟不惜劳师动众，拿国家大事当作儿戏，他的昏庸由此可见一斑。

在王位继承问题上，幽王也是胡作非为，从而加深了统治集团的分裂和政治上的动乱，终于酿成大祸，不可收拾。幽王原来的王后是申后，申后的儿子宜臼已被立为太子。幽王自宠褒姒以后，便想废掉申后，改立褒姒为王后，同时把宜臼也废掉，改立褒姒之子伯服为太子。此事虽然遭到大臣反对，但幽王还是一意孤行。褒姒得势以后，与朝中奸臣勾结，朝政更加黑暗。《诗经》有句"艳妻煽方处"，指的就是幽王美艳的妻子褒姒势焰狂炽、惑乱朝政的情况。

申后是申侯的女儿。她受到幽王的迫害，太子宜臼也逃回母家申国去躲藏。

周幽王十年(前772年),与诸侯会盟于太室(即中岳嵩山,在今河南登封),同时兴兵讨伐申国,企图杀害宜臼。申侯忍无可忍,于周幽王十一年(前771年)联合缯国和西方的犬戎,举兵进攻宗周。周幽王慌了手脚,连忙命人点燃烽火,召唤诸侯前来援救。据说由于诸侯曾经上过幽王"烽火戏诸侯"的当,这次虽然见到报警的烽火,却没有一个人派兵前来,以为又是幽王为逗褒姒开心而开的玩笑。幽王得不到援兵,势穷力孤,被打得大败。只好带着褒姒、伯服等人以及王室珍宝,向东狼狈逃窜。逃到骊山(今陕西临潼)脚下,被犬戎追兵赶上杀死,褒姒被俘获而去。

其实,幽王受到申侯和犬戎的进攻,诸侯没有前往援救,并非由于他曾"烽火戏诸侯"。真正的原因是,当时周王室已经十分衰败,周天子已经失去了对诸侯的控制力量,因此诸侯敢于按兵不动,坐观成败。那时,不仅西周初期建立的诸侯国,如齐、鲁、晋、卫等早已坐大自守,摆脱了王室的控制,就连新建立的姬姓诸侯国,也已离心离德。如郑国是在周宣王二十二年(前806年)所封,始祖郑桓公又是宣王的庶弟。郑桓公在幽王时当了一年王室的司徒就不干了,原来他另有打

周祖大殿

算。他对太史伯说:"我看王室不安定,早晚要出乱子,我想离开这里到一个安全的地方去。"太史伯建议他迁到关东洛邑以东、黄河济水以南去,认为那里比较安全。于是郑桓公便把他的封国与人民迁到了东方。申国也是周宣王时才立的封国,申国姜姓,是周王室的亲戚,如今却带头起兵反对周王,可见周室已众叛亲离。这时西周王朝的力量,已降至如同一个中等诸侯差不多了,在这种形势下,幽王把烽烟烧得再旺也无济于事了。

　　周幽王烽火戏诸侯的故事已经成为人们茶余饭后的笑谈。但犬戎这个曾纵横宁夏大地的古老民族,凭借自己的力量推翻了腐朽的西周王朝,翻开了中国历史崭新的一页,却也是宁夏民族史上的一段传奇和骄傲。

嬴秦族崛起陇山
秦穆公称霸西戎

多彩六盘

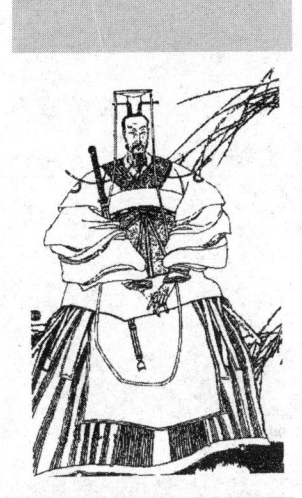
秦穆公

在春秋战国,甚至更早的夏、商、周时期,最早在宁夏这片土地上生息的并不是华夏民族,而是被称为戎族的诸多少数民族部落。西戎的称谓最早来自于周代,周人自称华夏,便把华夏周围四方的族人,分别称为东夷、南蛮、西戎、北狄,以区别于华夏,西戎是古代华夏人对西方少数民族的统称。西戎与中原的华夏民族,从远古时期就有着千丝万缕的联系。建立周朝的姬姓华夏部落在商代时,就在首领古公亶父的率领下,居住在泾水上游的六盘山脉一带,与西戎一起生产生活。因为势力比较弱小,又不堪忍受西戎和北狄诸部落的侵扰,被迫向东迁徙到关中岐山的周原一带,与西戎居住在关中的姜姓部落长期通婚。商纣无道,周武王率领诸侯进行讨伐,西戎也积极参加。周朝建立后,西戎诸部虽然称臣,但叛降不定,西周把泾洛上游陇山一带的西戎之地,称之为荒服,只要求他们按时进贡,名义上保持臣属的关系。西周中叶,西周与西戎诸族和平共处的关系越来越难以维持,周穆王因为西戎诸部不再上贡,便轻率地带领军队去讨伐西戎,但收获甚少,只得到了4头白狼、4头白鹿,成为笑谈。周穆王西征到了什么地方?据古本《竹书纪年》记载:"穆王十七年西征,至昆仑丘,见西王母,乃宴。"昆仑丘所在,各家考证不一,肯定已超过陇山山脉,到达今甘青境内,见到了西戎的一位女酋长。周穆王宴会西王母,成为美丽的神话传说。

周穆王之后,周朝日益衰败,西戎诸部"荒服不朝"的局面越来越严重,而秦族在陇山地区逐渐壮大,周也逐渐倚靠秦人来控制西戎。因为西戎中的犬戎攻入镐京,杀死周幽王,西周灭亡。幽王子周平王东迁,封秦襄公为诸侯,命襄公从西戎手中收复岐周地区,并将岐以西赐秦。至公元前750年(周平王二十一年),秦文公击败西戎,"于是收周余民有之,地至岐,岐以东献之周"。实际上岐山以东仍为诸戎所占据。随着秦在崤函以西发展为强国,而秦与西戎的斗争转向陇山(今六盘山)及陇山以西地区。

秦和西戎的相持局面直到一代雄主秦穆公的出现才得以打破。秦穆公是春秋时期少有的贤明君主。他胸怀大志,广纳贤才,把一个西陲小国治理成为西方强国。秦穆公也被史家称为春秋五霸之一。他的治国之道在千百年后还被人们传为美谈。

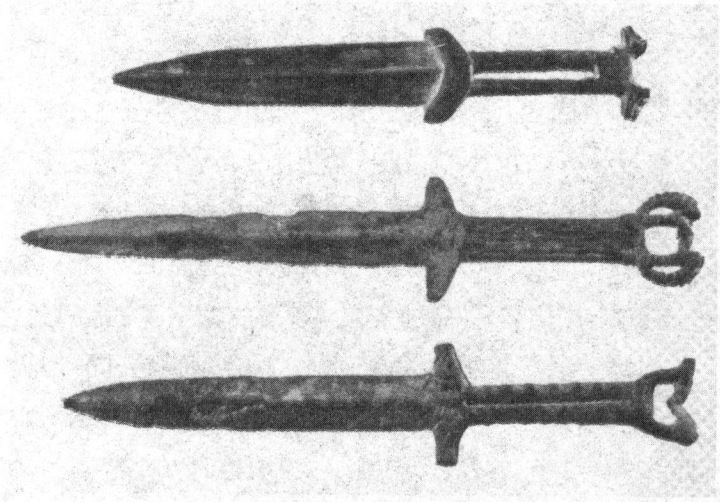

春秋战国青铜短剑(出土于固原市原州区河川乡)

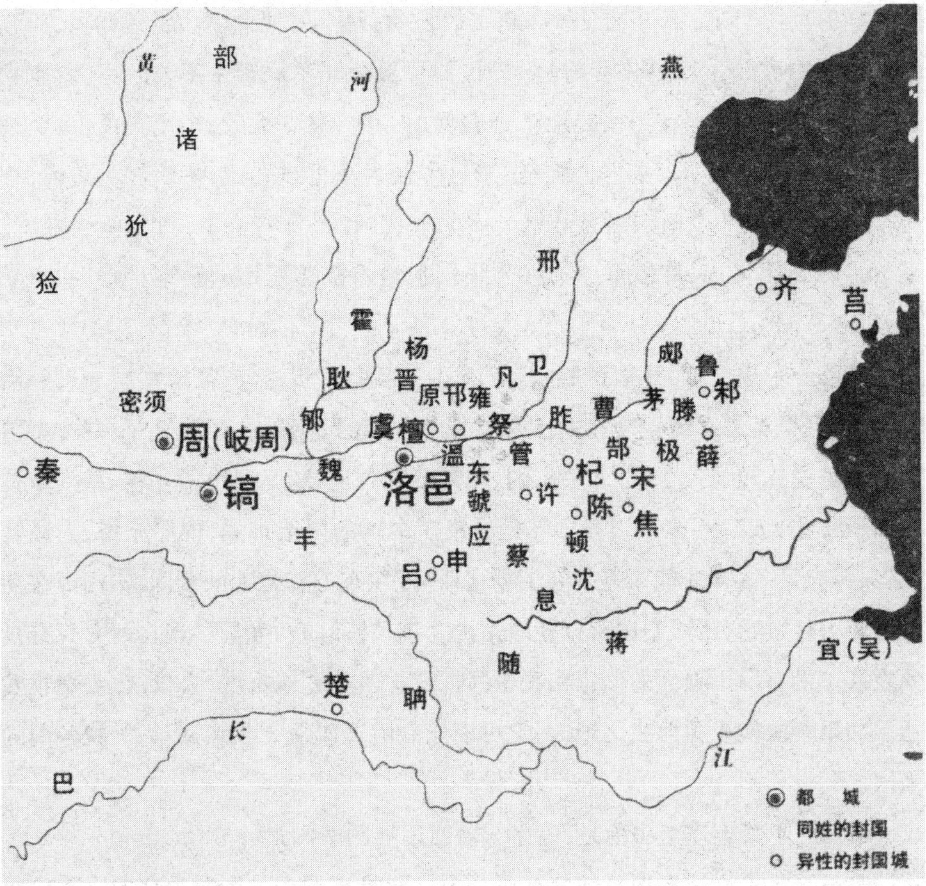

周初诸侯国分封图

春秋时期，周天子的威信一落千丈，只是名义上还是天下共主，当时中原地区势力强大的诸侯国纷纷争夺霸主之位，想取代周天子得到天下万国的拥戴。其中最强大的有晋国、楚国等。作为西方边陲秦国的国君，秦穆公立志要做一番惊天动地的事业，在乱世争雄的春秋成为一代霸主。他雄心勃勃，可是苦于没有贤臣辅佐。他派人到各处去广招人才，希望天下有用的人都投奔到他的门下来。在百里奚、蹇叔等贤臣的辅佐之下，秦国迅速强大起来。秦穆公雄心勃勃，开始向东进攻，争夺霸业。可是穆公的霸业受到了另一强国晋国的强烈反击。周襄王二十四年（前628年），春秋五霸之一的晋文公去世。秦穆公乐观地认为晋国少了晋文公这样的英明君主,不再是他争夺霸主的强劲对手了,便命令大将孟明视、西乞术和白乙丙率领大军进攻晋国。新即位的晋襄公连孝服都来不及脱去,就率领大军前来迎击秦军。在河南渑池附近的崤山一战,秦军大败,全军覆没,孟明视等3位大将全被俘虏。秦穆公大怒,亲自率领大军进攻晋国,秦军渡过黄河,攻占了晋国的王宫(今山东闻喜县境),晋军坚壁清野,深沟高垒,进行坚强抵抗,秦军占不到便宜,只好撤军。秦穆公亲自到崤山祭奠死难的秦军将士,积土立封,发丧三日。

秦穆公东进受挫,愁眉苦脸,只好问计于百里奚和蹇叔,征求秦国未来的治国方略。百里奚进言道:"现在关东诸国人口众多,土地肥沃,财富充足。现在秦国的力量虽说比较强大了,但和关东的晋、楚等国相比,还是弱小了一些。特别是关中面积狭小,人口不多。当务之急是尽快让秦国的国土扩大,国库充裕,人民富庶,兵源充足。这样才能东进争夺王霸之业。现在东方有强大的晋国,秦国现在还没有能力打败它,所以秦国可以暂缓东进之策,转而向西发展。现在西方只有戎狄之族。没有一个强大的国家来和秦国抗衡。西戎之地富庶,人口众多,畜牧发达。如果秦国能兼并西戎之地,一定可以让秦国迅速强大起来,成为雄视各国的强国。"

秦穆公不禁连连点头称是,确立了向西发展的秦国大计。

此时的西戎也被秦穆公的威名所折服。西戎王便派一个叫由余的臣子出使

秦国,来考察秦国的治国之道。由余原本是晋国人,因为晋国发生了内乱,由余被迫逃到了西戎。由于他会讲晋语,熟悉华夏诸国的礼仪人文,便成为西戎出使秦国的理想人选。

秦穆公正准备进取西戎之地,迫切想了解西戎的内部情况,恰好由余前来出使,穆公非常高兴,便准备了盛大的仪式欢迎由余的到来。为了展示秦国的强大和实力,穆公亲自陪着由余参观秦国富丽堂皇的宫殿和器物充盈的仓库。想借机向西戎使者炫耀一番,让西戎这些骑在马背上的游牧民族看看秦国的富强。

参观完毕后,秦穆公得意洋洋地对由余说:"先生,秦国的宫殿可否华丽?仓廪可否丰足?"

由余望着志得意满的秦穆公,微微地一笑:"贵国的这些东西如果是鬼神做出来的,那么一定会让鬼神操劳过度,如果是人做出来的,那么人民一定会感到劳累,苦不堪言。"

秦穆公觉得很奇怪,觉得由余见解独特,很有见地,再也不敢小看这个西戎使者了。

秦穆公接着问由余:"华夏诸国的治国之道遵循的是诗书礼乐等祖先传下来的制度,即便如此,还常常发生动乱,国家动荡不安,人民流离失所。西戎没有这些法制之道,靠什么来治理国家呢?我想想都觉得很难啊。"

由余说:"正是因为有了这些礼义法度,华夏诸国才会发生内乱。这些礼义法

度是上古时期黄帝制定的,以黄帝的英明神武,带头执行,才基本上达到了天下小治的局面,尚且称不上是天下大同的太平盛世,何况后来的帝王们一个比一个昏庸无能,骄奢淫逸,所谓的礼乐法度,不过是用来欺骗臣民、控制百姓的手段罢了。国君虚伪无德,满口仁义,暗地却兴无名之师,欺凌弱国,盘剥百姓,百姓们都被这样的礼义法度搞得疲惫不堪、怨声载道,都迫切盼望着国君能以仁义治理天下。这样的怨气积累久了,怎么会没有叛乱发生呢?所以以礼义法度治国是没有用的。"

穆公惊奇地看着由余,对这位西戎使者开始刮目相看,恭敬地问:"以先生之见,西戎是怎么治理国家的呢?"

由余说:"西戎虽然偏远,但自有治国之良策。我们的国君以淳朴、仁厚的品德对待自己的臣民。君视民为爱子,则民视君为慈父,所以西戎的百姓对国君也非常忠诚。治理国家好比一个人的身体一样,人的身体只有头脑和四肢互相配合,才能伸缩自如,头脑出了问题,四肢怎么会听指挥呢?我们西戎也一样,没有你们国家那么多的繁文缛节,人人都性情率直,自由奔放,所以我们西戎不用治

理,自然就会井井有条。"

穆公听了由余的一番话,不禁大为折服,知道由余是一位治国能臣,很想把由余留在身边辅佐他。可是由余是贤明君子,肯定不会为了功名利禄来投靠秦国。穆公只好为由余安排住所,让他在秦国多待几天。

秦穆公召集群臣商议对策,穆公感叹地说:"我听说邻国有贤臣,是敌对国家的忧患啊。我正准备向西征伐,夺取西戎的土地和人民,来增强秦国的实力。可是西戎有由余这样的贤臣,如果放由余回去,他一定会尽力帮助西戎抵抗秦国的进攻,秦国必然损失惨重,我们该怎么办呢?"

一个担任内史官职名叫廖的人给秦穆公出主意说:"大王不必忧心。由余虽然贤明,但这次他出使秦国,是来考察秦国的内政,只要大王延长他的考察期,借口秦国内政繁杂,让他在秦国多待一段时间,考察上一年半载再回去,给他来个缓兵之计。在由余居秦的这段时间里,大王可以给西戎王送去美女、乐队。西戎王久处边地,过着居无定所的游牧生活,从来没有享受过中原的美女珍宝,见到这些让人玩物丧志的美女音乐,一定会沉迷其中,荒废国政。我们再派人离间西戎王与由余的君臣关系,到时候西戎国内政局大乱,由余必然会投奔秦国。到那时秦国再出兵西戎,一定会大胜。"

穆公得此妙计,不禁心花怒放,连忙派使臣给西戎王送去 16 个精通音律的美女。西戎王久居游牧之地,从来没有见过这么美妙的音乐歌舞、曼妙佳人,不禁大为赞赏,从此夜夜笙歌,沉迷于靡靡之音中不能自拔,再也无心治理西戎的国政了,西戎国内开始变得混乱不堪。

由余在秦国考察完国政后,回到西戎,看到戎王沉迷于女色歌舞,不禁大惊失色,开始苦口婆心地规劝戎王不可沉迷于此亡国之戏。可是戎王哪里听得进去,对这位唠叨的臣子日益厌烦,再也不像以前那样信任由余了。秦穆公还派人给由余写信,诉说思念之情,可是却故意把信交给戎王,戎王看到信后,中了秦穆公的离间之计,认为由余和秦国暗中来往,更加冷落由余。由余无奈之下,只好投奔秦国。

秦穆公听说由余来投,大喜过望,连忙亲自相迎,穆公拉着由余的手说:"寡人早就盼望先生能辅助我称霸一方,现在先生来投我,真是寡人之幸,请先生教我灭戎之策。"

由余对穆公说:"不是我不忠于西戎,现在西戎国政混乱,君主不明,贤臣择主而仕,良禽择木而栖,为大王这样的贤君效力是我平生之愿。大王有鸿鹄之志,秦国国富兵强,称霸天下应该不会远了。西戎之地,土地肥沃,人口众多,如果秦国能兼并西戎,一定会大大增强秦国的国力,那时候进取中原,一定会势如破竹。我久居西戎,对西戎的山川形胜、地情民情都非常了解,我愿助大王统兵攻取西戎。"

秦穆公在由余的帮助下,率领大军进攻西戎,一举攻灭了12个西戎小国,扩地千里,包括今宁夏南部固原在内的陇东地区,都成为秦国的势力范围。《史记·秦本纪》记载秦穆公"益国十二,开地千里,遂霸西戎"。战争的具体过程不详,而且被吞并的戎国数量也不一致。《史记·匈奴列传》笼统地说:"西戎八国服于秦。故自陇以西,有绵诸、绲夷、翟、獂之戎,岐、梁山、泾、漆之北有大荔、义渠、乌氏、朐衍之戎。"现据学者考证,将秦穆公降服的诸戎国中在宁夏境内者列述如下。

义渠戎。义渠之名首见于《竹书纪年》:"武乙三十年,周师伐义渠,乃获其君以归。"据学者考证,义渠戎在商末周初活动于今山西南部,曾被周人打败过。此后很长时期不见记载,或者是被其他戎狄部落统治之故。秦穆公霸西戎时,义渠戎由晋南向西进入今无定河、北洛水流域,成为西北民族。义渠的族属,司马迁将其列入《匈奴列传》,当作狄族的一支;范晔《后汉书》又将其列入《西羌传》,当作羌族。不过,至西汉时人们仍称义渠为胡人,故应为北狄才对。义渠的势力范围较大,今甘肃庆阳、宁夏固原南部一带皆为其领地。

乌氏戎。《史记正义》引《括地志》云:"乌氏故城,在泾州安定县东三十里,周之故地,后入戎,秦惠王取之,置乌氏县也。"这是说乌氏县在今泾川一带。《汉书·地理志》安定郡乌氏县本注曰:"乌水在西,北入河。都卢山在西。"乌水即今宁夏境之清水河,则乌氏戎应与乌水有关,在今固原一带。秦灭乌氏戎,置乌氏县,亦在固原一带。《括地志》所记或反映郡县搬迁,故记乌氏县在今泾川一带。《货殖列传》记秦有乌氏倮,此乌氏为族名,倮乃乌氏戎之名倮者。

朐衍戎。《史记索隐》引《地理志》:"朐衍,县名,在北地。"《正义》引《括地志》云:"盐州,古戎狄居之,即朐衍戎之地,秦北地郡也。"朐衍戎居地在今陕西、宁夏交界之定边、盐池一带。秦穆公时服于秦。《汉书·五行志》载:秦惠文王五年,"游朐衍,有献五足牛者。"其时,秦在朐衍戎地置县,其族或西迁于河西走廊之北,所

谓居延是也。

就这样,陇山南北、泾渭之源的西戎诸部纷纷向秦纳贡称臣。这些诸戎建立的方国并没有被秦国灭亡,而是在政治上归服于秦,是秦人的势力范围。秦穆公霸西戎,使其势力范围内之戎族及其所建之国与秦国发生频繁交往,相互取长补短,使西北东部地区实现了有限的统一与融合,也使宁夏南部地区进一步融入华夏文明中。秦国在取得西戎之地后,国力迅速扩张,成为雄居西北的虎狼之国。

据后人研究,秦穆公霸西戎这一历史事件有着深刻的历史影响。首先,它很可能引起了欧亚草原上游牧民族的一次迁徙运动。先秦古籍记载,原在河套以北活动的是月氏(亦称禺氏、禺知)部落,在河西地区活动的是大夏(亦称敦薨、吐火罗)部落,由于秦穆公向西、向北用兵,于是河套以北的月氏被迫西迁,活动于河套以西至阿尔泰山一带;不仅如此,月氏的一部还继续西迁,越过阿尔泰山,进入楚河、伊犁河流域,另一部则向南进入河西走廊,赶走了在敦煌一带活动的大夏,迫其西迁。其次,由于这次民族迁徙,在欧亚草原上出现了一条东西方贸易的商道。阿尔泰山东段的商道,大致是从洛阳出发,经今山西北部、河套地区至阿尔泰山;阿尔泰山西段的商道,大致是经额尔齐斯河上游、楚河、伊犁河流域、哈萨克

草原西通欧洲；两段的交会点在额尔齐斯河上游地区。控制东段商道的是月氏人，控制西段商道的是斯基泰人（或称塞种人）。经这条商道运往欧洲的商品，除了中国内地的丝绸、青铜器外，还有阿尔泰山出产的黄金；而运往中国内地的主要是阿尔泰山（即先秦文献中的昆仑山）出产的玉石。最后，月氏、大夏西迁，参加了希罗多德所记的伊塞顿部落联盟（或称塞人四部，其中月氏、大夏居二）。所以有学者指出，就目前所知的考古资料而言，最早输往中亚和欧洲的丝织品正是从秦穆公霸西戎后开始的，而西方人最早所知道的中国就以"秦"为代表。

惠文王跃马黄河
宣太后智灭义渠

宁夏平原

春秋战国时期,在华夏族(即汉族的前身)还处于发展壮大阶段时,不断和周围的民族相融合,变得更强大,更具有凝聚力。当时民族众多,华夏族就把西方的民族统称为西戎,北方的民族统称为北狄,南方的民族统称为南蛮,东方的民族统称为东夷,秦国的先祖就是东夷的一支,以鸟为图腾,据《史记》记载,秦先祖费昌子孙众多,"或在中国,或在夷狄",秦人的子孙有的成为华夏族,有的则居住在边疆地区,成为华夏族眼中落后的夷狄民族,尽管文化发展程度不同,但包括秦人在内的华夏族与戎狄民族有着共同的祖先,他们的血管里流着相同的血液。武王灭商后,将臣事于商的秦人先祖迁往西北,成为周朝的臣子。秦国先祖造父曾为周穆王驾车西巡。到了周孝王时,曾命秦先祖非子负责养马,由于非子养马工作非常出色,受到孝王的大力褒奖,被封为西垂大夫,秦国先祖才开始走上封邦建国的发展之路。但此时的秦还称不上是一个国家,只是一个低等贵族罢了。周幽王时期,周朝开始走上衰亡的道路,政治动荡,国君昏庸,幽王宠幸褒姒,不惜烽火戏诸侯的疯狂举动彻底断送了周朝的国运。西戎诸部中的犬戎部落在周朝大臣的里应外合下,攻下周都镐京,将幽王杀死,周宣王被迫东迁洛邑,开始了东周列国争霸时期。秦大夫秦仲亲自率军护送宣王东迁,狼狈不堪的周宣王为了感谢秦仲的救命辅佐之恩,手指着被犬戎占据的西周故地说:"我把这片被戎狄部落占据的西周故土分封给你,你能从他们手中夺回故土,这片广阔的土地就全是你的。"周宣王给秦仲一张空头支票,名义上分封他为诸侯,但却没有一寸领土,所有的国土都要靠秦人从戎狄手中夺取。就这样,秦国在血与火的淬炼中,成为

名震西北的春秋五霸之一。但秦人在与戎狄民族血肉相融、朝夕相处中，吸收了戎狄部落的一些习俗、文化，在当时文化更为先进的东方诸侯国看来，秦国简直就和游牧民族没什么区别，就算再强大，也只是西北一个蛮夷国家罢了。此时的秦国还存在着落后血腥的人殉制度和没有长幼尊卑的人伦观念，秦国百姓男女老少混居一屋，被东方诸侯国所看不起。秦孝公在位时，深感"诸侯卑秦，丑莫大焉"，他发誓要改变秦国的落后面貌，任命商鞅，变法图强，秦国在短短数十年间，成为令天下诸侯胆寒的强大国家。

秦孝公去世后，年仅19岁的太子嬴驷即位，这就是秦惠文王，惠文王即位后，坚持商鞅以法治国的理念，将秦国进一步打造成王霸之国，他东出函谷关，与赵、魏、齐等东方大国争雄，西平巴蜀，北扫义渠，迫使戎狄方国中最强大的义渠戎国俯首称臣。他任用贤能，张仪、公孙衍、司马错等名将贤士纷纷入秦，为他出谋划策、征战沙场。秦惠文王是个贤能之君，他深知"不战而屈人之兵"的道理，有时候良好的民族关系要比雄兵百万更有利于国家的发展。为了进一步增强国家的实力，为扫平六国做好准备，他需要与西方那些戎狄方国建立良好的关系，让他们成为秦国的属国和子民，成为秦国统一天下的坚固后盾。在这样的局面下，秦惠文王在他即位18年后，开始了首次巡游西北，向西方戎狄部落和方国表达秦国的

贺兰山东麓草原

| 表现游牧狩猎的岩画

善意与结盟的强烈愿望。这一年，秦惠文王37岁，正值人生风华正茂的年纪，他此次巡游一直到了宁夏平原的黄河岸边，受到了当地部落朐衍戎的热情欢迎。

朐衍戎，是春秋战国时期游牧于陕北、宁夏中北部的一支游牧部族，他们性格质朴善良，善于蓄养牛羊，过着原始单纯的游牧射猎生活。朐衍戎等西戎各族与华夏族同气连枝，都是炎黄子孙，据一些专家学者研究，朐衍戎的祖先可以追溯到炎帝的孙子逢伯陵，逢伯陵有3个儿子，一个叫殳，一个叫鼓，一个叫延，延就是朐衍戎的先祖，这支游牧部落早先居住在陕北延水流域，也就是今陕西北部绥德一带。大约在西周初年，朐衍戎从延水流域西迁到今银川平原和盐池一带游牧，由于长期居住在延水流域，所以这支游牧部族被称为"朐衍"，即"居延"的别称。秦国势力扩张到宁夏北部地区时，朐衍戎大部分融入到秦人当中，少部分继续游牧生产，西迁到河西走廊以北，即今内蒙古阿拉善盟额济纳旗境内，这里在秦汉时期曾经有一个著名湖泊叫居延海，就是朐衍戎西迁后的游牧场所。

热情好客是游牧民族的天性，朐衍戎用最隆重的礼节欢迎远方到来的贵宾。

他们载歌载舞,尽情欢唱,向首次踏足宁夏平原的秦惠文王表达自己的敬意。秦惠文王向朐衍戎表达了和平交往的友好愿望,希望这些戎狄部落能团结在自己周围,遵循秦国从建国初期就一直奉行的和戎之策。秦惠文王知道,只有和这些游牧民族建立牢固的联盟,才能保证秦国的繁荣富强,才能早日实现统一六国的梦想。朐衍戎以游牧为生,在他们眼中,那些牛、羊、马、骆驼等牲畜是他们的生命,是他们的图腾,是他们信仰的神灵,为了表达自己对秦惠文王的敬意,朐衍戎把一头珍贵的、长有5个蹄子的牛送给他。在他们看来,这头"五足牛"不仅世所罕有,而且预示着这头"五足牛"会给草原上的人们带来幸福安康,给秦戎之间的友好交往带来祝福吉祥。秦惠文王见到这件特殊礼物,十分高兴,他给朐衍戎赏赐了很多丝帛、粮食,和朐衍戎一起畅饮美酒,共赏歌舞。

这件民族间友好交往的盛事,被《史记》《汉书》所记载,成为秦国和西戎民族关系史上的重要事件,由于变法成功,民族关系处理得当,秦国迅速变得强大,终于扫平六合,统一天下。可惜的是,秦朝建立后,滥用民力,穷兵黩武,导致天下大乱,自取灭亡。在秦王朝的废墟上,建立了中国历史上最强盛的王朝之一——汉朝。汉朝独尊儒术、罢黜百家,一些儒家知识分子为了提醒汉朝统治者爱惜百姓,轻徭薄赋,曾利用秦惠文王游北河这件史事,添加了一些迷信和神话色彩,为秦朝的灭亡做出解释。汉代有一个大儒叫刘向,他曾说秦惠文王游北河时,朐衍戎人贡献奇特的"五足牛"实际上是"妖牛作祟",上天用"五足牛"来警示秦国,不可以像对待牛马一样虐待自己的百姓子民,"五足牛"实际上是秦国最终灭亡的征兆。这个说法有一定道理,就是秦亡于滥用民力,不恤百姓,但是认为朐衍戎人献"五足牛"预示着上天降下妖牛作祟,就显得无知愚妄了。

美丽富饶的宁夏川随着秦惠文王的巡游,终于摆脱了原始蒙昧的状态,迎来了中原华夏文明的第一缕曙光,这缕曙光之中,没有刀光剑影的民族争战,没有尔虞我诈的合纵连横,有的只是民族间的和谐共存,不同文化的碰撞融合,不同经济形态的互补双赢。从此,宁夏北部地区掀开了不断融入华夏先进文明的崭新篇章。

秦惠文王去世后,秦国用远交近攻、胡萝卜加大棒的办法继续向戎族地区扩张势力。但义渠戎、乌氏戎等活跃在六盘山一带的西戎方国虽然臣服于秦国,却并没有一味顺从。在其后的岁月里,和秦国时战时和,保持着密切的联系。特别是西戎诸部中最为强大的义渠戎国,并没有忘记复国的希望,他们也在聚集力量,准备摆脱秦国的控制。秦国真正把包括今宁夏南部固原在内的陇东地区划入版图,还是在秦昭王时期完成的。具有戏剧性的是,完成这一历史使命的不是秦昭王本人,而是他的母亲宣太后,一位具有传奇色彩的女性。

宣太后是如何消灭义渠戎,把宁夏南部地区划入秦国版图的呢?

要想了解这段历史,让我们先来看看宣太后的真实历史面目。

宣太后是个有着传奇经历的女性统治者。她是秦惠文王的妃子,是楚国贵族之女,被楚国嫁到秦国做政治牺牲品。她又被称为芈八子。秦国后宫妃嫔有皇后、美人、良人、八子、七子、长使、少使几种。八子位居其中。由此可见,宣太后年轻时的政治地位并不高,只是个一般的后妃。

秦惠文王为了和燕国建立友好的外交关系,就把芈八子为他所生的儿子嬴稷,也就是后来的秦昭王派到燕国做人质。秦惠文王逝世后,秦武王继位。本来宣太后的一生要以惨淡收场,没有想到秦武王的死令事情峰回路转。

秦武王是个大力士,喜欢举重,时常在宫里和一些大力士进行举鼎的游戏。有一次举鼎时不小心,把腿给砸断了,因伤疼痛而死。秦武王的母亲秦惠文后,听说儿子死了,一怒之下把和他比赛举鼎的人都杀了。但再怎么杀也留不住秦武王的命了。正在秦惠文后只惦记着为儿子报仇的时候,宣太后和其弟魏冉秘密把嬴稷接回秦国,推上了王位。

宣太后的儿子继了王位,奉惠文后当然不高兴了,不久就和秦武王的王后合谋,暗中要立公子壮为王。于是秦国就爆发了长达三年的内乱。内乱结束,魏冉把秦惠文王的儿子都一一杀掉了,当然,除了秦昭王。从此秦国的大权掌握在宣太后和魏冉为首的新兴贵族手里。

宣太后一跃成为了秦国的实际统治者,其子昭王在宣太后执政时期只是一个傀儡。宣太后是位非常有政治头脑的女性,其行事之不羁,手段之高明,可谓是独步古今,是位武则天、慈禧式的人物。可以说,她是中国政治史上女性当政的第一人。皇太后听政,就是从她开始的。"太后"这个名称的由来,也是从她开始才有的,以后的皇帝即位后,都按照宣太后的称号,称自己的母亲为"太后"。她以太后的身份统治秦国达36年之久,在她当政时期,秦国得到了长足的发展,甚至有一段时期,秦国国君公开称帝,关东诸强国都非常害怕秦国强大的军事实力。秦国进军关东,所向披靡,著名的长平之战就是宣太后时期发生的,关东诸国一听到秦国的名字,就会不寒而栗。

这位极有统治手腕的太后在自己的私生活方面,也奔放不羁,极有个性。宣太后的情人很多,但最有名的居然是义渠戎王,这不禁令人大跌眼镜了。义渠戎王和宣太后的私情一直保持了近30年,甚至还生了两个孩子。关于义渠戎王与宣太后私通的原因,有的史家说是昭王年幼,宣太后不得已只好以身相许,虚与委蛇,但以秦国之强大,怎么会害怕一个小小的义渠方国呢?其中的历史谜案,真的很难说清,只能说宣太后这位传奇女性的行事实在让人匪夷所思。等到时机成熟,宣太后派兵在其与义渠王经常幽会的甘泉宫设下了埋伏,一举将义渠王捕获。然后趁义渠国内无主,派遣大军以迅雷不及掩耳之势直捣义渠腹地,将义渠戎国消灭。宣太后甚至还将两个私生子也赐死,其手段之狠,连须眉也自叹弗如。

秦昭王三十五年(前272年),秦和西戎之间持续数百年的战事随着义渠戎国的灭亡而结束了。秦国的版图正式扩大到了宁夏南部地区,并且在甘肃东部、宁夏南部、陕西北部一带设置了陇西、北地、上郡3个郡。秦人还在边境线上筑长城以拒胡。这段战国古长城经历两千多年的风雨,仍有遗迹留存。战国秦长城在

秦长城遗址

宁夏境内的具体情况是：由甘肃静宁县进入西吉县境，沿葫芦河东岸，经将台乡的东坡、保林、明荣、牟荣村，于将台东进入马莲乡张堡塬；又继续向东北进入固原县境的张易乡黄堡村，经阎关村，过红庄乡，出滴滴沟，过中河乡的孙家庄西侧，折向东北，经枯井村到西郊乡的明庄、海堡后，分两道：外城经乔洼村，内城经郭庄、十里，会合于沙窝村；过清水河后转向东南，进陈儿山，经黄家河村进入彭阳县；继经城阳乡、孟塬乡至甘肃镇原县马渠乡三庄湾的交界处。全长约200公里。现存墙身残高1~3米，夯层厚10~13厘米。

西戎作为中国历史上一个重要的少数民族群体正式退出了历史舞台，绝大部分西戎部族成为了秦国统治下的臣民，和华夏民族渐渐融为一体，为秦朝统一全国作出了重要的贡献。也有一部分西戎部落在秦国强大的军事压力下，向北逃走，融入了秦汉时期强大的匈奴族中。宁夏南部固原的一部分地区，也正式划入了中央王朝的政治版图，不再是西周王室眼中的荒服之地，正式成为中央王朝的管辖之地，那段绵延在黄土丘陵上的战国古长城经历千年而不朽，仿佛在无声诉说着那段金戈铁马的岁月。

始皇平定河南地
蒙恬开边新秦中

犁耕图

　　人们都知道,宁夏的农业文明从古代开始就非常发达,丝毫不比江南水乡逊色。那么,是谁最早开发了这片富饶美丽的土地呢?这段历史主要应从距今二千多年的秦始皇说起。公元前215年的一天,秦朝国都咸阳的皇宫内,秦始皇刚刚批阅完堆在几案上的竹简奏章,趴在案头沉沉睡去。梦中突然出现一批铁骑武士,骁勇无比地冲进了他的宫殿,见人就杀,逢人便砍,一直杀到了他的面前。领头的武士骑着迅疾如风的战马,一刀便把飘扬在宫外的秦朝大旗砍倒在地。秦始皇被自己的噩梦给惊醒了,醒来时才发觉自己已经汗湿衣襟、手脚发冷,手中握着的奏章上赫然写着"亡秦者胡也"。

　　秦始皇作为一个创立了千古帝业的开国之君,早已见惯了战场上的腥风血雨和国破家亡时的生离死别,并非胆小之辈,为何却被奏章上的一句话弄得寝食难安呢?秦始皇是一个伟大的帝王,一生灭六国,统一天下,开疆拓土,威风八面。但他也只是一个人,一个害怕死亡的凡人,在消灭了所有的对手之后,他唯一面对的就是死亡之神了。和所有的帝王一样,他渴望着长生不老,和他的帝国一样千古不朽,永世长存。在古代,传说东海之中有3座仙山,分别是蓬莱、方丈和瀛洲,仙山有着传说中的长生不老药,秦始皇对此荒诞之言深信不疑。公元前215年,他派遣一些懂得炼丹的方士出海去寻找传说中的仙山,为他求得长生不老之药,可是方士们从茫茫大海中带回来的不是仙药,而是一本神秘的"仙书",据说上面记载着千古之谜,上面的一句话让整个秦朝为之震惊,那就是"亡秦者胡也"!也正是这句话,惹来了一场新的战争。

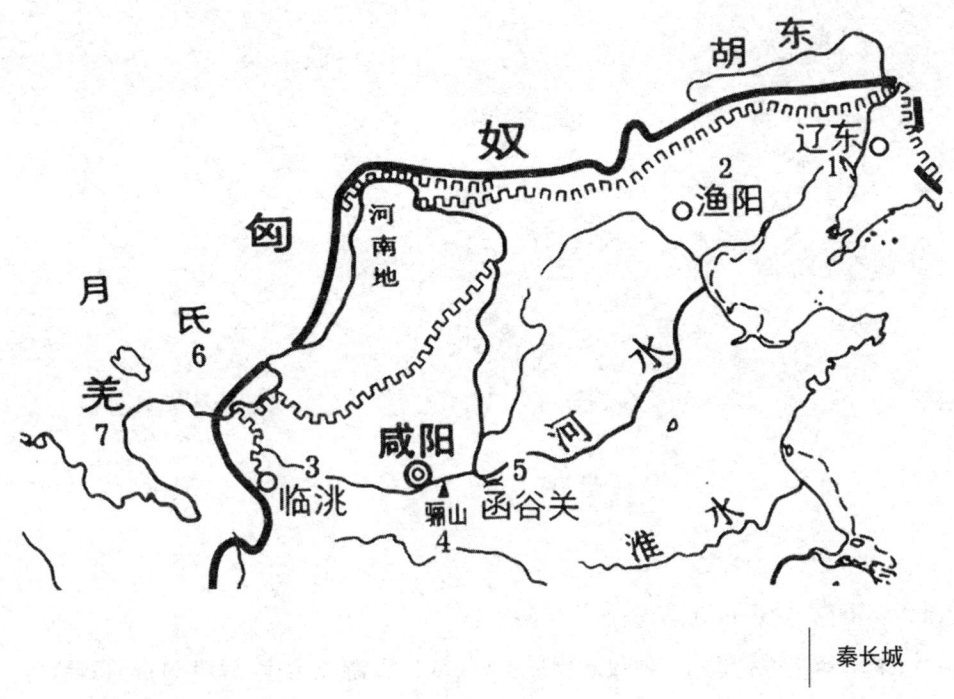

秦长城

被"仙书"上的谶语弄得心烦意乱的秦始皇,立即下令召见丞相李斯和将军蒙恬,要他们发表自己的意见,提出解决的办法。这两人都是秦始皇的左膀右臂。李斯多谋善断,蒙恬是秦朝第一猛将。

秦始皇问李斯、蒙恬:"两位爱卿,一位叫卢生的方士入海寻仙不成,却带回来一本仙书,上面据说记载着朕与帝国的兴衰存亡,居然写着'亡秦者胡也'这样大逆不道之言!此'胡'字做何解释?何以能成为秦朝之心腹大患?"

李斯微微一笑,从容说道:"陛下不必惊疑,依臣之见,此胡者,乃是指匈奴也。匈奴是北方草原上的骄子,他们善于骑射,迅疾如风,早在六国时期,就屡屡进犯秦、赵、燕三国北境,掠夺财产和人口,迫使诸国修筑长城以拒胡。如今秦朝的北境在萧关一线,离咸阳只有数百里路程,轻骑快马一日一夜即可到达国都,匈奴一旦举国南侵,则咸阳危矣!必须派一大将率重兵驻守北境,防御匈奴,才可保住帝国的千秋大业。匈奴的确称得上是帝国的心腹大患!"

一旁的蒙恬早已按捺不住自己的火爆脾气,大声说道:"匈奴如此猖獗,末将

蒙 恬

愿领兵出征,扫清北境,为陛下分忧解难!"

李斯劝谏道:"陛下,匈奴和中原不同,他们以游牧为生,没有固定的城镇居住,没有储备物资的习惯,像鸟一样春来秋去,不停迁徙,很难制止他们的侵害。现在陛下准备派遣大军前去征伐,一旦深入大漠,粮食运输非常困难,后勤不济,军队很难持久作战。就算打败了匈奴,得到了他们的土地,也没有什么益处,得到了他们的人民,也不能役使他们。如果因为打了胜仗就滥杀无辜,那陛下就不能称为百姓的父母。攻打匈奴只能使国家陷入困境,使敌人得到好处,并不是长久的好方法啊!"

秦始皇知道李斯的劝谏并非毫无道理,但他知道匈奴是草原上的雄鹰,总有一天会成为秦朝的心腹大患。他又想起了数年前首次巡视北地郡时的情景。那时的所见所闻,使他对北地郡以北的塞外之地有了更深的了解。公元前220年,也就是秦始皇即位后的第27个年头,秦始皇的巡游大军浩浩荡荡地从都城咸阳出发,沿着渭河河谷的大路西行,先到渭水的发源地陇西郡(今甘肃临洮),然后改由葫芦河北上,到达北地郡(今甘肃庆阳境内),朝拜圣山(六盘山),并"登鸡头(山)"后,由回中道还京。北地郡是秦朝未统一六国之前就设立的重要郡县。早在秦昭襄王三十五年(前272年),消灭了游牧在六盘山一带的义渠戎,建立了北地郡。在春秋战国时期,当时游牧在宁夏南部六盘山一带的是众多的戎族部落,其中最大的一支叫义渠戎，戎族和秦国有着千丝万缕的联系，早在秦国先祖非子在渭水河畔为周天子牧马时，就和戎族时战时和，甚至结为婚姻之盟。戎人占据的泾渭之地，富庶肥沃，一直被秦国视为稳定的大后方，秦国从秦穆公时期就开始了向西开拓的足迹。秦穆公重用戎国谋士由余，拓地千里，为秦国统一六国打牢了后方基地。从秦穆公即位的公元前621年，到秦昭襄王灭义渠戎的公元前272年，秦国整整用了近400年的时间，才把今天宁夏南部的六盘山地区纳入自己的管辖范围，充分说明了这块土地对于秦帝国的重要地位，关系着秦帝国的兴衰成败和稳定安全，使得秦国历代国君不惜花费巨大代价，也要纳入囊中。对于如此重要的军事要地，秦始皇自然十分重视，他也明白，匈奴人和曾经与秦交战数百年的戎族一样，是秦朝不可忽视的重要敌手。因此他下定了决心，一定要倾举国之力攻打匈奴，一举拔掉这颗"眼中钉"。

出兵的决心已定，谁能统率秦军去攻打匈奴呢？秦始皇考虑良久，决定派他最宠信的大将蒙恬挂帅出征。提起蒙恬，可谓家世显赫，战功累累。蒙恬的先祖是齐国人，自祖父蒙骜起，屡建大功，官至上卿。父亲蒙武，担任秦国的裨将军。蒙恬初任狱官，后荫袭将军，因率部攻打齐国大获全胜，被秦始皇重用，让他担任内史，治理关中京畿重地，相当于现在的首都市长。蒙恬的弟弟蒙毅，位至上卿，相当于现在的省部级高官。兄弟两人与秦始皇形影不离，好像左右手一样。派这样的重臣率军北伐匈奴，秦始皇肯定是放心的。他立即下旨，命蒙恬为大将军，率领30万大军，立即准备攻打河套地区的匈奴，把匈奴人赶到千里之外，再也不能威胁秦朝的安全。

匈奴，也被中原民族称为"胡"，是一个剽悍善战、喜欢攻掠的北方民族。据司马迁在《史记》中记载，匈奴的祖先名叫淳维，是夏朝最后一个君主桀的儿子，桀因为荒淫无道，被商汤所灭，淳维国破家亡，只好带着桀的一些妃子四处流亡，逃到北方草原地区才得以立足，从此他们以游牧为生，过着食奶酪、住毡帐、衣毛皮的畜牧生活。淳维的子孙并没有忘记他们是夏后氏的子孙，他们身上流淌着王族的血液，世世代代与中原为敌，时常大举南侵，掠夺财产和人口。匈奴在商朝时被称为鬼方，在周朝被称为猃狁，在战国时被称为匈奴和胡，匈奴族长期在蒙古高原上称雄，以游牧为生，活动区域南达今天内蒙古的阴山、宁夏境内的贺兰山及河套一带，北至今俄罗斯境内的贝加尔湖，是一个"称霸北蛮"的重要民族。早在

匈奴人

战国后期，匈奴族已进入奴隶制社会，其政治机构开始日臻完善，最高首领为单于，下设左右贤王、左右谷蠡王、左右大将、左右大都尉、左右大当户、左右骨都侯，以上均为大贵族，统率军队数千至万余不等。下设各级军官，有千长、百长、什长等小贵族，大小贵族均为世袭。匈奴是一个喜欢掠夺的民族，在他们看来，通过战争进行掠夺比进行劳动生产获得财富更容易甚至更荣耀，并不是什么羞耻的事情。匈奴军法规定，凡是在战场上杀死一个敌兵，就可以赏赐一壶美酒，匈奴战士在战争中获得的一切财物都归本人所有，谁抢来的人口就成为谁的奴隶。凭借这样野蛮而有效的战争法则，匈奴人建立起了强大的战争机器。匈奴是崇尚武力的马背民族，匈奴族的小孩子很小就骑在羊背上，练习骑术和箭术，稍微长大一点就开始骑马拉弓射猎狐狸、兔子。马对于他们来说，就和双腿一样，弓箭对于他们而言，是生存的必备工具。匈奴成年男子个个都是天生的骑兵，他们在单于的率领下，来如风，去如电，就像一场沙尘暴，时时威胁着南方的中原王朝。给战国时期的秦、赵、燕等国造成巨大的压力，迫使这些国家修筑长城，抵御匈奴。

匈奴雄踞北方，从东北的辽东半岛到西部的祁连山脉，都是其控制的地盘。从哪里出兵好呢？秦始皇把目光投向了一块叫河南地的地方。河南地，就是今天宁夏与内蒙古境内黄河南岸的河套地区。何谓河套呢？就是指黄河从今甘肃黑山峡流入宁夏中卫市境内起，由西向东流经青铜峡。出峡后，拐一个大弯，改为由南向北流，一直流到今内蒙古临河市以后，再次拐一个大弯，复由西向东流，经包头至托克托县河口镇重新拐弯南流,成为山西、陕西两省的界河。黄河在宁夏、内蒙古所运行的路线,拐了3个大弯,其线路图恰似一个"几"字形,或像一个高高抛起的"套马索",因此称为河套。在秦朝打算占领河套地区之前,秦朝与匈奴的边界在今六盘山一带,秦长城的遗址在今天宁夏南部西吉、固原、彭阳境内。六盘山是防御匈奴的一道天然屏障,一旦失守,匈奴铁骑可以沿着泾水河谷长驱直入关中平原,直接威胁到秦王朝的京畿重地。秦都咸阳到六盘山秦长城的直线距离仅数百里,匈奴铁骑一昼夜就可以到达咸阳城下,这块战略重地无疑是秦王朝致命的软肋。

进攻河南地!把匈奴人赶到黄河以北去!秦始皇给蒙恬下达了这样的战略指令。历经扫平诸侯列国大小战争考验、如狼似虎的30万秦军在蒙恬的指挥下,浩浩荡荡地杀向那块肥沃富饶的河套平原。匈奴人显然不是秦军的对手,他们在蒙恬的进攻下,溃不成军,仓皇而逃。蒙恬大军在短短一年内就把匈奴人赶出了河套,占领了今宁夏北部地区,以及陕北榆林,内蒙古包头、五原一带广大地区。第二年又北渡黄河,占领了阴山、大青山下的大片草原。匈奴远远地逃向漠北。包括今宁夏在内的河套地区头一次成为中央王朝直接管辖的地域。为了防止匈奴再次南下入侵,秦始皇下令在北方沿边地区修筑万里长城。在宁夏这样有黄河天险的地区,也可以依据地利,以黄河为天堑进行防守,于是便在宁夏黄河东岸南北两处修筑了两个军事要塞——神泉障和浑怀障。神泉障在今吴忠市牛首山下,浑怀障在今石嘴山市黄河东岸。有了这两个坚固的堡垒,宁夏平原被牢牢地控制在秦军手中。秦始皇选择从河套地区进攻匈奴是有一定道理的,当时的河套南距关中仅数百里,地域辽阔,水草丰美,是匈奴重要的游牧基地。只有攻占了这里,才能夺取对匈奴战争的主动权;只有守住这块战略要地,关中京畿地区才能获得长久的和平和安宁。

在秦始皇派兵攻占河套以前,包括今宁夏中北部地区在内的广大河套地区还是一块从未开发的处女地,从来没有农耕民族的脚步踏进过这里。一切都是那么自然和谐,一切都是那么原始古朴,充满着自然生态之美。黄河像一条黄色的巨龙,从黑山峡奔腾而出,面前是一片低洼的谷地和平原,黄河在这片宁静的平原港湾里,显露出河水柔美的一面,它从大山中走来,仿佛突然被眼前的美景吸引住了,不知不觉地放慢了脚步,迈着轻缓的步伐,惬意地走在这片绿草如茵、湖

泊密布的平原上，它不时左右摇摆着自己的身躯，用它那富含肥沃泥土的乳汁浇灌着这片土地。千万年来，黄河就这样不知疲倦地流淌着，把它的恩赐无私地给予这块美丽的土地。西边耸立着雄伟的贺兰山脉，山间树木葱郁，气候凉爽，是动物生存的乐园，不仅有老虎、豹子等大型食肉动物出没林间，还有牛、马、羊等食草动物时常出现，远不是现在这样石山突兀、怪石嶙峋的模样，在山间草原和黄河沿岸的河谷地带，匈奴等游牧民族自古就在这里繁衍生息，他们以游牧为生，在这块富饶的土地上，过着"天苍苍，野茫茫，风吹草低现牛羊"的原始游牧生活。

夺占河南地后，如何守住这块新的国土，成为秦朝君臣必须要考虑的问题。匈奴人虽然北遁，但时刻虎视眈眈地威胁秦朝北境，蒙恬的30万大军必须长期驻守当地防御匈奴再次南下。可是大军的物资给养问题十分突出，当时的交通工具十分简陋，道路也没有修通，只能靠中原广大地区的百姓千里运送军粮，路途的遥远、运输的艰难使得秦朝百姓苦不堪言。当时秦朝国内青壮年男子基本全部从军，为秦始皇开疆拓土，秦朝政府只好征召妇女和老人运输粮饷，一路上死亡的人不计其数，秦始皇倾全国之力支援蒙恬大军，也只能艰难维持，并非长久之计。

秦始皇得知蒙恬打败匈奴，非常高兴，他立即召见蒙恬，听取他对当地军事防御和给养运输情况的汇报。蒙恬对秦始皇说道："陛下，臣此次出征，却匈奴七百余里，匈奴人再也不敢侵犯我大秦国土了。但当务之急是想办法巩固新占领的疆土，稳固国防，安定军心，使北境再无边患之虞。"

秦始皇说道："依卿之见，该当如何？"

蒙恬说："依臣愚见，要想长期占领河南地，必须把秦、赵、燕三国长城连接起来，并修筑直道，以便运输粮食和物资。同时在新占领的地区设置郡县，派官驻守，移民实边，这样才能保证河南地永远成为大秦的疆土。"

秦始皇非常高兴，连声称赞："爱卿不仅勇冠三军，还是一位治国的奇才，就依你所言，速速办理。"

蒙恬立即着手进行河南地的大规模建设，并修筑新的万里长城。原来经过宁夏南部的战国秦长城由今甘肃静宁进入今宁夏西吉，沿葫芦河北岸北行，经将台、马莲、红庄后，绕固原城西北的长城渠等地越清水河进入固原东南的河川，再东南至彭阳城的城阳白岔、长城塬等地进入甘肃镇原县境。宁夏中北部大片土地

宁夏平原

被蒙恬占领后，蒙恬立即巧妙地利用黄河和贺兰山天险，沿黄河修筑城障，黄河在宁夏成了一条匈奴人越不过的天然屏障。蒙恬还修筑了长达1800里的直道，也就是类似今天的高速公路，这条直道直贯河南地的中心地带，其南端的起点是秦内史云阳县、秦云阳县城在今陕西县淳化县北铁王乡凉武帝村。从这里向北，经今旬邑县石门关进入甘肃正宁县上子午岭主峰，经调令关、宁县、合水、华池进入陕西，经定边、靖边县进入内蒙古乌审旗，就是鄂尔多斯高原南缘，再北上经伊金霍洛旗、东胜市、达拉特旗到达终点包头市，即秦九原郡。直道的南段经过今甘陕间的子午岭，北段经过今内蒙古鄂尔多斯高原。除了修筑直道外，还修筑了回中道，回中道是关中通过今宁夏固原地区的重要通道，这些道路为帝王出巡、军粮运输和军队转徙提供了便利条件。一座座新的县城沿着直道和黄河建立起来，大批的贫民和犯罪的人被迁移到这里。很快，这里不再是荒凉的塞北风光，人们依河而居，盖起了房子，养起了牛羊，赶走了虎豹，开垦了土地，繁荣富庶的景象

黄河楼

初步显现出来。在今天宁夏北部就设置了富平县、朐衍县。其中富平县址位于今吴忠市利通区境内，朐衍县址位于今盐池县境内。特别是建于宁夏北部黄河沿岸的军事城障，驻扎着数量众多的秦军，严密监视着北方草原匈奴人的一举一动，这两座城障就是浑怀障和神泉障。

秦始皇听从了蒙恬的建议，开始从全国各地征发贫民和因罪受刑的人前往河南地屯垦戍边。可是河南地毕竟是一块未开垦的土地，这里遍地沼泽，虎豹横行，要想在这里安居乐业，必须要付出巨大的努力。移民们拖家带口地来到这里，连基本口粮都难以保障，建设开发谈何容易？

一天，蒙恬沿着黄河进行视察，巡视各地进行经济建设的情况。来到了新设立的富平县境内，也就是今天宁夏吴忠市一带。蒙恬看到这里依山阻河，地势十分险要，新设的富平县城建于黄河滩地之上，是一块易守难攻的绝佳要塞。蒙恬不禁十分高兴，对跟随视察的北地都尉说道："这里真是地如其名，富平者，富裕之地，且平坦肥沃也。我大秦得此要地，匈奴不足为虑了！"北地都尉点头称是，说道："将军，此地地势险要，易守难攻，匈奴要想渡过黄河攻打我们，必须强渡黄河天险，凭他们的战马是很难快速通过的，而且我军还在沿河设有浑怀障和神泉障，一南一北，拱卫富平县城，驻扎的都是精兵强将，只要一发现匈奴人的动静，防守城障的士兵就会点燃烽火，示警备战，我军以逸待劳，又有此绝佳地势，实是我大秦之福。"

蒙恬接着问道："军粮运输可算正常？没有什么问题吧？"北地都尉面露难色，说道："军粮供应比较困难，虽然直道已经修通，但千里运粮，十分不易，往往运三十石粮食，到达富平县的只有一钟，途中损耗十分严重。而且长途跋涉，运粮的民夫死亡甚多，长期这样下去，恐怕会有变乱发生。"

蒙恬沉吟着，继续向前走，突然看到前面一块黄河滩地上种了一小片庄稼，长势十分旺盛，蒙恬十分吃惊，连忙前去探个究竟。只见一个老兵正在给农田灌水。蒙恬问道："老人家，你这块田为什么长势如此良好？水从何引来？"老兵笑道："将军，这里土地非常肥沃，只要挖一渠道，把黄河水引来，就可以灌水入田，旱涝无虞。"蒙恬抬头一看，只见一条小渠通往不远处的黄河，黄河水正通过渠道源源不断地流向农田，蒙恬大喜，下令立即在黄河沿岸开渠引水，灌溉田亩。

蒙恬出于军事防御的需要，在宁夏引黄灌区大兴屯垦，是为了就近解决军粮问题,这就把"河南地"的开发问题提上了议事日程,并成了秦王朝的当务之急。客观上来讲,"河南地"土地肥沃,黄河水量丰沛,又便于开渠引水,满足灌溉需求。在这样的前提下,秦王朝进行全国大动员,举一国之力开始组织大规模移民,去开发这片崭新的土地。秦始皇下令全国的罪犯、贫苦农民,小商小贩等社会底层百姓,到河套地区去开垦新的荒地。一方面供应军粮,一方面充实边境人口,结果是既解决了粮源和兵源,又加强了防御力量,真是一举三得。包括宁夏在内的河套地区正是在这样的背景下,掀开了第一次大开发的序幕。在新移民的辛勤耕作下,宁夏平原肥沃的田野上长出了成片的谷物,收获着大量的粮食。尝到了甜头的秦始皇,在始皇三十六年(前211年),再次大规模地向河套地区移民。据史书记载,"迁北河、榆中三万家",估计在十万人以上。其中的北河,就是指宁夏河东灌区一带。为了表彰移民的开发功绩,安抚移民的思乡情绪,秦始皇还下令所有迁到新灌区的农民,全部赐爵一级。什么是赐爵呢?秦王朝从商鞅变法起,就鼓励百姓和军队努力耕种与作战。战士在战场上杀死一名敌兵,就会赐爵一级,农民耕种粮食,上缴国库数量多的,也会得到赐爵的封赏,不论出身贵贱,都可以凭功劳得到封爵的待遇,犯罪的人也可以用爵位来抵消罪行。在这样的政策下,秦国的国力大为增强,奠定了统一六国的基础。在秦始皇奖励与强制相配合的移民政策下,肥沃的宁夏平原成了农业发达的经济区,面貌为之一新,原来的低洼湿地被开垦为水田,黄河水被一条条引水渠道引向无边的沃野。新移民们渐渐爱上了这片新的家园,人们高兴地称这片沃野为"新秦中",意味着这片土地能与号称"天府"的关中"八百里秦川"媲美。至今宁夏还有一条古老的大干渠,名为秦渠,应该就是秦始皇时期所修建的,这也是宁夏引黄灌溉的开端。

不可一世的始皇最终没能找到长生不老的仙药,于公元前210年病死在出巡的路上。秦帝国随着他的死,走向了末路。他的小儿子胡亥,伙同权臣赵高,伪造诏书,逼迫太子扶苏自杀,为占领和开发河套立下汗马功劳的大将蒙恬也在宫廷斗争中,蒙冤而死。秦始皇死后仅仅一年,就爆发了全国规模的农民起义,强大的秦王朝迅速土崩瓦解。原来守卫河套地区的秦朝大军成为秦王朝的最后一支近卫军,蒙恬死后,这支军队由秦朝名将王翦的孙子王离统领。秦二世已经顾不得再去守卫这片新开辟的富饶土地了,令王离统领着这支河套大军奔赴东方战场,去迎击六国王室后裔的造反军队,一度打得六国军队溃不成军。但是在楚霸

秦渠口遗址

王项羽"破釜沉舟"的进攻下,这支铁军也终于战败了。在赫赫有名的巨鹿之战中,秦军大败,王离被俘,副将涉间、苏角被杀。曾经驰骋在北方大地上的秦朝大军悲剧般地画上了句号。在这样的局面下,匈奴人乘机重返河套家园。在楚汉相争时,匈奴民族也迎来了历史上的黄金时期,冒顿单于建立了足以和秦帝国相抗衡的游牧帝国。秦朝移民在匈奴骑兵的驱赶下,扶老携幼,赶着耕牛,逃回关中和原来的山东六国。

宁夏历史上首次农业大开发,前后仅十年左右的时间,随着秦王朝的灭亡,这段开发史成了一段短暂而辉煌的历史记忆。但是这次农业开发影响极为深远,这是中原王朝开发边疆、开发西北甚至是开发西部的一次有益尝试,也是农业文明大规模进入宁夏北部和河套地区的开始,拉开了宁夏历史上开发的序幕。

一代巨商乌氏倮
位比封君享殊荣

六盘山牧场

在两千多年前的秦始皇时期,宁夏出了一位富甲天下的大富商,名叫倮,因为他是秦朝北地郡乌氏县人,所以又被称为乌氏倮。称他为"宁夏商业第一人"一点也不夸张。汉代史学大师司马迁在《史记·货殖列传》中对他大加赞扬,秦始皇对他也是另眼相看,把他当作分封的诸侯一般重视,让他和李斯、蒙恬等重要大臣一起出入朝堂,按规定时间上朝拜见,参与议论国家大事。在中国历史上,因为经商致富而得到秦始皇的器重和肯定,乌氏倮也算是前无古人、后无来者了,他无疑是宁夏人的骄傲。

在了解乌氏倮之前,有必要了解一下乌氏倮的家乡,因为这和他后来经商致富关系紧密。乌氏倮是秦朝时期北地郡乌氏县人。乌氏县旧址,大约在今天固原市彭阳县境内。乌氏戎是春秋战国时期生活在六盘山地区一支戎族部落的名称,乌氏戎和其他的戎族部落一样,都属于游牧民族,在那个激烈变革、百家争鸣的年代里,生活在六盘山下的戎人们,策马扬鞭,纵情高歌,穿着羊皮做成的衣服,吃着鲜美的牛羊肉,骑着高头大马放牧着数不清的牛羊,为宁夏地区的早期经济开发作出了卓越的贡献。可以说,宁夏最早的经济主体是畜牧业,而不是农业。最早开发宁夏地区的不是华夏民族,而是西戎民族。大约在公元前337年秦惠文王时期,秦国的势力深入六盘山地区,在乌氏戎故地,即今天的彭阳县境内设置了乌氏县,当地的戎族百姓成为秦王朝的编户之民,在华夏民族的影响下,开始定居的农耕生活,渐渐融入到华夏民族之中。向北迁移的一部分戎族,则融入到后来威震四海的"天之骄子"匈奴人当中。

乌氏县位置

胸衍

北

地

郡

六盘山 固原 朝那
乌氏 泾阳
鸡头山 泾
泾源 平凉
泾州

洛水

文集

泾水

渭水

咸阳

秦乌氏县

乌氏倮的生平经历，司马迁在《史记》中并没有过多的记载，但根据历史资料推断，他应该是华夏化了的戎人，是长期生活在六盘山地区的大牧主。乌氏倮非常懂得经商之道，他的经商策略并不复杂，但却非常高效，善于抓住有利的商机。当时的六盘山地区，气候凉爽，天高云淡，是发展畜牧业的最佳场所。在这片肥美广袤的土地上，乌氏倮充分利用得天独厚的自然条件，大力发展畜牧业，在他的马厩里，剽肥体壮的骏马嘶吼扬蹄，快疾如风。他的牛羊散落在绿草如茵的山谷里，数不胜数。乌氏倮并不满足于当个大牧场主，他知道他饲养的牛马，如果只用来宰杀食肉，无异于暴殄天物。在广阔的东方，在那无边无尽的农田里，在激烈拼

杀的战场上,他的畜群有着更大的用处。马是骑士在战场上冲锋陷阵的最佳伙伴,人们出行时必备的交通工具;牛是古代农业文明的象征,是农民耕种的好帮手。在秦朝的关中地区和原来的关东六国,牛马都是人们争相购买的紧俏商品。与此相反的是,在天高地阔的西部地区,戎狄民众穿烦了兽皮,吃腻了肉食,喝厌了乳酪,非常想得到中原地区光滑的丝帛、精致的陶器、甘美的醇酒,迫切需要和中原地区进行商品交换。六盘山一带,作为当时中国农牧经济的分界线和东西方交通的要道,是最适宜进行商业交换的地区。在这样的商业经济条件下,产生乌氏倮这样的巨商大贾就是自然而然的事情了。

乌氏倮正是看准了这样的商机,才获得了巨大的成功。他把华夏民族经济、军事发展必需的牛马等畜产品从六盘山下的牧场赶到关中地区,和当地的政府、农民进行交易,换回丝绸、布帛、粮食等物品,然后再把这些物品千里迢迢地转运到西北的戎狄、西羌地区。他运来的精美商品得到了西北少数民族的青睐和欢迎,当地的少数民族首领非常高兴,对他热情招待,用十倍于这些丝帛粮食价格的畜产品和他进行交换,乌氏倮再把交换来的畜产品卖给农耕地区的农民们,赚取中间的差价利润,有十倍的利润率,这样的生意怎么能不成功呢?他变富有也就成了指日可待的事情了。在这样的商品交换中,乌氏倮为农耕、畜牧两种不同的经济地区互通有无、加强交流作出了自己的历史贡献,同时也发了大财,成了富可敌国的大富翁。他的牛马多得数也数不清,只能用山谷来衡量,他的财物堆积如山,连一些分封地方的大国诸侯都自叹不如。

司马迁在《史记》中,专门记述了乌氏倮的事迹,并且把

秦错金铜镦(出土于固原市原州区头营镇)

瓦亭古城址

他和辅佐越王勾践灭吴的范蠡、孔子的得意门生子贡等7位先秦时代的大富商并列,大加赞扬,充分说明了乌氏倮不仅对当时的社会经济发展作出了巨大的贡献,也对当时中国境内各民族的团结交流贡献了自己的力量。正是在这种密切的商业交流中,中华各民族的先民们互通有无,取长补短,密切合作,才为中华民族古老灿烂的文明奠定了雄厚的物质基础。司马迁称赞乌氏倮等为社会作出巨大贡献的商人为"素封"者。素封,顾名思义,就是以老百姓的平民身份得到封侯待遇的人。这种政治待遇的取得,不是因为秦始皇等当政者个人的喜好,而是以乌氏倮为代表的富商们,不仅财富甲天下,而且掌握了国家的经济命脉,对国家的兴衰成败有着一定的影响。例如,以财富闻名天下的孔子门生子贡,驾着豪华的马车,装着成箱的金银丝帛,去各国游历,连国君们都连忙让座,不敢让他行跪拜之礼,而用招待远方贵宾的规格召见他,可见富商对先秦时期各国经济发展的影响力。由此可见,秦始皇把乌氏倮当作重要大臣一样对待,也就毫不奇怪了。

秦朝的兴起和马有着千丝万缕的联系,早在春秋时期,当时的六盘山一带就是戎族活动的重要地区。戎族是影响中华民族历史进程的重要民族,正是戎族的一个分支犬戎部落进攻西周首都镐京,杀死周幽王,才开启了东周列国互争霸业、走向统一的春秋战国时代。秦的先祖非子就是因为在关中地区养马工作做得好,才被周王破格奖赏,封为西垂大夫。他的后代子孙们一直向西发展,和戎族不断的交流、融合、战争,才为强大的秦帝国的诞生奠定了基础。秦国铁骑更是秦国战阵中不可缺少的重要部分，为统一六国立下了汗马功劳。可以想象，当时秦国的战马有很大一部分是乌氏倮从羌戎地区长途运送而来。乌氏倮肯定是当时秦朝军马最大的供应商之一，同时又是耕牛等农业畜力的提供者，是联通农牧两大经济圈的使者和桥梁，所以秦始皇才如此器重他。

秦朝是中国第一个中央集权制的封建国家，建立了完备的官制和法律制度，在中央设九卿，其中就有太仆寺，专门管理全国的马政，相当于现在国务院的部委级政府部门，规格很高，说明秦王朝对养马业非常重视。秦始皇把国家大权当作命根子一样牢牢地抓在手里，怎么会把国家对外贸易这样关系经济命脉的事情，听任乌氏倮这样的大商人去掌控运作呢？这也是有原因的。秦朝当时主要的经济中心在关中地区，气候相对炎热潮湿，不适宜大力发展畜牧业，秦朝所需要的战马和耕牛大部分都来自于北方游牧民族地区，特别是六盘山以北、以西的游牧地区，气候凉爽干燥，草场广袤无垠，是盛产牛马的地方。秦始皇当然迫切想和这里的戎族进行贸易，但是他也绝不能容忍这里的戎族兴盛强大，匈奴的强盛像一根扎在背后的刺一样，让秦始皇坐卧不安。敌对数百年的华戎关系像坚冰一样不可能立即消融，也就不可能设立一个国家级的贸易机构与羌戎、匈奴进行贸易。在这样的政治环境下，乌氏倮顺应历史潮流，站在了民族和解与交流的前沿。乌氏倮长期在六盘山的戎族地区生活，既是秦朝的商人，也是戎族地区的大牧主，他熟悉西戎的语言和生活习惯，也清楚秦朝的法律法规，由这样一个双方都信任的人来充任贸易交流的使者，再合适不过了。特殊的身份和独特的政治格局，为乌氏倮的经商打开了方便之门，从这方面来说，乌氏倮也算是秦始皇时代的"红顶商人"吧，他的经商是得到政府默许和支持的。

有人也许会问：乌氏倮取得这么大的商业成就，那么秦朝的招商引资政策一定非常出色吧？这就错了，秦朝的国策非但不支持商业发展，而且还施行了种种

秦始皇

商业限制措施。乌氏倮所处的秦始皇时期,商业的重要性并不被当政者所看重,在封建社会经济体系中,农业才是最重要的产业,是国家经济的支柱和命脉。农业可以把农民紧紧束缚在土地上,国家的兵源、徭役、赋税都和土地紧紧联系在一起。由于商人长期流动,游走四方,不服兵役和徭役,不便于政府统一管理。因此,早在商鞅变法时,就把商业视为"末业",施行"重农抑商"的政策,按照"士、农、工、商"进行社会地位的排列。小商小贩们往往被政府驱赶,处罚,甚至被罚做官府的奴隶。在这样的经济政策下,还能产生乌氏倮这样的大富商,是非常有趣的社会现象,也值得今天的当政者去思考。社会的发展与进步,不是某些当政者说了算的,而是社会发展的内在要求。司马迁早就在《史记》中指出:"天下熙熙,皆为利来,天下攘攘,皆为利往。"意思是天下的人为了利益而蜂拥而至,为了利益各奔东西。趋利避害,追求利益,是人类的本能。随着经济的不断发展,人类社会的分工越来越细,不同分工之间如果没有商业进行交换,那么人类社会就不可能向前发展,人类的物质需求就不可能得到满足。历史前进的车轮不是一些过时的政策所能左右得了的。正像西汉著名政治家晁错的名篇《论贵粟疏》中所感叹的那样:国家看重农业和农民,但农民们往往贫穷;国家轻视商业和商人,但商人却往往富有。这难道不是封建社会在商品经济影响下,一种值得思考的社会现象吗?乌氏倮正是顺应这一历史发展趋势,用农耕民族出产的粮食、丝帛去交换游牧民族出产的马匹、牛羊,促进了不同地区的经济发展,所以才成了杰出的商业奇才。

回中道里回中宫
秦皇汉武巡朔方

武帝六出萧关

宁夏在古代是十分重要和非常繁荣的地区，这是由它的特殊地理位置所决定的。因为宋代以前，中国历代王朝都将京都建在咸阳（今咸阳市）和长安（今西安市）地区，而宁夏离京城不远，属于京畿的范围。同时宁夏地势险要，阻山带河，实为北国的藩篱、关中的屏障、都城的门户，不仅军事地位重要，素有"河套安天下安"之说，而且独擅水利、鱼盐之利，堪称塞上天府。所以每一个王朝都把经营河套视为治国安邦的大计，凡有战略眼光的君王，无不在执政期间，采取措施加强对塞上的管理，并纷纷亲自巡视这个地区。因此，从中华民族的"人文初祖"黄帝，到史称一代圣主的秦皇、汉武、唐宗、清祖与"一代天骄"成吉思汗，无一不在宁夏地区留下了重重的足迹。

始皇帝消灭六国，建立中国历史上第一个强大的中央集权帝国之后，为了炫耀"武功"，宣扬"皇威"，广颂"秦德"，当然还有"封禅"泰山和寻找长生不老"神药"的目的，迫不及待地在短短的12年里（前221—前210年），兴师动众、长途跋涉，对全国连续进行5次大巡视。其中首次出巡就来到包括今宁夏在内的北地郡。始皇帝二十七年，始皇一行从国都咸阳出发，沿着通向洮河河谷的大路，先到渭水的发源地陇西郡，然后再沿着泾水北上，后改由茹河东向到达北地郡。秦统一后，

秦始皇

分全国为36个郡,郡是地方最高行政建置。北地郡是春秋战国时原义渠戎国的中心地带,秦昭襄王三十五年(前272年),义渠被灭国,于戎地首建北地郡,正式纳入秦国的管理范围,辖境大约包括今甘肃东部、宁夏南部广大地区。秦始皇时期,仍保留北地郡,首脑机关驻义渠(今甘肃省宁县西北),现在宁夏的全境基本上都归此郡管辖。境内建有富平县(今吴忠市利通区境内)、朐衍县(今盐池县境内)、乌氏县(今宁夏固原市南和甘肃省平凉市北地区)、朝那县(今彭阳县及其四周邻县市的大部分地区)和泾阳县(今宁夏泾源县和甘肃平凉市之间,待考)。北地郡境内的陇山山脉(今六盘山山脉)中有一座著名的山峰名叫"鸡头山"(亦称笄头山),秦始皇首次出巡就到鸡头山并登上鸡头峰,然后从回中道返回咸阳。

继秦始皇巡幸六盘后,汉武帝也不甘落后,在位期间,更是不远千里,六巡宁夏,在宁夏山川留下了深深的足迹。在我国古代流传下来的许多诗篇中,留下两篇名为《上之回》的诗歌,诗的内容是这样的:

其一

回中道路险,萧关烽堠多。
五营屯北地,万乘出西河。
单于拜玉玺,天子按雕戈。
振旅汾川曲,秋风横大歌。

其二

上之回所中,益夏将至。
行将北,以承甘泉宫。
寒暑德,游石关,望诸国。
月氏臣,匈奴服。
今从百官疾驰驱,千秋万岁乐无极。

这首诗的内容是记述汉武帝巡视北地郡、驻跸回中宫的盛况。汉代的萧关位于今宁夏固原市原州区南青石嘴至瓦亭峡一带。汉武帝从元鼎五年(前112年)

西汉朝那铭文铜鼎（出土于固原市彭阳县古城镇）

开始,到后元元年(前88年),连续7次巡视北方。其中有6次"北出萧关",巡视安定郡、北地郡等今宁夏所属地区。汉武帝为什么不辞劳苦,先后多次带领千军万马浩浩荡荡地巡视今宁夏地区呢?这和汉代宁夏地区特殊的政治、军事和经济地位密不可分。在汉代,今宁夏地区是西汉王朝抗击匈奴的战略要地,汉代数次大规模出击匈奴都是通过今宁夏地区,向阴山、祁连山等匈奴要地进军的。而且这里还是汉代都城长安的门户,一旦宁夏有失,则关中不保,对于汉朝江山社稷安危有着举足轻重的地位。汉武帝作为中国历史上最有作为的皇帝之一,对于宁夏重要的地位有着非常清醒的认识。汉武帝不仅把宁夏当作军事战略要地,在这里聚集了汉朝的精兵强将,还积极进行农业建设,进行移民实边,把宁夏地区建设成为富饶美丽的"新秦中"。宁夏在秦汉大规模农业开发以前,一直是属于畜牧经济占主体的边远地区,随着移民屯田的实行,宁夏成为到处河渠纵横、田连阡陌的北方新"天府"。

汉武帝首次出巡宁夏是在元鼎五年(前112年)十月,他从国都长安城(今陕西省西安市境内)出发,到西郊祭祀后,从雍地(今陕西凤翔县境内)北行,首先到达了陇西郡。此时的汉匈之间还没有正式开战,汉武帝此次巡视是带有试探性质的,目的是巡视北方战备,同时也让匈奴人看看汉朝强大的国力。也许是汉武帝想搞个突然大检查,好了解地方真实情况,所以陇西郡、北地郡等地方的行政长官们并不知道皇帝驾临,还悠然自得地过太平日子呢。汉武帝的突然巡查,让这些没有做好战备的地方大员们傻了眼。陇西太守看到汉武帝和大批官员、护卫军队来到属地,顿时慌乱不已,连皇帝巡视队伍的食物都来不及准备齐全,这位可怜的陇西太守自知罪责难逃,只好自杀了事。汉武帝继续北上,向着六盘山上的雄关——萧关前进。随后北出萧关,在"新秦中"广袤的土地上进行规模宏大的武

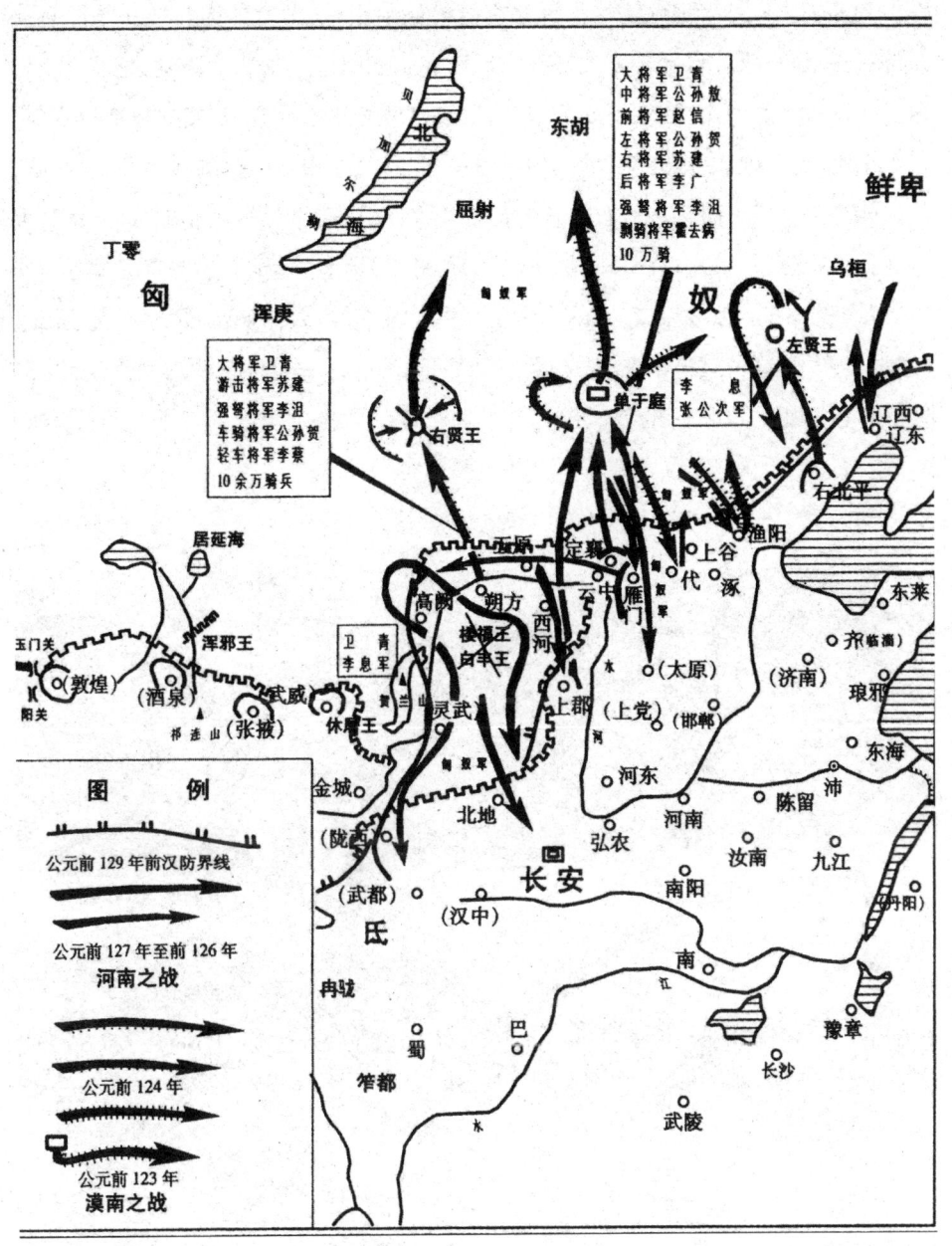

汉朝匈奴战争示意图

装狩猎活动。这么大规模的巡游活动实际上是一场有针对性和警告性质的实战军事大演习。汉武帝此行就是告诉北方的匈奴单于,汉朝有能力打赢一场旷日持久的汉匈战争,汉朝已经不需要靠"和亲"来乞求和平了。汉武帝通过这次巡视,走遍了宁夏的大好河山,视察了北方战备,对没有做好战争准备,致使北地郡境内"千里无亭徼"的北地太守给予了处死的严厉惩罚。汉武帝雷厉风行的政治、军事措施,使汉朝迅速做好了时刻出兵攻打匈奴的战争准备。汉武帝巡视完北地郡后,西到祖厉河,再南下经甘泉宫返回了京城。汉武帝首次出巡宁夏,显示了他雷厉风行的作风,不称职的官员被裁撤,犯罪的官员要么畏罪自杀,要么被处死,北地郡当地得过且过、萎靡不振的官场风气被一扫而空,取而代之的是从上至下精神焕发、斗志昂扬的积极面貌。汉武帝的首次出巡为彻底击败匈奴做好了准备工作。

秦汉车马

| 汉武帝

汉武帝第二次巡视包括今宁夏地区在内的河套地区是在元封元年（前110年）十月。这次汉武帝的巡视路线没有经过六盘山，而是从云阳（今陕西淳化西北），北经上郡（治所肤施，即今陕西榆林东南）、西河、五原，出长城，北登单于台，至朔方，临北河（今河套）。也就是说，汉武帝这次出巡是从陕北、内蒙古沿着长城到达今宁夏地区的。这一次出巡同样是带有向匈奴示威示警的目的。汉武帝派遣使者郭吉持诏书到达匈奴汗廷，警告匈奴单于说："南越王因为反叛朝廷，他的人头已经悬挂在汉朝边境的城墙之上了。如果你想和大汉一决雌雄，汉天子就在边境等着你。如果不想开战，那就快些来臣服朝拜。何必躲藏在漠北沙漠那又冷又荒凉的地方受苦呢？"汉武帝的诏令和出巡展示了汉王朝强有力的外交和军事姿态，无疑会起到极大的震慑作用。

汉武帝第三次巡视北边是在元封四年（前107年）十月。此次汉武帝沿着古老的回中道，到达六盘山地区，然后北出萧关，沿着长城和黄河到达河套地区进行巡视。巡视完毕后，取道今西河返京。

汉武帝第四次出巡安定郡的时间是太初元年（前104年）八月。他先派遣贰师将军李广利西征大宛。此时经过数次大的战争,匈奴已经远逃到漠北,而西域则引起了汉武帝的兴趣。后从西域回来的使者传言,说大宛国是出产良马的地方,该国贰师城养着大批好马,被称为"汗血宝马"。汉武帝便派人持重金前往大宛国买马。大宛国不肯卖马,还杀害了汉朝的使臣。汉武帝闻讯大怒,立刻派遣李广利将军率兵征讨大宛。这李广利是汉武帝李夫人的长兄,也就是汉武帝的妻哥。李夫人堪称绝世佳人,天姿国色,深受汉武帝宠幸。有了这层关系,汉武帝对李广利也是宠爱有加,把征讨大宛的任务交给他,实际上是给他一个立功露脸的机会。因李广利此次出征的目的是教训大宛,获取其贰师城中的汗血宝马,汉武帝便封李广利为贰师将军,志在必得。太初元年(前104年),李广利发兵西进,但并没有取得胜利。当然汉武帝夺马只是一个借口,其真实目的是为了夺取西域,截断匈奴的右臂,削弱匈奴的国力。此时的宁夏地区已经成了远征西域的前沿跳板,具有重要的作用。

汉武帝第五次出巡的时间是太始四年(前93年)。这次出巡和第一次出巡的路线大致一样,这年的十二月,汉武帝从国都长安城(今陕西省西安市境内)出

暖泉汉代墓葬遗址

发,到西郊祭祀后,从雍地(今陕西凤翔境内)北行,向西到达安定、北地郡。

汉武帝第六次出巡为征和三年(前90年)正月。此次,他仍从雍地出发,北出萧关到达了安定郡(今宁夏固原),然后到达北地郡。在安定郡时,西域臣服的月氏国王派遣使臣前来进贡。给汉武帝送上四两据说可以闻了长生不老的香,名叫"却死香",还送上一头猛兽,令梦想长寿的汉武帝十分高兴,对使者大加奖赏。

后元元年(前88年),近七旬高龄的汉武帝再一次踏上安定郡的土地,进行了一生中的最后一次巡视。前后加在一起,武帝在位期间,虽然内外政务繁忙,日理万机,而他却不辞辛苦,7次北上巡视,其中6次"北出萧关"。汉武帝6次巡视安定郡,其中5次是可以肯定从左路"北出萧关"的。从史书记录的写法上看,第三、四、五、六次出巡都不提萧关,而只写直接到达安定郡,可能因为安定郡经数年的建设和经营,已成为塞上一处新的军事要地,基本上取代了萧关的地位之故。汉武帝多次带领千军万马到安定、北地郡和塞上"新秦中"河套地区视察防务,布置战守方略,指导国防建设,这充分说明一个问题,今宁夏地区在西汉王朝时期是抗击匈奴的战略要地,对于刘汉社稷的安危具有举足轻重的作用。汉武帝一生关注塞上,六出萧关,为经营河套做出了毕生的努力,也给宁夏的历史注入了丰富的内容,推动了当时宁夏地区经济社会的快速发展,使原先以游牧经济占主导地位的落后地区一跃上升为以农业经济为主体的所谓"新秦中"的天府之国。汉武帝的一生,在政治、军事、经济方面作出了巨大的贡献,奠定了汉代盛世的基础,使中华威名远播四方。他的一生和宁夏这块土地有着不解之缘,先后6次踏上了宁夏的土地,他运筹帷幄,决胜千里,以宁夏为战略基地,拓展了汉王朝的广袤疆土,无愧为一代伟帝的称号。

汉代移民大开发
再造天府新乐园

汉代耧车

强大的秦王朝被陈胜、吴广农民起义所撼动,处于风雨飘摇岌岌可危的境地。这时,以项羽、刘邦为首的地方群雄势力乘机纷起,逐鹿中原。经过四年多楚汉之争,刘邦战胜项羽,于公元前206年建立汉朝,建都长安(今陕西西安西北部)。汉承秦制,以郡、县两级政权治理天下,当时今宁夏全境分别归北地郡(治马岭,今甘肃庆阳境内)和安定郡(治高平,今宁夏固原)管辖。北地郡在今宁夏境内辖有富平、朐衍、灵武、灵洲、廉等县;安定郡下辖高平、朝那、乌氏、泾阳、参䜌、眴卷、三水等县。

大汉王朝开国之初,国家经济面临着十分严峻的困难局面,人口锐减,百业凋敝,国库空虚,财政拮据,当时的困难情形是令人难以想象的,社会生产力受到极大的破坏。塞外匈奴虎视眈眈,汉廷无力抵抗,更别说重新夺回河套地区了,统治阶级只好一方面向强敌妥协,采取"和亲""通互市""结为兄弟"等委曲求全的退让政策软化对方,使匈奴不至于连年进犯,为新政权的经济恢复和发展赢得喘息之机;另一方面,实行一系列恢复生产,发展以农业为主导的经济改革和让人民休养生息的政策,励精图治、秣马强兵,积蓄国力。经过70多年的发展,汉朝的国力终于得到了恢复,从秦末农民起义和楚汉战争废墟中诞生的汉王朝,重新浴火重生,汉朝重新变成了牛马遍野、仓廪丰实的泱泱大国。恰在此时,汉武帝登上了皇帝的宝座,这个有着充沛精力、勃勃野心的年轻帝王在位期间,打败匈奴,凿通西域,征服西南诸夷,使华夏版图空间扩张,达到了中国古代历史的又一个巅峰。宁夏引黄灌区的发展也和这位千古帝王息息相关。正是在汉武帝时期,宁夏大规模的引黄灌溉开发才成为了现实。

要想开发包括宁夏引黄灌区在内的河套地区（当时被称为"河南地"，意即黄河以南的地区），当然要先赶跑这里的匈奴人。当时，匈奴驻牧在河套地区的是楼烦王和白羊王，他们是匈奴主要的贵族首领，河套地区不仅适宜农业开发，也是畜牧发展的绝佳场所，这里群山环绕，大河奔流，草木茂盛，禽畜繁多，自古就是匈奴民族的发祥地之一。匈奴当然宁死也不会放弃这块肥沃的土地，于是，在宁夏引黄灌区便爆发了双方你死我活的争战。

汉武帝反击匈奴的第一步就是收复距离首都长安最近的"河南地"，这也是反击匈奴能否成功的关键一战。元朔二年（前127年），汉朝与匈奴大规模的战争爆发了，汉武帝派遣大将卫青率大军进攻包括宁夏引黄灌区在内的"河南地"，争夺河套平原的"河南之战"打响了。卫青是一位有着卓越军事才能的将领，他并没有和匈奴人硬碰硬地进行作战，而是采取了灵活的战略战术，避开了从关中通向"河南地"的正面战场，转而从云中郡（今内蒙古托克托县）发动进攻，目的就是从背后包抄匈奴楼烦王和白羊王，采取"钳型战术"，切断楼烦王、白羊王与匈奴汗廷之间的联系，让他们无路可逃，只能坐以待毙，或束手就擒。卫青沿黄河西行，一路斩将夺旗，匈奴人望风而逃，楼烦、白羊王被打得大败而逃，卫青获得大胜，斩获敌兵数千人，缴获牲畜马匹百余万，被匈奴占领多年的"河南地"终于回到了汉朝的怀抱。汉武帝在40多年的时间里，发动北征18次之多，大量歼灭了匈奴的有生力量，严重消耗了匈奴的国力，造成匈奴内部奴隶主贵族分裂，右部浑邪王率四万部众降汉。特别是漠北之战大捷，歼敌数万，匈奴被迫远逃到荒凉寒冷的漠北，以躲避汉军的军事打击，再也不敢南下侵犯了。对匈奴战争的胜利为西北边境各族人民安心生产和发展经济带来一个和平的环境。为了巩固北国边防，保障驻军的供应，汉廷在派大将卫青、霍去病等人指挥北征时，也像蒙恬当年那样"取河南地""筑朔方""因河为塞"，加强军事设施，固守塞上疆土。同时又接受大臣晁错所制定的基本国策——"守边备塞，劝农力本"和主父偃移民实边开发朔方的建议，向河南地移民，实行非常优惠的移民安置政策，鼓励军民积极投身于边疆的生产建设和国防建设中去，进行西北乃至我国历史上最大规模的移民开边伟大试验。

土地虽然重新夺回了，但重新开发也是一场看不见硝烟的战争。关于如何开

汉代移民开发

发"河南地"成为汉朝君臣们要着重思考的问题。汉武帝下令让群臣商议"河南地"的开发策略。大臣们有的主张大力开发，有的则持消极态度。持积极开发主张的是中大夫主父偃等人，持消极主张的是御史大夫公孙弘等人。公孙弘指出："秦始皇时期国力强大，可是派遣蒙恬率30万大军北伐匈奴，沿黄河筑城池和亭障，以秦的国力之强尚且没有守住朔方、开发西北，最终被迫放弃了河套地区，何况是今天这种局面呢？如果现在还要开发河南地，重筑朔方郡，那么就会用全国的贡赋来养活这块无用的边地，这里处于对匈奴作战的前线，必然要驻扎大量的军队，秦始皇时转运军粮的徭役过于繁重，才使得民不聊生，海内骚动，开发朔方必然会入不敷出、得不偿失，秦亡的教训已经够深刻了，难道还要重蹈秦亡的覆辙吗？"对这种言论，中大夫主父偃进行了针锋相对的反击，他指出："朔方并非无用之地，那里土地肥沃，有黄河天险可以阻挡匈奴入侵，也可以凭借黄河进行水利灌溉，如果移民实边，进行农业开发，那么不出数年，河套之地足以自给，粮食丰足，汉军据河自守，足以自卫，匈奴失去黄河天险，没有进攻关中的跳板，他们的军事入侵就会减弱，边境的防守压力就会减轻，有险而不守，有利而不图，国家怎么会强盛呢？"主父偃和公孙弘在朝堂上争论了很久，由于主父偃的建议入情入理，很多大臣从最

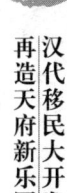

初的怀疑、中立转而支持他的主张。汉武帝也非常支持主父偃的开发主张,开始准备大规模开发朔方地区。

汉代向西北地区的移民开发规模大、时间久,从文帝开始向河套移民,到武帝时达到高潮,武帝时期移民最多的一次达到了六七十万,这在中国历史上是罕见的,而且移民政策也有大的改变,办法更加完善,主要以招募方式为主,用赦免罪人和赐给爵位的方法,鼓励平民和犯罪的人自愿到边地安家屯种。移民所到之地,官方即进行筑城、建政、设官,指导兴修水利和开荒种地。仅在河南地新设了五原郡(九原郡改)、朔方郡、上郡、西河郡,外加北地郡北部(今宁夏沿黄地区),共辖26个县,总人口约60万(不包括所安置的内附少数民族和河西四郡)。管理屯垦的官员为农都尉、农令、营司马等。西汉在河套地区的军屯和民屯对北部边疆的开发起到了示范性的作用,其意义非常重大,加速了全国经济的恢复与发展。

由于移民规模大,配套措施完善,所以成效也大,既加强了边防,又解决了由内地运粮的被动局面,有力地支持了对匈奴用兵的军事行动。对于汉代的移民,

青铜峡汉渠引水堤

吴忠关马湖汉墓遗址

史书上是这样记载的：国家给新移民盖好房子，提供粮食种子，甚至把移民的生老病死、婚丧嫁娶都考虑得比较周全，新移民到达后，免收赋税三年，让移民充分享受到国家的优惠政策。由于配套政策完善，新区组织严密，生活和安全有保障，移民们不仅自己安居乐业，不再想念家乡，还能把家乡的亲朋好友也鼓动起来，让他们一起到新的家园进行开拓。好的政策促使移民的规模越来越大，效果越来越好。按照今天的话来说，叫做"迁得出，留得住，富得快"，也可以称为汉代塞上的"新农村建设"。另外，当时铁制农具已普遍使用，赵过发明的"代田法"也广泛推广，加上政策的倾斜，新移民们在广袤的河套大地上大显身手，很快就走上了富裕的道路，时人称这片新垦区为"新秦中"，即再造一个"关中八百里秦川"的意思。汉代京畿地区的"关中"（"秦中"）是全国的首富地区，故有"得关中者得天下"的说法。而汉廷利用黄河水利之便，大规模移民屯耕及大兴开渠引水灌溉，自朔方（今宁、蒙河套灌区）以西至令居（今甘肃永登西北）普遍修渠溉田。今宁夏北部黄河两岸，成为汉代开发河南地的重点地区。随着开发规模的扩大，经济、文化日

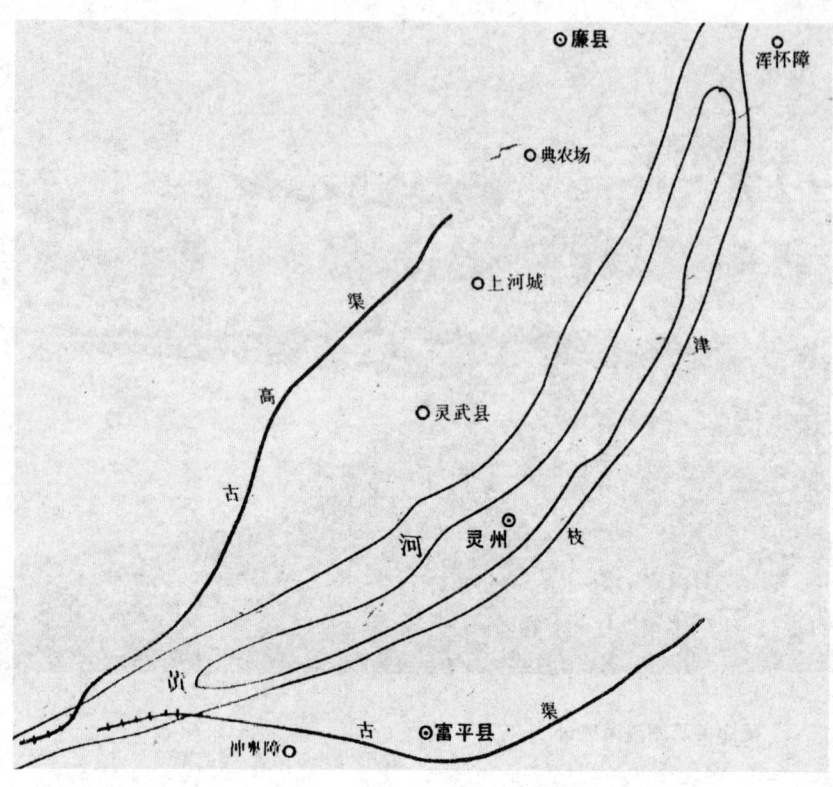

汉代引黄灌区渠道示意图

益繁荣,先后在垦区内设立富平、灵武、灵洲、廉、眗卷等县。除秦时修筑的神泉障、浑怀障两处军事要塞以外,又新建南典农城、上河城、北典农城(吕城),在宁夏地区渐渐形成了以城市为中心的人口密集区。在地方行政方面,以上各县大多隶北地郡管辖,朝廷另派农都尉专门负责管理农垦事宜。现在银川平原东西两大灌区上著名的引黄大灌渠,如秦渠(秦家渠、七级渠)、汉渠(汉伯渠)、汉延渠(汉源渠)、唐徕渠(唐梁渠)等,都是在其间开凿或疏浚的。可以说,宁夏沿黄城市带(群)和宁夏"黄河金岸"的富足,在汉代已经初见端倪。在天时、地利、人和的有利条件下,新移民们很快把河套新垦区开发成为"饶谷多畜"农牧业发达的新兴经济区,也是国家财政收入新的财赋之源,等于再造了一个新"关中"(新秦中),所以不仅有"新秦中"之名,甚至被时人当作"新富贵"的代名词。

西汉的大规模移民开发、"新秦中"的崛起,使河套地区的经济发达程度在当时居全国首位,有点类似于今天的经济特区发展水平吧!这足以证明汉代向"河南地"移民并进行农业开发是成功的。汉武帝为进一步向匈奴余部显示国威、炫耀武力,从元鼎五年(前112年)开始,曾7次北上巡视,其中6次都是"北出萧关",到达安定、北地郡,对宁夏地区的防务进行指导,充分证明宁夏地区对于汉朝政权来说具有特别重要的地位。而汉朝通过成功的移民开边建设以后,不但巩固了边防,人民得到休养生息,国库也充实了,所以汉廷曾一再减免赋税,甚至曾在13年内没有征收田赋,最终在全国实行三十税一的轻赋政策,这在中国历史上也是少有的。

河套灌区之中的宁夏灌区,由于地处贺兰山屏障与黄河天险双重保护的特殊区位,农牧业得到全面发展,尤其是引黄灌溉农业的发展,领先于全河套灌区,至今仍闻名全国的大干渠差不多都开凿、整理和扩灌于这个时期。如秦渠、汉渠、汉延渠和历史上曾出现过名字而以后又消失或归并到其他大干渠之中的光禄、尚书、御史、特进、百家等渠,以及没有留下名字的更多小型"古渠"。当时银川平

引黄灌溉的宁夏平原

原的开发已从河东扩展到河西,形成河东、河西两大灌区。河东除原有的富平县、朐衍县外,又增设灵州新县;河西也新设有灵武县、廉县,5县均上隶于北地郡,人口约10万。汉朝政府还在宁夏黄灌区设农都尉,专门管理农垦和水利事务,由此可见汉代宁夏因大兴水利、移民增多、经济发展的基本情况。由于垦区的农民多来自内地,大多具有丰富的农耕经验和较高的农业生产技术,特别是推行了著名农业专家、搜粟都尉赵过发明的适应北方气候土壤特性的"代田法",即把每亩地分为三甽三垄,甽(沟)深一尺,种子种在沟底。垄与甽一年一轮换,起到保墒、轮作、歇地的作用,使得产量大大提高。加上官府的种种优惠政策,免费给垦户提供当时最先进的铁制农具,按亩配送耕牛和籽种,大大调动了垦民发展农业生产的积极性。政府组织的大规模开渠工程也随之而起。可以说,汉代是宁夏引黄灌溉的第一个高峰,为以后各个时期引黄灌溉打下了坚实的基础,也为以后渠道的走向、规模、灌溉亩数规划了蓝图。

随着水利的兴修,在黄河沿岸出现了许多城市和固定居民点,这些城镇成为以后引黄灌区城市发展的雏形。汉代的城市已经为今天银川市、吴忠市、青铜峡市等的选址打下了基础。如银川市的前身,就是西汉政府在河西地区设置的屯田城——北典农城。它们是当地粮食的集散屯储中心,后被称为"仓城"。根据宁夏平原及其邻近地区居延出土的文物,可知当时主要粮食作物为糜、谷之类,还有

汉延渠引水堤

大麦、小麦、青稞、麻籽等。

可惜的是,汉代宁夏平原上开掘了哪些干渠？渠系的地理分布情况如何？当时均无明确记载,后人只能通过史料的综合分析,才能大概知道一些情况。由汉城、汉墓遗址在宁夏平原的广泛分布,可以推知,汉代宁夏平原农业已相当发达,黄河两岸灌渠甚多,它们多数分布于银南地区,包括卫宁平原和银川平原南部,以及黄河滨河地带。因为这里地面坡降大、土壤颗粒粗、地下水位深、地表和地下径流通畅,引水、灌排方便且无盐渍化之忧,是宁夏平原发展灌溉条件最好的地段。在这些汉代原始渠道中,有的经历代相传使用,至唐、宋的史书中仍有记述。可以明确其线路大致分布的,银川平原河东有光禄渠、七级渠,河西有汉渠、尚书渠、高渠、御史渠,卫宁平原有蜘蛛渠、七星渠等。可惜汉代初建的原始渠道,经过历代扩建改建和黄河改道的影响,很多已面目全非,难觅其庐山真面目了。

民族自治初尝试
安定属国开先河

汉瓦

在宁夏同心县王家团庄东北约8公里处,有一个叫倒墩子的小村庄。这里山大沟深,交通不便,世世代代以种田为生的村民们过着日出而作、日落而息的纯朴田园生活,只有一个已经倒塌多年的烽火台静静地矗立在村边一座小小的山梁上,这个偏僻的小村庄就因这个倒塌的土墩而得名。谁也没有想到,在这片宁静而荒凉的土地下面,埋藏着一个消失多年的古老民族的神秘往事。

1983年秋天,倒墩子村的农民们像往常一样下地干农活。一个叫马金龙的回族农民正和妻子在地里忙活着,突然觉得脚下踩着了什么东西。他弯腰一看,原来是一个灰色陶罐,这个陶罐样子很独特,从来没有见过。马金龙觉得很奇怪,继续往深挖,居然挖出了人骨、古钱、铜牌和串珠等物,他意识到这是一处古墓,立

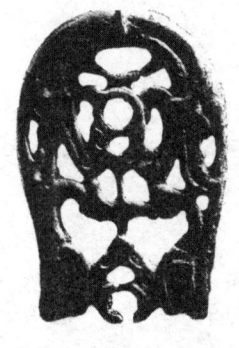  

汉匈奴铜牌饰(出土于吴忠市同心县)

即把发现的情况报告了同心县文管所。同心县文管所又将此情况报告给自治区文化厅文物处,文化厅文物处的专家们急忙到现场进行了认真的保护,对挖掘出的文物进行了鉴定。结果令所有人惊喜不已,这里居然是古代匈奴人的墓葬!考古专家们从这片墓葬群中发现了大批西汉时期的五铢钱,还有很多制作精美、样式独特的青铜牌饰、车马饰品等。这些具有鲜明匈奴游牧民族特征的文物在全国也非常罕见。匈奴,一个消逝多年的古代民族,一个称雄北方蒙古草原数百年的古老民族,开始在倒墩子这个名不见经传的小村子掀开了他神秘的面纱。这批精美的匈奴文物得到了中国考古学界的高度赞赏。其中6件精品文物,包括双羊、双驼、狗拉车等图案的青铜饰品和车饰品,被中国历史博物馆长期收藏。今天,这些来自宁夏的古老文物,静静地躺在中国历史博物馆的展柜里,向参观的人们无声地讲述着他们的主人辉煌的往事。匈奴是驰骋草原的游牧民族,为什么会不远千里来到宁夏一带繁衍生息呢?他们远离故土,长途跋涉,隐藏着什么惊心动魄的故事呢?让我们把探索的目光投向两千多年前的西汉,去追寻那段如烟往事吧。

  匈奴是北方草原上赫赫有名的古老民族,同时也是对古代东方以及古代欧洲的历史发展有过重大影响的一个民族。他以蒙古高原为自己的主要活动地区,同时也控制着我国西北的广大地区,他们的活动是我国西北地区的历史、古代西北各民族关系史上的一个重要部分。匈奴人从何方而来?又为什么从历史的长河中消失了呢?最早提到匈奴族源和族属问题的是司马迁。《史记·匈奴列传》记载:"匈奴,其先祖夏后氏之苗裔也,曰淳维。"班固的《汉书·匈奴传》因袭其说,唐代人司马贞《史记索隐》说:"淳维时以殷时奔北边。"这些说法都指出匈奴的先祖是华夏民族的分支。夏朝灭亡时,商汤曾流放夏最后一任国王桀于鸣条,不久夏桀就死了。夏桀死后,他的儿子淳维就带着桀的妻子和妃子们四处流亡,最后逃到了北边的草原上,以放牧牛羊为生。匈奴人自古就是一个逐水草而生的游牧民族,山谷就是他们的城郭,牛羊就是他们的财产,牲畜是他们的主要生活资料,是他们财富的主要标志,也是主要生产资料。匈奴人的牲畜主要是马、牛、羊。此外还有骆驼、马、驴、骡等。狩猎活动在经济生活中也占有重要地位。《史记·匈奴列传》说"儿能骑羊,引弓射鸟鼠;少长则射狐兔,用为食",又说"其俗,宽则随畜,因射猎禽兽为生业"。匈奴人的主要活动区域在内蒙古阴山南北和鄂尔多斯河南

宁夏史话 上

104

匈奴骑兵

地区,包括今宁夏北部河套平原,都是匈奴人的家园。战国后期,匈奴已进入奴隶社会,其政治机构日臻完善,最高首领为单于。战国后期,中原地区展开激烈的兼并统一战争,匈奴人遂借机南下,入居河套以南地区(今内蒙古五原一带),并占领了宁夏北部地区。匈奴贵族主张向外掠夺,因此他们规定:"斩首虏赐一卮酒,而所得掳获因以予之,得人以为奴婢。故其战,人人自为趋利。"长期的游牧生活养成了匈奴人善于骑射、吃苦耐劳的民族特性。匈奴人崇尚攻掠杀伐,不以抢夺为耻,他们崇尚武力,认为战死是十分光荣的事情。

秦始皇建立秦朝后,当时秦在陇西、北地、上郡之北筑长城以拒胡,即为了防御匈奴。根据秦长城在宁夏地区的走向来看,当时宁夏固原以北都为匈奴族的驻牧地。战国秦长城的起点,在今甘肃临洮县北30里之杀王坡三级台地上,从此向东南进入渭源县境,又东经陇西县进入通渭县,向东北经静宁县出甘肃进入宁夏。在宁夏先东向经西吉,再东北、东南向经固原、彭阳又折向东北,出宁夏再进入甘肃,东北向经镇原、环县、华池出甘肃,进入陕西。此为战国秦长城在宁夏的大致走向,战国秦长城以北,即今宁夏大部都被匈奴族所据。

秦始皇三十二年(前215年)派大将蒙恬攻打匈奴,攻占了河南地,即今内蒙古黄河以南到战国秦长城之间的地域,其中有今甘肃、宁夏黄河以东地区的鄂尔多斯高原。匈奴族被驱赶到黄河以北,蒙恬在夺取河南地后,立即"自榆中并河以东属之阴山,以为四十四县,城河上以为塞"。宁夏北部历史上第一次并入到中原王朝的版图之内。

战国虎噬鹿铜牌牌饰
(出土于固原市西吉县陈阳川村)

秦末,秦二世胡亥欲诛杀防守北部边境的蒙恬,蒙恬被逼无奈,只好自杀。在秦末农民大起义的战火中,守卫在秦国北部边境的士卒纷纷逃散。匈奴人见有机可趁,便重新南下占领了河套地区。特别是冒顿单于杀父自立,匈奴进入了一个空前强盛的时期。冒顿单于在匈奴历史上可与秦始皇相提

并论,他东败东胡,西击月氏,南并楼烦白羊河南王,北服屈射、丁零等国,把大漠南北分散的部落组成了一个强大的匈奴帝国。自此,单于的地位从部落联盟首领一跃而成为强大的奴隶制国家的君主,而原来的部落贵族也转化成新兴的奴隶主。这时匈奴的国家体制已初具规模。单于之下有左右屠耆王(亦作左右贤王)、左右谷蠡王、左右大将、左右大都尉、左右大当户、左右骨都侯,并以十进制将部众分为24个万骑。左右贤王以下,大者领万骑,小者领数千骑。万骑之下,又设千长、百长、什长。由此组成匈奴奴隶制社会完整的统治体系,用之统治与镇压牧民和奴隶。

西汉建立后,由于秦末农民战争及楚汉战争的破坏,使得社会经济残破不堪,根本没有力量抵御匈奴的进攻。汉高祖刘邦曾亲率重兵进攻匈奴,结果被诱至平城,匈奴40万精骑把汉军围得水泄不通,幸赖陈平之计,厚赂匈奴单于的妻子阏氏,才得以罢兵而归。刘邦又听从刘敬的建议,与匈奴和亲,每年给匈奴大量的钱财布帛,才得以暂时维系安定的局面。自汉高祖与匈奴冒顿单于缔结和亲以来,历经惠、文、景帝三代,一直奉行这种政策。他们先后与匈奴的老上、军臣单于结为姻亲。因此,在相当长的时间里,汉朝和匈奴之间基本上免除了干戈之苦。但汉匈间的关系并非一帆风顺,为了掠夺汉朝的财富和人口,匈奴贵族不断发动掠夺战争。如孝文帝十四年(前166年),匈奴14万骑入朝那萧关,杀死北地都尉,并烧毁了回中宫。到汉武帝即位后,匈奴强汉朝弱的格局被打破了,经过70余年的休养生息,汉朝社会生产得到一定恢复。只要不遇到水灾旱灾,农民家家都能吃饱穿暖。京师长安府库里积存大量的钱财,这些钱常年不用,以至于穿铜钱用的绳子都腐朽烂掉了;粮库里的粮食堆放不下,只好堆在外面,粮食都腐烂的不能吃了。在这种经济局面下,汉朝有了击败匈奴的国力和财力。

元光六年(前129年),汉武帝开始了对匈奴长达40多年的征战,在对匈奴的战争中,涌现了大批优秀的军事将领,其中以卫青、霍去病的战功最为显赫。霍去病年仅20岁,就凭借两次河西之战的大胜,树立了"汉军战神"的赫赫威名。河西就是今天的甘肃河西走廊一带。这里土地肥沃,牧草茂盛,是天然的优良牧场,也是匈奴赖以生存的重要据点。匈奴占据河西,阻断了汉朝和西域的来往,汉武帝不惜一切代价想夺取它,匈奴宁死也不会退让一步,双方在这里展开了激烈的争夺。元狩二年（前121）春，汉武帝任命霍去病为骠骑将军，率精骑万人，自陇西（今甘肃临洮）出发，进击河西匈奴。霍去病率军经过乌鳌山（今甘肃天祝藏族自治县境内），过焉支山（今甘肃山丹境内）向西北进击千余里，击杀匈奴折兰王、卢胡王，俘虏浑邪王之子及相国、都尉，缴获休屠王祭天的金人，共斩获8900余人，取得了一次辉煌的胜利。同年夏，霍去病再次率精骑万余人出北地（今甘肃庆阳境内），分两路进击河西匈奴。霍去病率精骑渡黄河后，沿沙漠南缘，向西北迂回至居延泽（今内蒙古额济纳旗境内），又转向西南，沿弱水（今甘肃纳林河）转向西南至小月氏（今甘肃敦煌境内），又转向东，至祁连山。霍去病率军千里迂回，突然出现在匈奴后方，匈奴人做梦也想不到祸从天降，纷纷溃逃。霍去病在这次战役中，降俘匈奴6500人，其中包括单桓王、稽沮王、呼于屠王、酋涂王及五王母、单于阏氏和王子59人，相国、将军、当户、都尉63人，斩首3.2万余级。霍去病这两次对河西匈奴的进攻杀得匈奴丢盔卸甲，狼狈不堪。匈奴在河西走廊的军事力量受到了致命打击。匈奴人哀叹道："失我祁连山，使我六畜不蕃息；失我焉支山，使我妇女无颜色。"

河西之战后，匈奴伊稚斜单于对驻守河西的休屠王、浑邪王大为不满，他派人通知休屠王、浑邪王到漠北汗庭当面陈述惨败原因。休屠王、浑邪王知道自己丧师失地，罪责难逃。于是，两位匈奴王秘密派人到边塞和汉朝联系，表达了投降

汉代牛耕画像砖

的愿望。汉武帝派遣霍去病前去迎接浑邪、休屠二王。不料正在归降路上的匈奴降众内部又出现了争斗。休屠王本来就不是真心归降,只是迫于形势不得不这样做。在归降的路上,他听信了一些部下的风言风语,又变卦了,准备率领自己的部众回到漠北草原去。浑邪王听到这个消息,不禁大为惊恐,害怕休屠王变卦后杀掉自己,兼并自己的部众。浑邪王一狠心,一不做二不休,干脆来了个先下手为强,率领部下冲进休屠王的营帐,杀掉了休屠王。接着胁持着休屠王的部众,继续向汉朝边塞进发。霍去病听说匈奴降众内部自相残杀,急忙加紧行军。经过长途跋涉,终于在边塞附近和浑邪王的降众相遇了。匈奴人看到迎接他们的汉军阵容严整,威风凛凛,都非常惊恐。休屠王的部众本来就不是真心投降,这时看到霍去病的大军到来,立刻出现了骚动,局面一时非常得危险。汉军在霍去病的指挥下,把匈奴大营围了个水泄不通,一些拼命想逃跑的匈奴人都成了汉军的刀下之鬼,剩下的匈奴降众看到霍去病指挥若定,汉军纪律严明,再也不敢心生他念了。汉武帝听到霍去病安全地把匈奴浑邪王和4万匈奴降户送到了长安,不禁大喜过望,连忙下旨封浑邪王为漯阴侯,领万户,赏匈奴降众钱20万。霍去病被封为万户侯,在长安建骠骑将军宅第。霍去病听到后,连忙推辞:"匈奴未灭,何以为家?"这种以国为家、先国后家的精神一时传为佳话。

　　汉武帝决定为匈奴降户们建立几个匈奴"自治区"来安置他们。这样的自治地区叫什么呢?经过汉武帝和大臣们的商议,决定叫"属国"。何谓属国?属国是朝廷对归顺少数民族的一种特殊的管理形式,即划定一个特殊的行政区,让居住在这一行政区内的少数民族自己管理自己的行政事务,其生产方式、生活方式、文化、语言、民族习惯及社会组织、吏治、官吏都保持不变,朝廷在这一特别行政区内特派一名"属国都尉"进行监管。这种特殊的自治管理形式一直持续到东汉末年。从某种意义上说,汉武帝是中国历史上最早设立"少数民族自治区"的帝王。元狩三年(前120年),汉武帝在河套地区设立的5个属国中,其中一个安置在北地郡境内,故名北地属国。后因北地郡分解为北地郡和安定郡,原北地属国划在安定郡内,所以北地属国就改名叫安定属国。其辖区就在今同心县和红寺堡区及盐池西南地区的范围内。其后,还特地在元鼎三年(前114年)设立三水县,作为安定属国都尉治所所在地,约辖今韦州苦水河,西至清水河,包括今同心县境内和盐池惠安堡、萌城以及甘肃环县的甜水堡乡等广大区域。安定属国的治所

汉代同心红城水古城遗址

亦设在三水县,所以这个属国又称之为三水属国。西汉时三水县城的方位,据学者们研究,初步断定就在今同心县罗山脚下东南下马关镇附近的红城水上垣村。后世所发现的倒墩子古墓就在该村附近。三水县管辖的范围相当于今同心县和红寺堡开发区以及盐池县西南部分地区,基本上都在吴忠市的辖区范围之内。属国是秦汉时期民族自治管理的一种尝试,说明宁夏自古以来就是多民族生活的大家庭,也是我国最早实行民族自治的试验地区。

梁氏豪族把朝政 外戚专权惹祸端

汉代绿釉陶牛

梁冀

许多人只知道"飞扬跋扈"这个成语,却不知道它是因今宁夏的一个古人而产生的。东汉时期,有一位小皇帝被称为汉质帝,年仅8岁就登基。汉质帝虽然年纪小,却很聪明。朝中有一位叫梁冀的大臣,因为手中控制着国家的军政大权,非常专横,就连皇帝也没有放在眼里,这就引起了小皇帝的不满。有一次,他在朝堂上当着文武百官的面用手指着梁冀说:"真是个跋扈将军!"(跋扈就是强横的意思)梁冀听了,气得要命,在朝堂当众不好发作。背后一想,这孩子小小年纪就这么厉害,长大了还了得,就暗暗与太监勾结,把毒药放在煎饼里,送给质帝吃,质帝当场中毒身亡。从此梁冀越发肆无忌惮,更加飞扬跋扈,扶持年仅15岁、名叫刘志的娃娃当皇帝,史称汉桓帝。这个梁冀到底是何许人?居然有这么大的权势,可以随便弑君立帝呢?这还要从东汉时期安定郡(郡治在今宁夏固原)著名的名门望族梁氏说起。

固原梁家的先祖据说是春秋时期晋国大

夫梁益耳。到西汉时，梁氏先祖梁子都迁居安定郡乌氏县(今宁夏固原南境)，在这里安家落户，成为当地的一大望族。到了东汉中期，著名大臣梁统的重孙女梁妠成为皇后和皇太后，在她的庇护下，固原梁氏成为朝廷最有权势的外戚。梁氏最鼎盛的时期，先后涌现了两位大将军，7人被封为侯，出了3位皇后、6个贵人。此外还有3位驸马，其余被封为将军、校尉的多达57人。梁氏一门人才辈出，虽然出了梁冀这样的著名权臣，但也出了梁统、梁松、梁竦、梁商等品行正直、清正廉洁和学识渊博的大臣。

梁氏家族是从梁统开始登上东汉政权的核心舞台的。梁统，字仲宁，王莽篡权时，在家乡任地方小官，并没有什么名气。但他性格刚烈，为官不徇私情，深受家乡百姓拥戴。更始二年(24年)，淮阳王刘玄即位，梁统归顺刘玄，被刘玄封为中郎将，被派到河西走廊的酒泉担任太守。但此时的中原群雄并起，绿林军和赤眉军互相火并，赤眉军攻入长安，杀死更始帝刘玄，国家再次陷入分崩离析的境地。河西和中原断绝了联系，官员和百姓们惶惶不可终日，在这种困难的局面下，酒泉太守梁统立即联系波水将军窦融及河西五郡的太守们，共同举兵宣布"保境"，使河西诸郡的百姓得以远离战乱。大家都非常赞同梁统的建议，共同商议推举一位才能卓越的有识之士来担任主帅。大家开始都极力推荐梁统，但梁统却婉言谢绝了，他对大家说："当年汉高祖刘邦的重臣陈婴因为老母年迈，辞去了王位，我家有老母，又德能浅薄，不足以当大任，请大家另择贤能吧。"于是大家重新推举窦融为河西大将军，梁统只担任了武威太守的官职，可见梁统是一个谦和礼让、淡泊名利的君子。

汉光武帝刘秀建立东汉政权后，梁统审时度势，认为刘秀德能出众，一定会成为天下之主，于是劝说河西诸郡归顺刘秀。河西诸郡太守共同推举梁统为特使，前往洛阳向刘秀进贡，表达归顺之意。刘秀兵不血刃就取得了河西富庶之地，十分高兴。他对梁统忠心为国的行为大加赞赏，加封梁统为宣德将军。不久，天水地区实力派隗嚣举兵叛汉，河西诸郡在梁统的带领下，拒绝了隗嚣的威逼利诱，坚定地站在了光武帝刘秀一边，得到了刘秀的信任。后来梁统又率部跟随光武帝御驾亲征，被封为成义侯，仍回河西担任官职。建武十二年(36年)，梁统被调到京城做官，改封为高山侯，担任太中大夫，参与朝廷最高决策层工作，成为刘秀的左膀右臂。梁统"性刚毅而好法律"，早在担任武威太守时，就以为政严猛而闻名，

他还重用清廉官吏,把地方治理得安定而富裕。当他调到朝廷担任京官以后,仍然多次上书皇帝,阐明重刑法的必要性。但是梁统的主张触犯了贵族利益,受到了当朝权贵的反对,他们联合起来,在光武帝刘秀面前说梁统的坏话,把梁统排挤出朝廷,被调到九江郡(今安徽定远西北)任太守,改封陵乡侯。在新任内,梁统仍然坚持实施法治,很见成效,受到老百姓的拥护。梁统后来因病逝于九江太守任内。

梁统长子梁松,是另一位著名的东汉大臣。他是光武帝的女婿,娶光武帝大女儿舞阴公主为妻,成为当朝驸马,深受光武帝的信任,被封为虎贲郎将。梁松学识渊博,通晓治国方略,常常参与国家大政方针的制定与修改。光武帝去世后,曾奉遗诏参与新皇帝汉明帝的辅政工作,被封为太仆。但是梁松却受到了外戚窦氏家族的排挤,成为窦氏专权擅政的绊脚石。汉明帝四年(61年),梁松被捕入狱,冤死狱中,其妻子儿女被迁赶到遥远的交州九真郡(今越南国清化境内)。

梁氏家族最有才华的当属梁竦,梁竦字叔敬,是东汉时期著名的文学家。梁竦少时聪慧异常,对《易经》颇有心得,到20岁时,学识非常渊博,开始在家乡授课教学,是有名的少年才子。因为哥哥梁松遭人陷害,一家人被迁赶到九真郡。流放中的梁竦并没有意志消沉,在流放途中,他渡过长江、洞庭湖,来到沅江、湘江一带,因为慨叹春秋时期楚国名人伍子胥和屈原无罪身死的悲惨命运,再联想到自己满腹经纶,却落得流放异乡的可悲下场,他满腔悲愤,提笔写下了著名的《悼骚赋》,然后把自己的诗作捆在石块上,沉于江底,来奠祭先贤。过了一段时间的流放生活后,朝廷下旨将梁竦赦免回乡,成为一介布衣。梁竦回到家乡乌氏(今固原市原州区南部)后,对朝廷内部结党营私、争权夺利的现象十分不满,再也不想当官了。他整天闭门不出,以读书自娱,不问世事,过着世外桃源般的隐居生活。他曾经创作过《七序》数篇,抒发自己怀才不遇的愤懑心情,抨击外戚宦官交替弄权的混乱朝政。这篇作品被广为流传,得到了社会广泛赞扬。大史学家班固看到这篇文章后,大为赞赏,给予了极高评价,称:"孔子著《春秋》,而乱臣贼子惧;梁竦作《七序》,而窃位素餐者惭。"把梁竦的作品和孔子的《春秋》并列,无疑是"独尊儒术"年代最高的评价。梁竦为人豁达、慷慨,不喜欢经营产业。他平时的生活开销都由长嫂舞阴长公主接济。舞阴长公主知道梁竦是个才华横溢的人,给他的钱财分外优厚,对他也是另眼相待。但梁竦把钱财看作身外之物,时常把嫂子给

梁竦

的多余财物分给穷苦的亲戚朋友,自己丝毫也不多拿多占。梁竦自幼生活在京师洛阳,回到家乡后,有感于自己一身才华没有用武之地,便常常在闲时登高望远,叹息着说:"大丈夫在世,活着就应该封侯,死了也应当被人崇敬拜祭。如果这两点都做不到,那么就应该回到家乡,读书以明志,闲居以养德。何必去当个芝麻绿豆大的小官,让人差来使去的呢?"朝廷听闻他是个贤士,多次派人来征召他去做官,他就以种种理由加以拒绝。梁竦有3个儿子、3个女儿。其中两个女儿因为容貌秀丽、品行端正被选入宫中,被汉章帝封为贵人,其中的三女儿又被称为"小贵人",她的儿子就是后来的汉和帝刘肇。梁氏姐妹入宫之际,正值窦皇后专权时期,窦皇后听说小梁贵人生了个儿子,害怕将来汉章帝立此皇子为太子,登基后对窦氏不利,便想出了一个毒辣的办法想斩草除根。他们设计害死了两位贵人,把小皇子夺到自己身边,对外谎称是自己生的,又假冒皇帝诏令诬陷梁竦以恶逆之罪,命令汉阳太守郑据把梁竦抓起来,在狱里活活迫害致死。可惜一代名士就这样死在奸臣之手!梁竦的家人再次被流放到了今越南境内的九真郡。永元九年(97年),掌控朝政的窦太后去世,梁氏一族的冤案才有机会洗清。汉和帝刘肇得知自己的母亲被窦氏害死,舅舅梁竦被折磨致死后,悲痛不已。他立即下旨为其母舅家彻底平反昭雪,皇帝的生母"梁小贵人"被追尊为"恭怀太后",梁竦也被追

封为保慜侯。梁氏一家诸子、亲戚大多封侯，补授高官，因此也为梁姓外戚后来专权打下了基础。此后，梁氏外戚代替了窦氏外戚，成为又一个专权的政治集团。

到了汉顺帝时期，梁氏一族更加显赫，梁统曾孙梁雍之子梁商，成为汉顺帝的国丈。阳嘉元年（132年），梁商之女梁妠被立为皇后，梁商本人也被封为大将军，成为朝中数一数二的显赫人物。梁商虽然声势显赫，权倾朝野，但他认为自己是皇上的亲属才当上了大将军的官职，所以为人谦虚平和，从不以权势凌驾法纪，不把自己看得有什么了不得，而竭力把贤能的人才引荐给皇上。在辅佐顺帝期间，有"贤辅"之美誉。阳嘉二年（133年），顺帝先后封梁商长子梁冀为襄邑侯、少子梁不疑为步兵校尉，他都上书推辞，谦让不接受，而主张选贤任能。梁商前后举荐了汉阳人巨览、上党人陈龟为掾属，李固、周举为从事中郎。于是京城内都齐声叫好，称梁商为好官，顺帝更把国家的重要大事都交给他处理。对外，梁商主张对少数民族实行安抚政策，以缓和民族矛盾，反对进行大规模的军事征讨。元初五年（118年）夏，南匈奴率兵进犯。梁商上书说："宜令续深沟高壁，以恩信招降。"以求边地安宁，减轻人民负担。对内，每遇到灾荒年成，梁商就把自己田租收取的稻谷运到城门处，赈济那些没有粮食的灾民，并且不说是大将军的恩惠，只说是国家的救助。梁商虽然身为大将军执掌朝廷军政，权倾一时，但是仍然做到为官清廉，并严格要求梁氏族人要严以律己，而不能以权干法。

然而皇帝身边的宦官嫉妒梁商的权势，总想要陷害他。顺帝永和四年，中常侍张逵、内户令石光、尚书令傅福、冗从仆射杜永等人合谋，诬陷梁商和中常侍曹腾、孟贲意欲图谋废立，请求顺帝逮捕梁商等人治他们的罪。顺帝并没有相信他们，反而指斥道："大将军是我亲近的辅政大臣，曹腾、孟贲都是我喜爱和信任的人，不可能有这样的事情，一定是你们嫉妒他们罢了。"张逵等人见诬陷失败，害怕梁商等的报复，于是假传圣旨把曹腾、孟贲逮捕。顺帝知道后龙颜大怒，立即命令宦官李歆把曹腾、孟贲放了，并把张逵等人逮捕。张逵等人在受审过程中的供词牵连到一些在位大臣。梁商察觉出这里面有很多是在胡攀乱咬，如果一一查办，难免会有人冤枉受牵连，他就上疏说："《春秋》的义理指出，立了大功，只奖励主帅；犯了大罪，只惩罚主犯。所以赏赐不能太宽，惩罚也不能泛滥，这就是三皇五帝治理天下安康太平的缘故。臣听说审查常侍张逵等人时，他们的供词牵连到很多人。如果据此兴起大狱，必然牵扯很多无辜的人，案子久拖不决，一些小的问题最后都要变成大的案件,这不是用来顺应天地间的和畅之气、安定国家局面、教化百姓的办法。所以,臣以为应当及早结束这一案件,制止捕治的扩大。"顺帝采纳了梁商的意见,只将几个真正有罪者进行了严惩。

梁商也很能听取合理的意见,避免不少无辜者受屈。有人在他面前诬告宋光,说他妄刊文章,图谋不轨。宋光被抓并被逼供,受尽折磨。他的外甥霍谞是一个15岁的少年,见此不平之事就毅然给梁商写信,为他的舅父申诉冤屈。他在信中说:"《春秋》的义理,推原本意,判断过失,略过事件,责备诛心。因此许止的父亲吃了他进的药而死,因为他完全是一片孝心,人们也能宽容他,史官仍然以为他有罪。这是孔夫子定下的王法,也是我们应该遵从的前典则。我与宋光是骨肉至亲,感情上自然有偏向他的地方,为他诉说冤屈,未必能得到谅解,这里只从常理来评论这事的是非。宋光出身世家大族,为人处世循规蹈矩,不求奇险之功。论官位,他已是州郡高官,而且日后升迁有望,可以说他没有丝毫的缺陷或不如意的地方。这样的人为什么还要刊印图谋不轨的文章呢?就算是有所疑问,也应当寻找妥当的办法,岂有甘心触冒死罪去探讨那些细枝末节的东西?这不等于做饮鸩止渴之类的蠢事吗?以宋光的才学和地位,他岂能干出这种事!宋光所受的罪

汉代绿釉陶屋(出土于固原市原州区北塬)

名既然情有可原,但他却被押到京城,拷问连年,泪洒血飞,始终得不到一个明白的审理,按国家法令规定,凡是赦令颁布就不应当再继续追究。就是那些罪恶明确、已判刑的犯人,尚且可以蒙受天恩,得到宽免,岂有无端被冤屈的人,反而得不到赦免的道理?说是不偏不倚,难道就是这样的吗?"梁商看到这封信后,十分赞赏霍谞的胆量和见识,就上奏皇帝,宽免了宋光。

汉朝的皇亲贵族生前享受荣华富贵,死后也要实行厚葬,梁商虽享受高官厚禄,但不主张丧事奢华。永和六年秋天,梁商病危弥留之时交代家人:"我没有大的功德,却享受了许多福分。生前没有更多地辅佐好朝廷,死了还定会耗费国家的钱财。穿上好的衣服,口里含着珠宝之类的东西,这对朽骨又有什么好处呢?百官劳顿,拥挤在道路上,只是增加了路上的尘土,虽然说是按照礼节该如此办,但礼节也还有灵活处理的时候。现在边境在打仗,国内四处都有盗贼出现,哪里还能为了我的丧事而破费国家更多的财物呢?我死之后,要节俭办丧事,及时落葬入土,就穿平时我穿过的衣服,不要另外裁制新衣。把我运到坟墓前,马上就装殓入棺。祭祀时用的食物就与我平常吃的一样,不要用猪牛羊这样的大祭礼。你们一定要按照我的意愿办,不要违背我的话啊。"梁商下葬之日,皇帝命中官亲自扶灵,自己也到宣阳亭上,目送他"上路"。梁商死后,朝廷追谥他为"忠侯"。

梁商的女儿梁妠是东汉时期著名的皇太后之一,梁妠自幼心灵手巧,既喜欢读书,又品行良淑。她9岁就已经熟读《论语》,并能吟咏《诗经》,并能讲解这些儒家经典的微言大义。他还常以《烈女图》中的人物故事为榜样,时时对照自勉。年仅13岁时,就被选入宫中充当皇妃,先被汉顺帝刘保封为"贵人",阳嘉元年(132年)被立为皇后。由于梁妠读书多,有思想有见解,得到了皇帝的信任,得以参与朝政。汉顺帝死后,她相继成为冲帝、质帝、桓帝三朝的皇太后,并持续临朝执政达19年,是梁氏外戚得以显赫一时的"支柱"人物。梁妠在临朝听政时期,注意破格提拔德能兼备的人才,比如起用了当时的名士黄琼、李固、陈蕃、李膺等人,使得朝政有所改善,贪官污吏有所畏惮。梁妠于和平元年(150年)春,将朝政归还于汉桓帝刘志,当年病故,葬于宪陵,被追封为"顺烈皇后"。

梁氏豪族最有名的权臣是梁冀。梁冀字伯卓,是大将军梁商的儿子,也是皇太后梁妠的哥哥。梁冀凭着家族的势力,从小就不好读书,喜欢斗鸡玩狗,赌博嗜酒,是个典型的浪荡公子哥。仅凭借着家族的势力,初被封为黄门侍郎,后来又被封为郎中、虎贲中郎将等职。永和元年(136年),梁冀被任命为河南尹,但为官一方的梁冀无法无天,尽干坏事。父亲梁商的朋友、洛阳令吕放向梁商举报了梁冀的恶行,梁商把梁冀狠狠责骂了一顿。但梁冀并没有改过,反而恨吕放告他的状,于是派人暗杀了吕放,并把责任推给吕放的仇家,假惺惺地向朝廷推荐吕放的弟弟吕禹接任洛阳令。梁冀还曾与品行正直的崔琦交友。崔琦看到梁冀凭借家族的势力多行不义,便屡次规劝他改邪归正,并作《外戚箴》,指出:"履道者固,仗势者危。"但梁冀把崔琦的话当耳旁风,并找机会杀害了崔琦。

永和六年(141年),梁商卒,梁冀被封为大将军,其弟梁不疑担任河南尹。建康元年(144年),顺帝崩。冲帝即位,年仅两岁,梁妠临朝听政,下诏让梁冀与太傅赵峻、太尉李固等共同辅政。永嘉元年(145年),冲帝崩。太尉李固认为清河王刘蒜年长有德,建议立刘蒜为帝。但梁冀暗想刘蒜年长,不好摆布,没有听从李固的建议,反而立年仅8岁的刘缵为帝,这就是质帝。然而质帝年少聪慧,曾因戏言梁冀为"跋扈将军",被恼羞成怒的梁冀毒死。

质帝死后,朝野准备再立新君。李固、杜乔等大臣坚持立清河王刘蒜为帝,这与主张立年仅15岁的刘志为帝的梁冀发生了尖锐的冲突。在朝会上,梁冀独断专行,专权擅政,把坚持己见的正直大臣李固罢免官职,硬将刘志扶上了皇帝的宝座。为了把持朝政,梁冀找借口处死了太尉李固、大司农杜乔等人,其他正直的大臣们被陆续排挤出京城,同时安插自己的亲信子侄把持朝廷的重要职位,一时间,梁氏权势如日中天。

梁冀的妻子孙寿也非常贪财,夫妻俩不择手段地勒索财物。当时四方调发、岁时贡献都要先送到梁府,然后才轮到皇帝。在他家门口排队准备行贿求官的人。络绎不绝,道路相望。梁冀还大兴土木,

梁冀之妻孙寿

建造了豪华奢侈的宅第园囿，梁冀非常喜欢养兔子，他家的兔苑就有方圆数十里。所养的兔子如果被人误伤，往往置人于死地。有一个西域来的商人因为不知情，杀死了一只兔子，被牵连而死的有十几个人。梁冀还强迫良民百姓当他的奴婢，达到数千人之多，被称为"自卖人"。建和元年（147年），桓帝立梁冀妹为皇后，这样，皇太后、皇后都是梁冀的姐妹，其权势更加牢固。桓帝封梁冀一万三千户，封其弟梁不疑为颍阳侯，梁蒙为西平侯，其子梁胤为襄邑侯，各万户。

桓帝年长后，对梁冀的狂妄自大日渐不满。延熹二年（159年），梁太后、梁皇后相继死去，梁冀失去了靠山。桓帝暗中与宦官中常侍单超、唐衡、徐璜、具瑗等人共同谋诛梁冀，命令黄门令具瑗率兵千余人突然包围了梁冀宅第，又使人收梁冀大将军印。梁冀看到大势已去，与妻子孙寿畏罪自杀。受牵连被处死及免职的有数百人之多。梁冀的家产被抄没后，相当于当年全国租税的一半，由此可见梁冀聚敛财富之多。

梁鹄书法世称绝
八分奇书文化魂

《鲁孔子庙之碑》局部

梁 鹄

塞上江南,文脉书香,地域文化源远流长。这块古老神奇的土地很早就燃起了文明的火焰,这里是中华民族发祥地之一,千百年来,各族人民用勤劳和智慧创造了丰富的物质财富和丰富的历史文化,也涌现了许多德才出众、名垂青史、世代称颂的历史人物。他们有的已为世人所知,光芒四射,但还有很多人和事,或淹没在浩如烟海的历史记载中,或尘封在档案中,有的还深埋在地下, 不为人知。梁鹄就是其中之一,他的故里在今宁夏固原,他是汉末魏初著名的书法大家,他的八分书无论在当时还是后世都为世人所推崇、学习,他为中国的书法发展作出了卓越的贡献。但对他的研究宣传很不够,其价值和意义没有充分地展现出来,需要我们去发现、挖

掘、整理和研究。梁鹄是影响中国汉字从隶书到楷书转化的一位著名书法家。"二十四史"有7处提到梁鹄,其中《晋书》《三国志·魏书·武帝记》有传,《资治通鉴》有3处也写到了梁鹄,《辞海》《中国历史大辞典》等权威典籍及宁夏地情资料《固原地区志》考证梁鹄为宁夏固原人(今固原市泾源县大湾乡瓦亭村人)。

据宁夏有关专家考证,梁鹄应该是东汉时期赫赫有名的"乌氏梁氏"后裔。"乌氏梁氏"先祖梁益耳是春秋时晋国大夫,梁子都迁居北地郡,到梁统时,开始发迹,梁统因辅佐汉光武帝刘秀登基有功,被封为高山侯,任太中大夫,卒于九江太守任上。其后裔为东汉有名的梁氏外戚集团。梁统长子梁松娶光武帝女舞阴公主。次子梁竦极有文采,其代表作《七序》,班固在《后汉书》中评价极高:"孔子著《春秋》而乱臣贼子惧,梁竦作《七序》而窃位素餐者惭"。梁竦次女被选入宫中封贵人,后生汉和帝刘肇,梁竦孙子梁纳为顺帝刘保皇后,其父梁商任大将军,掌朝政七年。顺帝死,梁纳兄梁冀专权20年,跋扈暴虐,使东汉政治更加黑暗、腐败,天下怨恨。延熹二年(159年),桓帝发动政变,处死梁冀,梁氏外戚集团遂灭。包括梁冀一家及门生故吏在内的三百余人被处死或黜免,朝堂之上为之一空。自梁统至梁冀的四代中,有七人封侯,三人娶公主,任卿、将、尹、校者57人,家族显赫130余年。据说梁鹄就是大文学家梁竦的后人,因为梁鹄与梁氏先祖梁统都是安定乌氏人。从国家图书馆地方志家谱文献中心所藏多种《梁氏家谱》和《梁氏族谱》中可以得知,梁鹄是梁统家族中东汉著名文学家梁竦的后裔。东汉乌氏梁姓是当地的望族,虽然在延熹二年(159年)梁冀及其家属被诛者数十人,但"乌氏梁氏"并未被满门抄斩,况且梁鹄出仕已在汉灵帝年间,距桓帝诛梁冀已相隔10多年。按汉代入仕之途,"举孝廉"是其主要途径。东汉初,据《汉书·百官志》等书记载名额的分配,郡口20万举一人。和帝时大郡口五六十万举孝廉2人,不满20万二岁1人,不满10万三岁1人。东汉末年天下大乱,安定郡地处战场中心地带,人口或死或逃,人口急剧下降,总计不到5万人。梁鹄被郡州举为孝廉是与其显赫的家族有关。

梁鹄,字孟皇,生卒年不详。史载汉灵帝(168—184年)时为选部尚书。他生活的年代应在汉桓帝至曹魏年间,此时外戚、宦官相继专权,东汉王朝已处于风雨飘摇之中,政治黑暗,社会凋残,各地豪强据地称雄。梁鹄既步入过东汉末年的官场,也经历了三国初年的兼并和战乱。历史长河绵延不绝,大江滔滔东去,官场的得失已付之东流,翰墨碑刻却经久不衰,在中国书法史上留下了闪光的一笔。

梁鹄自幼在家乡安定郡生活,从小就酷爱读书,喜欢书法,且学识渊博,品德端正,因此被州郡地方官举为"孝廉"(即读书人的楷模),被选拔到中央政府作为后备官员重点培养。梁鹄被安排进入汉末的高级学府"鸿都门"学习。当时凡能进入鸿都门的人,都是皇室贵胄或统治阶级上层人物的后裔。梁鹄在这里正式踏上了平步青云的仕途。不久就出任凉州刺史的要职,还先后担任过侍中、选部尚书等官职,得到了汉灵帝的器重。侍中是专门跟随皇帝左右的重要官职,相当于皇帝的智囊和顾问,梁鹄的政治地位一时非常显赫。选部尚书即后来的吏部尚书,相当于现在的组织部长,也是权倾一时的人物。

梁鹄从小就酷爱书法艺术,进入京城最高学府"鸿都门"学习后,他的书法天赋得到了开发和挖掘,鸿都门内,才子云集,佳客盈门,学者大儒坐而论道,互相切磋书法艺术,这给了梁鹄很好的学习机会。东汉灵帝时期,政治上虽然腐败,外戚专权,宦官当政,民不聊生,却是中国书法史上一个黄金时期。汉灵帝本人虽然昏庸无能,却也是一个喜欢附庸风雅的皇帝,他特别喜欢书法,因此,下诏让全国选拔书法技艺突出的数百人,进入鸿都门学习书法。正所谓"楚王好细腰,宫中多饿死",上有所好,下必甚之,一些有才华的读书人纷纷钻研书法,以求灵帝赏识,便于飞黄腾达。因此,梁鹄所在的鸿都门成了书法大家云集的场所。当时京城最著名的书法大家是师宜官,师宜官是河南南阳人,以擅长八分书而闻名天下,师宜官的字大的直径超过一丈,小的在一寸见方的木简上,可以写一千多个字,由此可见此人的书法已经达到炉火纯青的地步。师宜官是李白式的嗜酒才子,他恃才傲物,特立独行,其言行举止颇有魏晋名士挥洒自如、谈笑自若的风范。师宜官特别喜欢喝酒,每次都不带钱,到了酒馆吃饱喝足后,就开始在酒馆的墙壁之上挥毫泼墨,书写大作。由于他的书法技艺绝伦,名气很大,当他喝醉开始写字的时候,观看的人挤得酒馆内外无立锥之地。师宜官写完字后,就开始向大家讨酒钱,人们见识到他的书法绝技后,便纷纷给他一些钱作为观看书法的费用。师宜官讨足酒钱后,就把自己写在墙壁之上的字统统毁去,以免有人铲掉墙上的字拿去卖钱。后世称赞他的书法"雕翅未息,翩翩自逝",意思是说师宜官的书法如琨鹏展翅未收,凌空而降,翩翩落下。师宜官后来投奔袁术,担任将军之职。现在山东巨鹿有《耿球碑》,为袁术所立,据说是师宜官所写。南朝庾肩吾《书品》将之列为上

品,唐张怀《书断》列他的八分书为妙品。就是这样一个书法技艺超群的人物成了梁鹄的书法老师。

梁鹄拜师宜官为师后,刻苦学习书法,他知道老师喜欢饮酒,喝完酒后写的字才是老师最出色的作品,也许是因为人喝醉酒后,挥毫作书才能无拘无束、狂放不羁,和李白"酒仙"之风颇为相似。为了学到老师的真本事,梁鹄想了个好办法,他知道老师是个"怪才",不喜欢自己的作品流传到社会上去,每次写在木简或墙壁上的字不是铲去就是烧毁,梁鹄特意给老师买了很多美酒,准备了很多的木简字板,让老师痛饮美酒后,在他准备的字板上大书特书,然后偷偷地把老师写好的字板收藏起来,拿回家去仔细研究、细心揣摩、认真学习。通过这种方法,梁鹄的书法有了很大的提高,得到了社会各界广泛的称赞,甚至在某种程度上超过了他的老师师宜官,人们比较他们两人的书法,认为师宜官善写小字,梁鹄善写大字,称赞梁鹄的大字写得"龙威虎振,剑拔弩张",超过了老师的水平。汉灵帝也对梁鹄的才华颇为赏识,提拔他为选部尚书,这和他的书法造诣有很大的关系。

但是,汉灵帝后期,朝廷再次发生"党锢之祸",正直的大臣被宦官残害殆尽,政治更加腐朽,民穷财尽,民怨沸腾,引发了大规模的农民起义。东汉王朝在黄巾大起义的怒潮中崩溃了,各地群雄蜂起,割据自立,最后仅存曹操、刘备、孙权三足鼎立,中国历史进入了三国乱世。梁鹄和师宜官这样的才能之士只能各奔前程,各随其主,师宜官投奔到袁术麾下,梁鹄一开始也跟随老师投奔袁术,但不久就发现袁术志大才疏,成不了大事,便渡江而西,投奔割据荆州的刘表,但没想到刘表虽有爱才之名,却无雄才大略,刘表病死后,曹操大举南下,破荆州,擒刘表之子刘琮,荆州被曹操占领。曹操早就听说过梁鹄的大名,攻破荆州后,专门派人找到梁鹄,劝说他归降自己,梁鹄感于曹操爱才之心,便归顺曹操。梁鹄归顺曹操后,被委以重任,曹操让其担任洛阳令,即汉朝首都洛阳的最高行政长官,后来又让他随军担任假司马,即曹操的高级随军顾问。

曹操是东汉末年著名的政治家、军事家、文学家、书法家,也是三国中曹魏政权的缔造者,他以汉天子的名义征讨四方,先后消灭袁绍、吕布、袁术、刘表等,统一了中国北方,并采取了一系列措施恢复残破的经济和混乱的社会秩序,奠定了曹魏的基础,其子曹丕称帝后,追尊他为"武皇帝",庙号"太祖"。曹操精兵法、通诗歌,他的散文和诗歌都别具一格,开启并繁荣了中国文学史上著名的"建安文

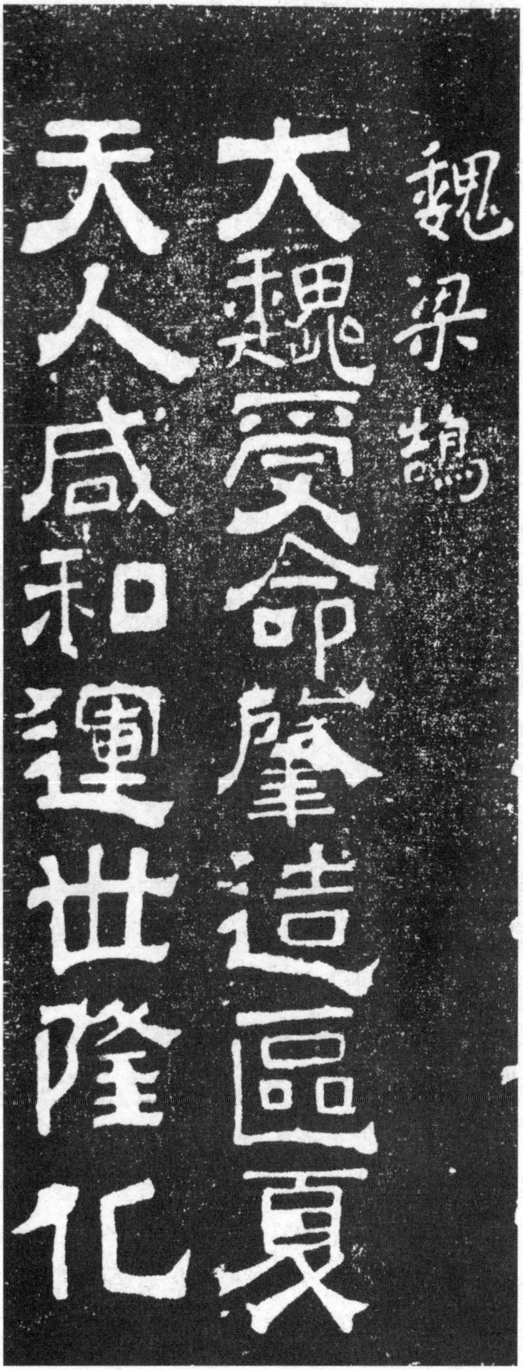

大魏天人石刻

梁鹄书法世称绝
八分奇书文化魂

学",给后人留下了宝贵的精神财富。曹操非常喜爱书法,他本人也是个大书法家,历史上见过曹操书法作品的人,无不赞其书作有"金花细落,遍地玲珑;荆玉分辉,瑶若璀璨""笔墨雄浑,雄逸绝伦"之大美。他的书法造诣几乎与当时的著名书法家崔瑗、张芝、张昶齐名。作为一个书法名家,曹操对梁鹄非常敬重,将他的书法作品当作宝物一样珍藏。曹操常常把梁鹄的书作悬挂在帐中,或订在墙壁上,以供随时揣摩观赏学习。曹操认为梁鹄的书法水平已经超过了师宜官,成为当世第一名家。由于曹操的推崇,当时魏国的达官贵人、平民百姓纷纷以收藏梁鹄的书作为荣。就连当时宫殿的题署也多是梁鹄的作品,梁鹄已成为当时书界的卓然大家,得到了广泛的认可。据史书记载,梁鹄爱好书法已经达到痴狂的境地,有一次,他听说东汉大书法家蔡邕有一部专门论书法的专著被同为书法家的韦诞得到,便登门拜访韦诞,想借此书一观,但韦诞也爱此书如命,推脱说自己并没有这本书,婉拒了梁鹄的请求。梁鹄看不到这部书法书籍,居然茶不思饭不想,几天下来,就呕血不止,得了重病。曹操听说这件事后,立即派人把自己服用的五灵丹送给梁鹄,让他好好保养身体。由此可见梁鹄与曹操关系非同一般,两个书法名家惺惺相惜,互相敬重。

　　许多人对书法并不太懂,特别是对八分书这种在书法史上起过渡作用的重要书体不甚了解。梁鹄擅长的八分书到底是什么样的书法呢?又在中国书法演变的长河中起到什么重要作用呢? 这还要从汉字的产生及演变说起。

　　汉字自产生以来,不单单是一种记录语言的符号,在书写的同时,又体现出其艺术性。《周易·系释》载:"上古结绳而治,后世圣人敬以书契"。上古时我们的祖先用结绳来记事。我国的文字如果从殷墟甲骨文算起至今已经有三四千年的历史了。周代时期盛行青铜器,并铸刻铭文。大篆,始于周代。周宣王时,史籀将甲骨文变革为大篆。小篆,始创于秦代,由于战国文字很不统一,秦始皇嬴政统一六国后,即令李斯统一文字,变革古字,简化了文字的书体,使其更趋于整齐、完整、一致。汉字演化为方块字从此开始。但由于秦代公文来往频繁,篆书书写又很不方便,因而出现了隶书。隶书孕育、萌生于战国后期,在秦代,它与小篆并驾齐驱,相辅相成,应用广泛。到了西汉,隶书正式取代了书写繁琐的小篆,成为主要的字体。与小篆相比,隶书简化了很多,更便于书写,线条平直易写,方折增多使字形结构趋于方正,但其笔画还是稍多。为了更便于书写,民间又出现了草书、行书,正规庄重的场合仍使用古代的篆书,普通文书或书信使用草、行书这种新字体。到了东汉中后期,隶书势渐入微,八分书开始定型,取代了隶书,成为流行书体。从三国经西晋、东晋至南北朝结束,政局动乱不定,也是书法变化最大的时期。三国时期,曹魏继承后汉,字体雄健,是字体由隶书和章草演变为楷书的时期,名家有蔡邕、钟繇、梁鹄、韦诞等。其中梁鹄的八分书在笔画上有了很大的突破,落笔逆锋减少,而变之以单刀直入;收笔重顿后迅速提起使成方波。这萌芽了楷书的笔法,后代开始学习,发扬光大了这种"折刀头"的笔法。楷书开始正式形成,正楷创始之后,到了晋代更加兴盛。王羲之为晋代一大书法家,他也对梁鹄的书法倍加推崇。他自述学书经过:"余少学卫夫人书,将谓大能。及渡江北游名山,见李斯、曹喜等书。又之许下见钟繇、梁鹄书。又之洛下,见蔡邕《石经》三体书,又于从兄洽处见张昶《华岳碑》,始知学卫夫人书,徒费年月耳。羲之遂改本师,仍于众碑学习焉。"从这段自述可以看出,王羲之正是因为努力研习了李斯、钟繇、梁鹄等所书的碑,心有所得,博采众长,才成为正、行、草书的一代宗师。

　　梁鹄、师宜官以及其后的张昶、皇象、索靖、王羲之、王献之等,无论在当时还是在后世,都是被公认的声名显赫的八分书法大师。尤其是梁鹄为八分书的传播、演化作出了卓越的贡献。八分书曾是汉末至魏唱主角的书体,至魏碑成型,才取代八分书的地位,但八分书一直在流传使用。《旧唐书·本纪》记载唐玄宗"多艺尤知音律,善八分书"。从唐至今许多书法家都临摹学习过八分书,有许多八分书力作流传至今。然汉末魏初天下大乱,梁鹄书法作品虽多,但大多已失传,目前发现据说是梁鹄作品的只有《孔羡碑》《受禅表》等碑刻。据当代著名书法家启功先生研究,梁鹄书法在笔法上创造了"折刀头法",书写时坚锋起笔,逆入平出,中锋运行,笔画丰实而有内劲,正是这种折刀头法使"横画下笔处下垂的顿势,所谓'蚕头',收笔处上仰的捺脚样子,所谓'燕尾'都没有了。这些字是后世真书的雏形"。梁鹄的八分书法在结构上字形扁方、意态宽博、横势舒展、左右均衡对称;在布局上直行之内字间隔横行较宽,直行较窄,仪态万方、笔法纯熟,厚重淳美,呈现出浓郁的古朴韵味。笔画粗细中规中矩,横画起笔的蚕头变成了斜截方头的折刀头。用笔以方笔为主,转折之处加强了顿挫棱角分明,撇画收锋后上挑有出锋;捺画方出,显得非常刚劲。笔画粗细有变化,竖画的二端方而平,竖弯钩写成平脚,左右结构力求收敛。笔法点、横、撇、捺、钩等逐渐成熟成形,已有楷书"永字

《受禅表》碑局部

八法"的法度，直开楷书之门，由隶向楷的变化日渐显露。至钟繇、王羲之进一步法度化，自唐前期的欧阳询、虞世南、褚遂良至中期的颜真卿，再到后期的柳公权不断创新完善，楷书发展达到极致。

从东汉中期至魏晋，在书法领域是八分书最为流行的时代，在使用传承的过程中八分书孕育了魏碑。魏碑诞生于魏，成熟定型于两晋南北朝时期，因北魏的作品最好而得名。魏碑用笔显露棱角，蕴涵于八分、楷之间，在方、圆笔画变化中，又强调顿挫，折笔处运用断笔或似断非断的笔画而形成特殊的笔趣，迥异于一般的八分、楷的写法。从魏碑代表性的碑刻可以看出，魏碑继承了八分的笔意，但又有所创新。从字形看，变扁平向方正并渐渐定型。对于八分书的历史地位和价值，历代评价都很高。唐杜甫《李潮八分小篆歌》诗赞"八分一字值千金"。全诗为：

仓颉鸟迹既茫昧，字体变化如浮云。

陈仓石鼓又已讹，大小二篆生八分。

秦有李斯汉蔡邕，中间作者寂不闻。

峄山之碑野火焚，枣木传刻肥失真。

苦县光和尚骨力，书贵瘦硬方通神。

惜哉李蔡不复得，吾甥李潮下笔亲。

尚书韩择木，骑曹蔡有邻。

开元已来数八分，潮也奄有二子成三人。

况潮小篆逼秦相，快剑长戟森相向。

八分一字直千金，蛟龙盘挐肉屈强。

吴郡张颠夸草书，草书非古空雄壮。

岂如吾甥不流宕，丞相中郎丈人行。

巴东逢李潮，逾月求我歌。

我今衰老才力薄，潮乎潮乎奈汝何。

《受禅表》碑是三国魏黄初元年（220 年）立。此碑是为了纪念曹丕代汉称帝的重大事件。东汉献帝延康元年（220 年）冬十月，逊位于魏王曹丕，丕登基称帝并改元大魏黄初。十月辛未，刻立此碑以纪念其受汉"禅让"之事。《受禅表》碑现藏于河南省临颍县繁城镇汉献帝庙。碑高 2.98 米，宽 1.1 米，厚 0.28 米，圭型碑额。额篆书阳文"受禅表"三字，碑头中间有穿孔，直径 0.19 米，无华饰，碑文 22 行，每行 49 字，字 1 寸 2 分，阴镌，此碑记载了汉魏政权交替过程。唐代刘禹锡在《刘宾客嘉话录》中认为："繁城受禅碑为王朗文，梁鹄书，钟繇镌刻，堪称三绝。"唐末李绰在《尚书故实》中也称："王朗文、梁鹄书，钟繇镌字，谓之三绝。"王朗、梁鹄、钟繇三人均是汉魏时期著名的文坛大家。王朗是文学家，由他撰写的碑文堪称一绝；梁鹄是书法家，其书法后世书写无出其右者；钟繇工书法，他的镌刻刀工沿袭至今。《受禅表》是中国历史进入三国时期的实物见证，为我国唯一的禅让活动纪念碑，是汉末魏初官制文字的代表作，具有很高的史料价值和艺术价值。此碑当时没有题注作者，2001 年国务院公布第五批全国重点文物保护单位时，引用唐代李绰的说法，确认此碑为梁鹄所书。

　　《鲁孔子庙之碑》又名《修孔子庙碑》《孔羡碑》。三国魏黄初元年(220年)立。22行,每行40字,碑在山东曲阜孔庙。碑文记载魏文帝曹丕称帝后,于黄初元年,诏封孔子21世孙孔羡为宗圣侯,以奉孔子之祀,并命扩修旧庙,设吏卒以守卫其事。文后有宋嘉祐七年(1062年)张稚圭正书题:"魏陈思王曹植词,梁鹄书"十字,确认此碑为梁鹄所书。《鲁孔子庙之碑》在宋赵明诚《金石录》、清顾炎武《金石文字集》、翁文纲《两汉金石录》等书中均有著录,此碑为魏初著名碑刻之一,其结构严整而不板滞,书风淳古而高远,气势凌厉而磅礴。宋洪适《隶释》云:"魏隶可珍者四碑,鹄《鲁孔子庙之碑》为之冠。"可见此碑与北朝方严灵秀的楷书形成和发展的渊源关系,同时也足见此碑在中国书法史上的地位之显赫,影响之巨大。

　　梁鹄对于中国书法艺术的发扬光大、传承衔接起到了重要的历史作用,是宁夏历史上最伟大的书法名家。

羌族烽火遍宁夏
傅燮追封壮节侯

贺兰石雕《牧归》

> 小麦青青大麦枯，
> 谁当获者妇与姑，
> 丈夫何在西击胡，
> 吏买马，君具车，
> 请为诸君鼓咙胡。

这是收录于《后汉书·五行志》中的一首东汉时期的童谣，被后人称为《桓帝初天下童谣》。大概的意思是：

> 骄阳似火的夏天啊，
> 即将成熟的麦子被晒得焦枯，
> 收割的只有妇女和孩子啊。
> 男人们都去西边和羌人作战，
> 士兵们准备去打仗啊，
> 人人都感到悲伤忧愁，
> 老百姓敢怒却不敢言啊，
> 只能压住嗓子轻声吟唱。

这首童谣反映的是东汉时期发生在宁夏的三次羌族大起义的一些情况。这

三次羌族大起义沉重地打击了东汉政府的统治,迫使安定郡和北地郡郡治内迁关中,东汉政府镇压羌人起义的军费达到了360亿钱,东汉王朝的统治力量被严重削弱,最终被黄巾大起义的浪潮所淹没。

羌族是中国西北一个古老的少数民族。据《后汉书·西羌传》记载:羌族的祖先是舜时居住于南方的三苗,因反对舜的统治被流放到了西北地区,主要居住在黄河河曲之地,也就是今天青海省境内。羌族以游牧为生,崇尚武力,以战死为吉利,以病终为不祥。羌人性格坚强勇猛,女人生孩子甚至都不避风雪。据说羌族的

胡人牧马图

祖先名叫无戈爱剑,秦厉公时被秦国抓住,卖为奴隶,无戈爱剑不堪为奴,寻机逃跑,在逃亡途中,遇到一个被割去鼻子的女人,两人遂结为夫妇,在河湟谷地居住,成为羌族的首领。汉武帝时期,出兵打败匈奴,在河西走廊设立郡县,河湟地区的羌族人被迫离开家园,开始向宁夏、甘肃、陕西等地迁移。到了东汉中后期,羌族已经遍布宁夏山川,为宁夏的开发建设贡献自己的力量。但随着东汉政府日益腐朽,官僚、宦官、贵戚和地方恶霸互相勾结,对广大人民进行残酷压榨和剥削,加上自然灾害频仍,使得宁夏地区的羌汉人民挣扎在死亡线上,而统治阶级则坐拥万贯家财,美丽的侍妾奉迎左右,过着乐生忘死的奢靡生活,尤其是对羌族的欺压、盘剥更是猛于虎狼。统治阶级根本不把羌人当人看待,认为羌人和鸟兽一样,都是低等动物。西北的羌族人民大多沦为奴隶,被官吏和地主任意驱使,得不到起码的人身保障和最低的生活需求。到东汉后期,全国范围内的阶级矛盾和民族矛盾已经十分尖锐,形势犹如干柴烈火和蓄势待发的火山,随时都有大爆发的可能。

宁夏羌人的起义是以一件"征调"民夫的小事为导火索而引发的。

汉安帝永初元年(107年),朝廷决定撤回驻西域都护和屯田官兵,要地方官征发金城(今甘肃兰州)、陇西(今甘肃临洮)、汉阳(今甘肃天水)三郡羌人担任随军护卫和杂役。因为羌人早已不信任官府,害怕此次行动是个骗局,是被带到西域去替换屯田兵丁或充当苦力,从此可能再也无法回到自己的家园,于是当走到酒泉一带时就纷纷逃散了。官府马上派兵四处堵截抓捕,并焚烧沿途羌人房舍,从而激怒羌人,奋起自卫,各部落同时揭竿而起,开展声势浩大的起义斗争。

滇零和零昌父子是这场波澜壮阔的羌人大起义的杰出领袖。广大羌族人民在滇零、零昌的指挥下,不论男女老幼都自动参加战斗。因羌人归附汉王朝时间已久,按照官府的规定,少数民族在平时都不能私自拥有武器,所以他们只能用木棍、树枝当矛,以木板、几案作盾,甚至于妇女和儿童都手执铜镜,利用折射太阳光刺照对方的眼睛,帮助自己的父兄击杀官军。就这样,他们竟以血肉之躯,打败了前来镇压的车骑将军邓骘和征西校尉任尚等各路大军。当时宁夏境内的匈奴、鲜卑、小月氏等各族人民受到羌人斗争的极大鼓舞,也纷纷响应和参加羌人的战斗行列,起义军队伍迅速壮大。为了确立权威,有效指挥各民族的起义队伍,滇零在北地郡城(今宁夏吴忠境内)自称"天子",用以号召各地羌人和其他少数

民族，共同抵抗官兵的进攻。很快以羌族为主体的各族人民起义的烈火燃遍西北大地。起义军杀死汉中太守董炳，攻占临洮（今甘肃岷县）、破羌（今青海东部地区）、陇西（今陕西宝鸡境内）等郡县，一直打到京都长安外围和黄河以东的太原以及中原地区。汉廷虽然屡换大将，但都被起义军打败。统治阶级害怕汉族人民也会响应羌人的斗争，不得已而决定把西北各郡县的官府和人民一起迁徙到内地，以回避羌族军的锋芒。宁夏南部的安定郡内迁侨治于美阳（今陕西武功境内），北部的北地郡内迁侨治于池阳（今陕西泾阳）。但是，老百姓自古有"安土重迁"的思想，谁也不愿意离开故乡。于是官府便实行强制办法，派官军毁庄稼、拆房屋，强行把广大群众驱赶出家园。因沿途没有很好的安排，致使老弱妇孺大批死亡，造成千万户家庭流离失所，家破人亡，从而迫使汉族人民也纷纷加入羌族起义的队伍之中。

永初六年（112年），滇零病亡，儿子零昌继承"天子"称号。因零昌年幼，由羌族酋豪狼莫辅佐。狼莫任用汉族起义军头领杜季贡为将军，要他镇守临时都城丁奚城（今宁夏吴忠境内）。次年（113年），汉廷重整旗鼓，调兵遣将，对起义军展开新的军事行动。首先由骑都尉马贤、侯霸率部向安定进攻。因占据今宁夏南部地区的羌族首领牢羌部几乎全军覆没，造成退居北地的零昌羌与陕甘各地诸羌的联系被切断。元初三年（116年），度辽将军邓遵率领汉军和南匈奴军万余骑，集中兵力攻打灵州（今宁夏吴忠市境内）的零昌部。次年（117年），任尚派刺客杀害杜季贡，又收买了效功羌酋豪号封，并让他刺杀了零昌。此时仍坚持战斗的狼莫部不得不从安定退到北地。狼莫在内无粮草、外无救兵的情况下，最后被打败在富平县（今吴忠境内）的黄河岸边。元初五年（118年），狼莫被暗杀，起义被镇压。这次起义历时11年，汉廷消耗经费高达240亿钱，大大加速了东汉王朝的崩溃。

汉顺帝永和四年（139年），羌人再次举行起义，参加起义的羌人主要是以且冻、傅难为主的几个部落，宁夏羌人积极投入到这一起义行列。他们攻打金城（今甘肃兰州），进军三辅（今陕西关中地区）。朝廷任命马贤为弘农太守，并兼任征西将军，率10万大军西进，在宁夏南部和甘肃东部与起义军展开大战。马贤为人残暴，造成上下离心离德，虽有10万人马，但战斗力不强。永和六年（141年），马贤父子在北地郡射姑山（今甘宁交界地区）被羌族军打败，死于战阵。同时，北地太守贾福、武威太守赵冲和安定太守郭璜三军均遭大败，造成西北诸羌的大联合，朝野一片惊恐,关中地区全面戒严。汉朝政府将安定太守郭璜处死,并再次把安定郡治迁往扶风(今陕西兴平境内),北地郡治迁往冯翊(今陕西大荔境内)以避羌人起义军的锋芒。今宁夏南北各郡县基本上都在羌人起义军势力控制之下。前后经过七年的反复较量,到汉安三年(144年),汉朝政府才在剿抚兼施的手段下,平息了这次羌人的起义,而国库又消耗了80多亿钱。

汉桓帝延熹二年(159年),羌族人民又举行第三次大起义。第三次羌人起义的规模比前两次更大,它是烧当、烧何、勒姐等部羌人的一次联合行动,战火从西北一直烧到晋陕北部。汉廷急忙起用安定属国都尉张奂、护羌校尉段颎和泰山太守皇甫规为统军将领,率军大规模西征。皇甫规在诸羌中享有威信,在他的软硬兼施和招抚之下,羌人20多万口纷纷放下武器归顺。而段颎一军则以屠杀为主,他认为羌人"狼子野心,难以恩纳,势穷虽服,兵去复劫。唯当长矛挟胁,白刃加颈耳"。他曾在安定、北地等郡血洗起义军,一直把起义军追到奢延泽(今陕西定边

射猎壁画

傅燮

境内)和贺兰山下的灵武谷,所到之处,凡遇羌人,无论男女老幼,一律杀光。又从贺兰山下,把羌人赶回到六盘山区,在逢义山、瓦亭山(均在今固原南部)集体杀俘八千余人。至此,羌人的第三次大起义也以失败告终。

在东汉末年的乱世之中,宁夏涌现出一批保家卫国、赤胆忠心的忠臣义士,著名的有祖籍安定乌氏(今宁夏彭阳县境内)的皇甫规、皇甫嵩,以及祖籍灵州的傅燮,其中又以傅燮为东汉时期宁夏籍人士中的骄傲。

东汉时期,北地郡灵州(今宁夏灵武市西南)傅氏家族是西北地区的一大望族。傅家的祖先远可追溯到殷商王武丁时代曾辅佐王室实现中兴大业的名臣傅说。到了两汉间,又出现了阳陵侯傅宽、义阳侯傅介子、高武侯傅善、孔乡侯傅晏、汝昌侯傅商、昆阳侯傅俊和东汉初的文学博士傅毅等名臣。傅氏家族历经起伏,传至东汉傅燮时,又重新崛起。尤其傅燮,一生爱国忠君,绝不与权奸沆瀣,誓死守节的高尚品格代代相传,史不绝书。傅燮的后世,傅家子孙渐渐散居到内地和江南,仍然是代有名人出。傅燮的儿子傅干曾担任过扶风(今陕西兴平东)太守。再往后世,傅家涌现出的名人还有三国时代的文学家傅巽、学者傅嘏;西晋时代的名臣傅咸、傅畅;南朝宋廷的宰相傅亮、宁朔将军傅弘之、御史中丞傅隆,南朝齐廷的庐陵王傅琰、南朝梁廷的南平侯傅岐、尚书傅昭,南朝陈廷的撰史学士傅縡、度支尚书傅淮等。隋唐以后,傅氏家族枝叶繁衍,遍布江河南北,大多数族人已丢弃了乡籍,宗亲见面已不再相识、相认了。

　　傅燮是东汉时期北地郡灵州人,字幼起,小时候就非常聪明,刻苦读书,品行端正。傅燮还有一个字号叫南容,据说小时候读书,当读到《论语》中的"南容三复白圭"一章时,被深深地打动,因此改字号为南容。"南容三复白圭"的典故出自孔子的弟子南容。南容读书时,读到《诗经·大雅·抑之》里的诗句"白圭之玷,尚可磨也,斯言之玷,不可为也",翻译过来的意思是:"白玉的瑕点,尚可磨去呀。这言语的污点,不可挽回呀。"南容被这几句话所感动,反复诵读了好几遍。孔子听到后,认为南容的品行,非常符合儒学"慎言""慎行"的要求,因为儒家的学问与学风是很注重言行一致、表里如一的。孔子认为南容是个君子,就把自己兄长的女儿嫁给了他。从改名字这件事来看,傅燮从小就树立了远大的志向,要做个言行一致、光明磊落的君子。傅燮从小就受到了良好的教育,他的老师是性格宽厚、政绩显赫、受宦官排挤的汉朝太尉刘宽。受老师的影响,傅燮也养成了胸怀宽广、不畏权贵的品格。

　　傅燮是个标准的美男子,据《后汉书》记载:他"身长八尺,有威容",意思是说傅燮是个身高一米八几的大个子,而且长得仪表非凡。傅燮年纪轻轻,就才华横溢、品德端正,被家乡父老称赞不已。北地太守范津是最早发现傅燮才干的伯乐,范律早就听说傅燮是个难得一见的人才,就推举他为孝廉,让他进京做官。在汉代,能被推举为孝廉是一件非常光荣而难得的事情,只有在乡间声望出众,品行突出的才德之士才能被推举为孝廉,这也是汉朝选拔人才的方法之一。傅燮被自己家乡的父母官慧眼识中后,正准备进京大展宏图、施展自己满腔抱负的时候,范津却病逝了。傅燮听说推荐自己的范律太守病逝的消息,非常难过,感到自己失去了一位良师和知己,就发誓为范律守孝三年,在三年内不进京当官,以报答范律的知遇之恩。这在全国激起了很大的反响,人们纷纷称赞傅燮为忠孝节义的典范。北地郡灵州贤士傅燮的名字从此名震天下,成为当时知识分子学习的楷模。

　　傅燮生活的年代正是东汉王朝最黑暗的汉灵帝时期,朝廷腐败,民不聊生,东汉王朝已经走到了崩溃的边缘。汉灵帝是个有名的昏君,他依靠宦官来治理国

家,当时以赵忠、张让为代表的十个宦官把持朝政,宦官因为常年侍奉皇帝左右,又被称为常侍。为了巩固自己的势力,这些宦官排斥正直的大臣,培植自己的私党,灵帝完全变成了傀儡。灵帝为了获得宦官势力的支持,竟无耻地说:"张常侍(张让)是我爹,赵常侍(赵忠)是我娘。"正是这样一位荒唐的皇帝,加上一群无恶不作的太监,把东汉王朝搞得大乱,社会危机日益深重,广大农民与豪强地主及封建国家的矛盾激化。老百姓生活不下去,纷纷起来反抗。"山雨欲来风满楼",一场波澜壮阔的农民大起义就在这种背景下逐渐酝酿成熟了。 时势造英雄,冀州巨鹿(今河北平乡西南)人张角,目睹广大民众在东汉王朝暴政统治下的悲惨境况,义愤填膺,决心通过武装起义的途径,来改变这一局面。张角自称"大贤良师",创立了太平道,以画符诵咒行医治病,在贫苦农民中宣传原始道教的平等思想,鼓动民众起来反抗暴政。东汉中平元年(184年)张角率众起义,东汉王朝陷入了农民战争的怒潮中。为了镇压这场规模宏大的起义,汉灵帝连忙调兵遣将,任命时任北地郡太守的名将皇甫嵩为左中郎将,率军进攻黄巾起义军。皇甫嵩是安定朝那人,也就是今天的宁夏彭阳县人,是著名医学家、文学家皇甫谧的曾祖。皇甫嵩在任北地郡太守时,就听闻傅燮的大名,此次出兵,他主动向朝廷请求任命傅燮担任护军司马的官职,也就是当皇甫嵩的参谋长,可见皇甫嵩对傅燮非常器重。傅燮此时已为范津守孝期满,立即开始了他为国效命的历程。在东汉王朝行将灭亡之际,率军平叛,力挽狂澜的两位主将都是宁夏人,无疑是宁夏一段令人骄傲的历史。

傅燮作为一个正直的大臣,早就对宦官专政愤恨不已,知道天下大乱的祸源正始于此。于是,临出征前,傅燮向汉灵帝呈递了一份奏章,指出黄巾起义爆发原因在于宫中宦官,痛斥宦官专权的弊端,傅燮在奏章中这样写道:

臣闻天下之祸,不由于外,皆兴于内。是故虞舜升朝,先除四凶,然后用十六相。明恶人不去,则善人无由进也。今张角起于赵、魏,黄巾乱于六州。此皆衅发萧墙,而祸延四海者也。臣受戎任,奉辞伐罪,始到颍川,战无不克。黄巾虽盛,不足为庙堂忧也。臣之所惧,在于治水不自其源,末流弥增其广耳。陛下仁德宽容,多所不忍,故阉竖弄权,忠臣不进。诚使张角枭夷,黄巾变服,臣之所忧,甫益深耳。何者?夫邪正之人不宜共国,亦犹冰炭不可同器。彼知正人之功显,而危亡之兆见，皆将巧辞饰说，共长虚伪。夫孝子疑于屡至，市虎成于三夫。若不详察真伪，忠臣将复有杜邮之戮矣。陛下宜思虞舜四罪之举，速行谗佞放殛之诛，则善人思进，奸凶自息。臣闻忠臣之事君，犹孝子之事父也。子之事父，焉得不尽其情？使臣身备鈇钺之戮，陛下少用其言，国之福也。

这份奏章被宦官赵忠看到后，非常愤恨，他对傅燮这样正直的大臣又恨又怕，必欲除之而后快。就算不能除掉傅燮，也要让他一辈子当不了官。傅燮协助皇甫嵩镇压了黄巾起义军，挽救了东汉王朝覆灭的命运，立了大功。但傅燮的奏折触怒了当权的宦官，赵忠、张让等人极力在灵帝面前说傅燮的坏话，灵帝虽然昏庸无能，但也知道傅燮所说的都是忠言，所以对傅燮这样的大功臣既没有封赏也没有降罪，只是给了他一个安定郡都尉的小官，把傅燮打发了。对于这样一个结果，当权的阉宦们还是不满足，后来找了个借口，说傅燮身体不好，让他辞职回家休养去了。

黄巾大起义虽然暂时被镇压下去了，但此时的西北却又再起战乱。在全国农民大起义风暴的带动下，西北一带的少数民族发动了新的起义。由于黄巾起义的缘故，西北官兵大批东调，防务一时空虚，于是北地郡境内的先零羌和枹罕（今甘肃临夏）、河关（今青海贵德境内）等处羌胡少数民族推举胡人北宫伯玉为首领，乘机举兵起义。羌胡起义军拥戴金城（今甘肃兰州）名士边章、韩遂为军政正副指挥，积极开展攻城略地，杀金城太守陈懿、护羌校尉冷征等地方官，使得今甘肃境内大部分地区成为起义军的天下。起义军先后打败东汉政府派来镇压的董卓、皇甫嵩、张温等大将，甚至进军关中，与汉军激战。

动荡的西北局势使得东汉政府焦头烂额，无法应付。为了镇压起义，东汉政府再次起用了一些有才能的大臣，傅燮也被征召担任了议郎的官职，成为朝廷的重要谋臣。为了平息凉州的战火，东汉政府耗费了大量的财力、物力，还是没有把起义镇压下去，反而让义军进逼关中，呈越发严重的态势。在这种局面下，朝廷内部开始漫延着一股弃守凉州的论调，特别是以位居司徒要职的大臣崔烈为首的一批人，劝说灵帝放弃凉州这样一块西北要地，把西边防线收缩到关中，以缓解当时的紧张局面。对此，汉灵帝也处于想守守不住、想战打不赢的境地，只好下令让文武百官们聚集在朝堂上商量办法。皇宫大殿内，文武百官们议论纷纷、毫无

羌族烽火遍宁夏
傅燮追封壮节侯

头绪,司徒崔烈还在滔滔不绝地讲述弃守凉州的必要性。皇帝宝座上,汉灵帝眉头紧锁,无计可施。就在众人就弃守凉州互相争论的时候,一个洪亮的声音在朝堂之上回响:"请陛下将司徒崔烈斩首!天下才能安定!"这句话就像一声炸雷,朝堂上顿时变得鸦雀无声,大家把惊讶的目光投向了说话的大臣。这个大臣不是别人,正是傅燮。

汉灵帝听到傅燮居然提议杀掉提议弃守凉州的司徒崔烈,也吃了一惊,急忙问傅燮:"傅议郎有什么好办法吗?"傅燮大义凛然地说:"汉高祖刘邦在位时,匈奴横行北方,无人能敌。将军樊哙请求率兵十万,进击匈奴,以匈奴的强盛,比现在起兵的羌胡强盛多了,樊哙尚且要求决一死战,而将军季布认为樊哙在说大话,应该斩首。樊哙也是大汉的臣子,因为说空话就被其他大臣认为应该斩首,现在司徒崔烈位列三公之职,还比不上一个说大话的樊哙,居然不想抵抗就弃守国土,对于这样的无能之辈、卖国之臣难道不应该斩首吗?凉州处于国家最紧要的

贺兰山

边防重地,武帝时期就派兵攻打匈奴,占据河西,使得羌胡与匈奴不能互通声气,西域才得以畅通无阻。现在国家战乱不休,凉州叛军难以平定,天下百姓都为之骚动,陛下您也为了凉州的事情睡不着觉。崔烈位列三公,不想着为国家分忧,为皇上解难,反而想着如何割弃这一祖宗用鲜血换来的国土。我私下里感到非常愤怒困惑。假如让反叛的羌胡军队占领这块军事要地,利用凉州兵精粮足、民众强悍善战的优势来祸乱天下,这无疑是国家面临的最困难的局面。对于这样的危局,崔烈却不知道,那是他无能。如果他知道却不向陛下讲明,那是他不忠不义,对于这样不忠不义的无能之辈难道不应该斩首示众吗?"

　　傅燮的一番话说得满朝文武都不敢言语了,司徒崔烈吓得汗流浃背,不住地擦汗。汉灵帝听到傅燮的话,也非常感动,认为傅燮是个有胆有识的杰出人才,当场夸奖傅燮有勇有谋。以后每当有重要的事情商议,都请他参加,朝臣们也都非常敬佩他的率直和胆识,傅燮从此成为朝臣中的佼佼者。

傅燮得到汉灵帝的赏识后,原来诬陷他的宦官们对他又怕又恨,但傅燮的声望一天比一天高,加害他无疑会引来天下所有正直人士的反对,于是一些奸臣便想办法用高官厚禄拉拢他,使傅燮成为和他们沆瀣一气的人。此时,宦官赵忠已经升官当了车骑将军,是受皇帝诏令嘉奖讨伐黄巾起义有功的大臣。一个叫甄举的大臣对赵忠说:"傅燮以前跟随皇甫嵩讨伐黄巾军,有功劳却没有封侯,使得天下人都很失望。现在将军您是朝廷的重臣,必须选拔贤能,才能得到天下人心。"赵忠此时也装出一副礼贤下士的虚伪模样,让他的弟弟、城门校尉赵延去拉拢傅燮。赵延带上重礼到傅燮家拜访,对傅燮说:"赵常侍非常欣赏先生的才德,一直想提拔重用您。这次派我来,就是想让我告诉先生,只要先生能归附赵常侍,那么赵常侍一定会报答您。到那时候,就算是封为万户侯也是轻而易举的事情。"傅燮面容严厉地拒绝了赵延的拉拢,说道:"当官不当官,这都是命运,有功劳没有得到封赏,这都是个人的造化,我傅燮岂是贪图荣华富贵、依附权贵的人!"赵延回去把傅燮的话转告给了赵忠,赵忠更加恨傅燮不为其所用。但是又害怕傅燮崇高的名望,不敢贸然加害他,朝中一些权贵大臣也忌惮傅燮的正直无私,傅燮最终无法在朝中做官,被排挤到了汉阳当太守。当时的汉阳郡是凉州刺史的驻地,是西北起义军重点进攻的目标,而且城内防守空虚、兵力薄弱,赵忠之流此时派傅燮去当汉阳太守,无疑是想借西北羌胡义军之手杀死傅燮这个眼中钉。可是傅燮并没有推辞,他毅然赴任,来到了旦夕不保的汉阳郡。

早在汉武帝时候,设河西四郡,汉阳郡就是其中之一,汉阳郡治设在冀城(今甘肃甘谷县),由于汉朝政府的招抚,很多羌人开始内迁与汉人杂居。傅燮任太守的汉阳郡也是羌人的聚居地区。因为汉灵帝朝政腐败,官吏欺压盘剥百姓,引起羌人反抗。傅燮善于体恤人民,他到汉阳以后,采取宽松的政策,不实行镇压,而是减轻百姓的负担,特别是善待并抚恤羌人,使他们非常感动,逃亡的羌人得知汉阳郡派来了德高望重的傅燮,纷纷前来归附。于是,傅燮进一步组织羌汉人民开荒种田,既解决了军粮供应问题,也减轻了羌人的负担,受到羌人的欢迎。这样,就使动乱的地区安定下来,各民族和睦相处,安居乐业。

但傅燮的努力并没有挽救凉州失守和东汉朝廷灭亡的命运,汉灵帝中平三年(186年)冬,边章、韩遂起义军发生内讧。韩遂不仅袭杀了发动起义的北宫伯玉、李文侯,还袭杀了与自己一起参加起义的边章。中平四年(187年)三月,韩遂率领十余万人马包围了陇西郡治狄道(今甘肃临洮县),郡太守李相如不战而降。凉州刺史耿鄙得知陇西郡失守后,立即统领凉州六郡兵马西征韩遂。

耿鄙虽然兵马众多,但却不会用人,他手下的官员程球是一个贪利忘义的小人,凉州人都很怨恨程球。凉州六郡的士兵只是临时招集起来的,并没有太强的战斗力。傅燮知道耿鄙此次出征凶多吉少,便劝说耿鄙不要出兵,在给耿鄙的信中,傅燮说道:

使君统政日浅,人未知数。孔子曰:"不教人战,是谓弃之。"今率不习之人,越大陇之阻,将十举十危,而贼闻大军将至,必万人一心。边兵多勇,其锋难当,而新合之众,上下未和,万一内变,虽悔无及。不若息军养德,明赏必罚。贼得宽挺,必谓我怯,群恶争势,其离可必。然后率已教之人,讨已离之贼,其功可坐而待也。今不为万全之福,而就必危之祸,窃为使君不取。

可惜的是,傅燮的忠言没有得到耿鄙的采纳,他坚持率军西征。祸乱果然像傅燮预料的那样发生了。这年四月,耿鄙率军到达狄道,但军队内部发生了叛乱,叛军和韩遂联合,把程球、耿鄙抓起来杀掉了。韩遂引军向东,包围了汉阳太守傅燮防守的冀县。与此同时,凉州司马马腾拥兵响应起义军,与韩遂会合。他们还共同推举王国为领袖,称"合众将军"。

傅燮知道叛军杀掉耿鄙后,一定会前来攻打防守空虚的汉阳城,但他并没有惊慌,而是率领仅有的一点兵力进行积极的防守。进攻汉阳郡的叛军中,有北地郡的羌胡数千人,由于平素知道傅燮的为人,感念他的恩德,不愿意他白白送死,都跪在城外向城头上的傅燮叩拜,请求送他回到北地灵州家乡去,不要为腐朽的东汉王朝殉葬。傅燮却断然拒绝。傅燮的儿子傅干年仅13岁,也跟着他一起防守汉阳城,傅干知道父亲平素性格刚烈,不可能忍辱偷生、放弃守城,便哭着求父亲:"国家昏乱到这个地步,使得像您这样的忠臣义士不被容纳于朝堂。现在天下人都起来反抗朝廷,这里的兵力又不足以防守。家乡的羌胡族人因为感念您的恩德,不想让您白白在这里送死,想护送您弃城而去,回到家乡灵州。我恳求您答应他们的请求。您回到家乡后,可以率领灵州的义士,辅佐德能兼备的国君,以实现您济世安民的抱负。"

傅燮望着年幼的儿子，心如刀绞，他呼唤着儿子的小名，叹息道："别成，你知道为父是必然要死在这里的。商纣王那样的暴君还有伯夷那样的臣子为他饿死在首阳山，宁死也不食周粟，孔子称赞伯夷是贤人。况且当今皇帝虽然昏庸，还达不到商纣王那样残暴的程度，我立志要像伯夷那样，做一个志行高洁的贤士。国家乱到这步田地，我作为一个臣子怎么可以避乱求得自身安全呢？我意已决，一定要和汉阳城共存亡。你还小，没必要和为父一起殉难，将来你要继承为父的志向，成为有用之才。"

傅燮转过头对主簿杨会交代："我死之后，你负责把我儿子送回家乡灵州去，你就是我傅家的程婴，我就把我的幼子托付给你了。"说完后，傅燮哭得再也说不出一句话了。傅干、杨会和在场的将士们都放声大哭。

傅燮交代完后事后，率领手下残余的士兵打开城门，向着城外的敌阵冲去。傅燮战死了，但他的英名却为灵州人民世代传诵。傅燮死后，朝廷追封他为壮节侯，以表彰他为国献身、不惧危难的可贵品德。

傅燮的儿子傅干在主簿杨会保护下回到灵州故里，后来也成为名臣，官至扶风郡（今陕西兴平县）太守。他的孙子傅玄是晋初著名的文学家，历任御史中丞、太仆、司隶、校尉、驸马都尉等官职，为官清廉，受到人们的尊敬。傅玄博学能文，曾参加撰写国史《魏书》，又著《傅子》数十万字，评论诸家学说及历史故事。以后傅氏家族还出过许多名人，傅氏家族的许多名人都被宁夏地方志书收录。

布衣名士皇甫谧
乱世忠臣张士彦

甲乙经

古老的中华文明给子孙后代留下了大量的宝贵精神文化财富。当现代社会的人们不幸被疾病折磨的时候,中医往往用针灸进行治疗,那一根根纤细的银针,通过固定的经络穴位扎入人体,使人们减轻病痛,恢复健康,让人们感受到中华医术的博大精深与神奇玄妙。另外,熟悉古典文学知识的人往往都听说过"洛阳纸贵"这个成语。针灸术和"洛阳纸贵"成语的典故都和一位宁夏籍的大才子皇甫谧有关。下面我们就来了解一下这位东汉到魏晋著名的文学家、诗人、历史学家、教育家和针灸医学家皇甫谧的传奇人生吧。

皇甫谧的家乡在今天固原市彭阳县境内,此地在汉代属于安定郡朝那县,朝那县旧址就在今天彭阳县古城镇,其遗址今天依稀可辨。古老的朝那县因为境内有著名的湫渊而成为中央王朝祭祀的场所,这块黄土高原上的绿洲盆地位于六盘山东麓。

皇甫谧

六盘山的怀抱里孕育出一代代英才名士，其中最著名的就是皇甫谧。皇甫谧家族是汉朝至魏晋时期西北的名门望族，皇甫谧的七世祖皇甫棱出任过汉朝的度辽将军，六世祖皇甫旗为扶风都尉，五世祖皇甫节为雁门太守，皇甫节的弟弟皇甫规是平定羌族起义的著名将领，他坚决反对滥杀无辜的羌族百姓，认为羌族起义都是地方官吏横暴贪腐、欺压良善引起的，他主张对羌族进行安抚，先后招降羌族各部十余万落，是东汉末年的"安羌名将"。皇甫谧的曾祖父皇甫嵩是镇压黄巾起义的悍将，因镇压得力，被封为太尉。但皇甫嵩死后，皇甫氏家族开始没落。皇甫谧的祖父皇甫叔献当过霸陵令，父亲皇甫叔侯仅举孝廉。这是因为东汉末年和三国时期的连年战乱与权力更替，使累世为官的皇甫家族受到了沉重打击，到了皇甫谧的祖父和父亲这辈的时候，皇甫家族已经衰落不堪，沦落为一般的平民布衣之家。一代才子皇甫谧就诞生在这个世局动荡和家道中落的环境里。皇甫谧幼时母亲去世，过继给叔父做儿子，被迫离开家乡朝那县，跟随早年移居新安（今河南渑池境内）的叔父务农谋生。

皇甫谧虽是一代才子名士，却大器晚成。少年时代的皇甫谧对学业根本不感兴趣，天天游手好闲，虚度时光。《晋书》里说皇甫谧"年二十，不好学，游荡无度，或以为痴"。就是说皇甫谧直到20岁时还不喜欢读书，整天游荡玩乐，人们还以为他是个不懂事理的傻瓜。但他对叔父叔母非常孝顺，而叔母看到他天天无所事事,非常焦急。有一天,皇甫谧看到自家种植的瓜果成熟了,就采摘了一些送给叔母吃。他的叔母心痛地流着眼泪说:"《孝经》上说,用牛、羊、猪三牲供养父母,还算不孝,何况你只是送来些瓜果呢?你今年都二十出头了,却还整天不务正业,游手好闲,忘却礼义之教,不思正道,怎么能让我安心呢?过去孟子的母亲三次搬家而使孟子成为贤人,难道是我没有选择好邻居或者对你的教育有所缺失吗?端正品行,深研学问,是你自己得益,并不是为人父母要得到多少好处。你有孝心很好,但是男儿生于天地之间,当有所作为,不能虚度时光。如果你真的孝顺我,那你就要认真读书,做一个有益于国家的人,那样我才安心。"时年20岁的皇甫谧听了叔母的话,震动很大,从此改掉了游荡无度的恶习,开始专心于学业。白天他照常到田间劳作,夜晚秉烛夜读,不辍寒暑,经过刻苦攻读诗书典籍,皇甫谧成为学富五车的大学者。根据《晋书·皇甫谧传》的记载,皇甫谧读书已经达到了手不释卷的痴迷境界,被当时的人称为"书淫"。皇甫谧几乎阅遍了家乡周边一带所能找得到的经史典籍。为了找到新书看,他给晋武帝司马炎上表,请求皇帝赐书给他看,司马炎被他这种好学的精神深深打动,专门派人送了一车书给他,一个布衣读书人向皇帝借书看,又得到了当朝皇帝的重视,成为中国历史上的美谈。皇甫谧42岁时,不幸得了半身不遂的风痹症。就是这种病困交加的艰难岁月里,他还是手不释卷,披阅不怠,时常读书到深夜。家人和朋友看在眼里,痛在心里,时常劝他:"你现在身体都成这样了,何必再辛苦读书呢?读书既损耗心力,又不利于身体健康的恢复,还是少看些书,多养养身体要紧。"皇甫谧听到这些话,感叹地说道:"孔子曰:'朝闻道,夕死可矣',早上听到真正的知识和学问,晚上就算死也值得了。圣人都这么说,何况我们这些凡夫俗子呢?个人的生老病死、寿命长短都是老天安排好的,何必要惧怕死亡而不肯读书呢?"

皇甫谧大约在40岁时,回到了故乡朝那县,开始著书立说,教书育人,当时很多有才华有抱负的年轻人纷纷慕名来投,跟随他学习儒家经典,他的学生中很多人后来都成为品学兼优的社会精英,据《晋书·皇甫谧传》记载,其中有"挚虞、张轨、牛综、席纯,皆为晋名臣"。张轨更是魏晋"五胡乱华"时期的中兴名臣,也是前凉政权的奠基者,为西北的稳定和开发做出了杰出的历史贡献。

因为杰出的学术成就和优秀的品德,皇甫谧的声望越来越大,成为当时的"名士"和"高人"。魏晋时期,是中国士族门阀政治盛行的历史阶段,统治者为了维持特权集团利益,严格推行"九品中正制",根据出身和家世来选拔官吏,只要出身士族豪门,就算是草包饭桶却是"不行也行",照样能当上大官,享受优厚的俸禄,而一般的平民百姓和中下级地主子弟,却因为家世低微,就算很有才华还是"行也不行",仍然难以被重用。然而皇甫谧的出身好,世代官宦、是三陇名门望族;有能力,是大学者和社会知名人士,这样的优越条件,当然是统治阶级选拔的理想人才。但是品行正直的皇甫谧对这种腐败黑暗的政治制度非常厌恶,不愿意和尸位素餐的统治阶级合作。当朝的权贵多次想请他出来做官,用优厚的待遇诱惑他,都被他拒绝,就连晋武帝司马炎都亲自下求贤诏,邀请他做官,也被他以身体多病婉言谢绝。对于这种愤世嫉俗的处世作风,家乡的父老乡亲还有他的门生弟子都不太理解,纷纷劝他做官,为社会多做一些事情。为了表白自己的心迹,皇甫谧先后撰写了《让征聘表》《释劝论》《答辛旷书》《玄守论》等文章,来表明自己决心归隐山林,著书立说,洁身自好,绝不与官僚集团同流合污的志向。

皇甫谧虽然学识渊博,但为人和善,对后辈爱护有加,特别是对一些出身贫寒、才华出众的年轻人,往往与他们结为忘年之交,甘做他们学术上进步的铺路石。中国古代有个著名的成语"洛阳纸贵"就反映了皇甫谧的崇高品德。西晋太康年间文学家左思,他曾做一首《三都赋》,就是得到了皇甫谧的赏识而名扬天下的。如果没有皇甫谧这位"伯乐"慧眼识才,恐怕《三都赋》可能会成为一堆废纸,不得流传。

据《晋书·左思传》记载:左思身材矮小,貌不惊人,说话结巴,显出一副痴痴呆呆的样子,就连他的父亲左雍也看不起他,时常对朋友们说:"左思虽然成年了,可是他掌握的知识和道理,还不如我小时呢。"左思不甘心受到这种鄙视,开始发愤学习。他读东汉班固写的《两都赋》和张衡写的《两京赋》,虽然很佩服文中的宏大气魄、华丽的文辞,可是也看出了其中虚而不实、大而无当的弊病。他决心依据事实和历史的发展,写一篇《三都赋》,把三国时魏都邺城、蜀都成都、吴都南京写入赋中。为写《三都赋》,左思收集大量的历史、地理、物产、风俗人情的资料,大量的书和资料堆满了屋子。收集好后,他闭门谢客,开始苦写。他在一个书纸铺天盖地的屋子里昼夜冥思苦想,常常是好久才推敲出一个满意的句子,就连上厕所的时候突然有了灵感,也立即写下来。经过十年,这篇凝结着左思甘苦心血的《三都赋》终于写成了!可是,当左思把自己的文章交给别人看时,他却受到了讥讽。当时一位著名文学家陆机也曾起过写《三都赋》的念头,他听说名不见经传的左思写《三都赋》,就挖苦道:"不知天高地厚的小子,竟想超过班固、张衡,太自不量力了,我看他写成的东西只配给我用来盖酒坛子!"

左思不甘心自己的心血遭到埋没,找到了著名文学家张华。张华逐句阅读了《三都赋》后称赞道:"文章非常好!那些世俗文人只重名气不重文章,他们的话是不值一提的。皇甫谧先生很有名气,而且为人正直,让我和他一起把你的文章推荐给世人!"左思得到张华的肯定,恢复了几分信心,但也非常忐忑不安,名重天下的皇甫谧先生会看上自己的文章吗?带着张华的推荐信和《三都赋》,左思硬着头皮前去拜访皇甫谧。

皇甫谧看过《三都赋》以后,不禁对这个相貌平平的年轻人刮目相看,他丝毫也没有大学者的架子,和蔼地说:"你这篇文章写得很好,已经超过了前代所写的《两都赋》,可惜现在的人不识货,只重视门第和出身。我准备给你这篇《三都赋》写篇序言,以我的名气和声望,没有人再看不起你这篇文章了。"说完提笔就为左思做了一篇《三都赋》序。左思的《三都赋》经过皇甫谧做序后,很快风靡了京都,

固原须弥山石窟

懂得文学之人无不对它称赞不已。甚至以前讥笑左思的著名文学家陆机听说后，也细细阅读一番点头称是，连声说：":写得太好了，真想不到。"他断定若自己再写《三都赋》绝不会超过左思，便停笔不写了。由于名扬天下的大学者皇甫谧的推荐和赐序，原本不被重视的《三都赋》红极一时，左思本人也一鸣惊人，成为一代文学大家。《三都赋》在都城洛阳被人们疯狂热捧，颇有点莫言得了诺贝尔文学奖的感觉。无数的达官贵人、平民百姓竞相抄阅由皇甫谧作序的《三都赋》，洛阳城里的纸张一下子被抢购一空，就算有千两黄金，也无处购买，这就是"洛阳纸贵"成语典故的由来，皇甫谧爱才惜才，帮助寒士的可贵品德和《三都赋》的佳作一起流芳百世。

多才多艺、兴趣广泛、博览群经的皇甫谧一生勤于笔耕，可谓硕果累累、著述等身，所涉及的学科领域也很广泛，特别是在文学艺术、历史研究方面，留下许多著名作品，如文学类的诗、赋、诔(哀文)、颂等，政治类的论(政论文)、难(疑问文)等；史学类的《帝王纪》《年历》《高士传》《列女传》《玄晏春秋》等，都是他给后人留下的宝贵财富。尤其他长于考证，精于史学，他的《帝王世纪》十卷是专述帝王世系、年代及事迹的一部史书，所叙上起三皇，下讫汉魏。内容多采自经传图纬及诸子杂书，载录了许多《史记》及前后《汉书》阙而不备的史事，是继司马迁《史记》之后，第二部整理历代帝王世系的历史书典，对三皇五帝至曹魏数千年间的帝王世系做了较为详尽的考证和整理，把上古历史从司马迁的"五帝时代"上推到了"三皇时代"，把中国历史起源提前了数千年。对黄帝以前上古时期的重大历史事件做了较为详尽的考证和记载，突破了史前史的研究领域，保存了许多有价值的历史资料。在采用总结前人历史史料的基础上，对《史记》等前人叙述不详的历史事实，尤其是三皇五帝的世系及社会活动等重大问题进行了考证和补充。这部著作在中国古代史学史上具有重要地位，其历史价值不可小觑，是后代史家们珍贵的参考资料。

在哲学方面，皇甫谧具有朴素的科学唯物辩证的思想。他主张"薄葬"，认为人死后神形分离，根本没有鬼神之说，厚葬没有必要，反而会招来盗墓贼，使棺木毁坏，尸骨无存，所以他要求自己的子女，当自己死后，早晨咽气，晚上入土，晚上咽气，次日晨下葬，不要另做新衣(老衣)，也不要停灵多日进行吊唁。这在一千八百年前的古代是很超前的思想。

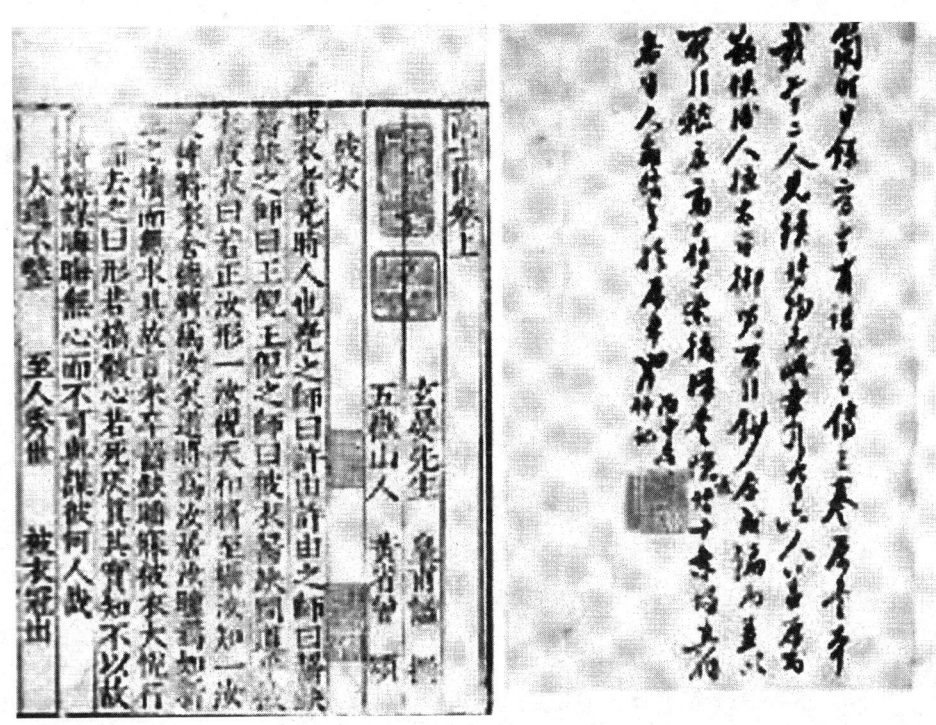

高士传

除了文史方面的成就外,皇甫谧还是一位医术精湛的医学大家,被称为中华医学界的"针灸鼻祖",皇甫谧之所以能成为一位医学大师,和他的个人经历有着很深的关系。皇甫谧由于长期刻苦读书,钻研学术,中年不幸患上了严重的风湿病,病痛的折磨使他的身心备受摧残,在长期与病魔作斗争的过程中,皇甫谧深刻认识到古代医术还有很多不足之处,还需要认真进行总结和完善,他开始认真钻研魏晋以前医药学和针灸学领域的医学知识,试图找到治疗风湿病的良方,他将《素问》《针经》《明堂孔穴针灸治要》等书加以综合比较,总结其中的医学精华,删除重复错乱的地方,并结合自己的行医实践,特别是自疗的体验,终于编写出了一部针灸学巨著《黄帝三部针经》,又称《针灸甲乙经》,共12卷,128篇,书中详载涉及9个经穴部位和主治疾病、针刺分寸等方面的内容。皇甫谧的《针灸甲乙经》被人们称为"中医针灸学"之祖。后代医家把《针灸甲乙经》当做必读书籍,精心研读,唐代宫廷太医把它作为教材。《针灸甲乙经》在国外也产生了巨大的影响,深受各国针灸医学界的高度重视,至今仍然被各国医学界所推崇。《针灸甲乙经》是我国现存最早的一部理论联系实际的针灸学著作,它的问世,标志着系统的、规范的针灸学的诞生,在中国医学史尤其是针灸学史上具有划时代的重大意义。

西晋太康三年(282年),皇甫谧在故里病故,享年68岁,他的两个儿子皇甫童灵、皇甫方回遵照他"薄葬"的遗嘱,"不封不树"(不修墓丘,不立墓碑),把他的遗体安葬在家乡朝那的土地上,一代名士皇甫谧虽然没有留下墓冢,但他却和宁夏的热土紧紧地融合在一起。

无独有偶,在晋代,安定郡乌氏县除了皇甫谧之外,还出了一位赤胆忠心、拥戴晋室的著名大臣张轨,张轨是前凉政权的奠基者,在中原大乱、群雄蜂起、五胡乱华之际,他毅然举起拥护晋室正统的大旗,团结凉州河西的汉族百姓,保境安民,抵御外敌,使河西之地成了乱世中的一叶孤舟,经济文化发展达到了新的水平。

张轨(254—314年),字士彦,安定乌氏(今固原市彭阳县古城镇)人,据说是西汉初年常山景王张耳的十七世孙。在汉魏时期,张氏和皇甫氏一样,都是乌氏数一数二的名门望族,张氏是一个以儒学传家的宗族,张轨家族数代都被举为孝廉,征召为官。张轨的祖父张烈,在曹魏时为外黄县(治今河南省杞县东)县令。父亲张温,官至太官令,张轨的母亲出自陇西大族辛氏,所以张轨一出生就拥有很高的社会地位。魏晋时期实行九品中正制,一个人的品第高低,与他的出身门第及官位密切相关。晋代名臣、著名文学家张华曾亲自推荐张轨入仕,把他列为二品。这已经是当时士族阶层所能取得的最高品位了。因为当时品第虽有九等,类别却只有二。一品徒有其名,其实根本没有人能得到,所以二品算最高。张轨年轻时曾经和当时任中书监的著名文学家张华谈论经史和国家大事,张华非常器重这个年轻人,感慨地说:"张轨是安定郡读书人的翘楚,我认为他的品行和才能足能称得上是二品中的精英人才了。我看可以称他为'二品之精'。"可见,在晋代那个门阀士族占据统治地位的贵族社会里,张轨也算是一个出类拔萃的人才,年纪轻轻就拥有了很高的社会声望和地位。

张轨的父亲张温因为担任太官令,也就是宫廷内负责皇帝饮食的官员,就必须要到京城洛阳去居住,张轨一家从此搬离了乌氏老家,来到了洛阳城。根据《晋

张 轨

书》记载:张轨小时候非常聪明,勤奋好学,为人大度,体态端正,可谓是知识分子的典范。张轨和同为安定乌氏人的著名文人皇甫谧关系非常好,经常一起谈经论道、吟诗作画,为了躲避世俗的干扰,他们相约一起隐居于今河南宜阳县西面的女儿山。

　　隐居的张轨声望日益高涨,朝廷对他也非常重视。晋惠帝即位时,张轨已经做到了散骑常侍、征西将军司马之类的高官,是一位颇有权势的人物了。张轨从小在安定郡乌氏县长大,对西北地区非常了解,担任征西将军司马时,又多次随军去河西凉州一带征讨叛逆,使他对凉州这块美丽富饶的土地产生了浓厚的兴趣,有了更多的了解。张轨非常钦佩东汉初期的著名凉州将领窦融,认为窦融对河西凉州的历史贡献非常大。窦融在王莽篡夺西汉政权的时候,预感到天下将要大乱,便请求王莽派他出镇河西凉州,担任张掖属国都尉,他在河西据境自保,不参与中原战事,还联合梁统等正直的大臣,一同治理河西,使河西继续保持着和平和安定。窦融还采取灵活的策略,先是假意依附割据天水的隗嚣,后来见光武帝刘秀才能出众、号令严明,用兵如神,知道此人必将成为九五至尊,便和刘秀联络,准备归降。刘秀知道凉州富庶繁华、兵强马壮,对窦融的归降非常高兴,封窦融为凉州牧、安丰侯,窦融成为助刘秀建立东汉政权的功臣"云台二十八将"之一。对于这样在乱世之中建功立业、忠心为国的著名大臣,张轨十分敬重。他知道

当时的晋朝已经开始快速衰败,晋惠帝本身就是一个弱智皇帝,皇族内部争权夺利,互相残杀,终于酿成著名的"八王之乱",天下必将再一次陷入血雨腥风当中。为了保全自己的身家性命,也为了在乱世中建立伟大的功业,张轨决定以窦融为榜样,出镇河西凉州,保境安民,等待中原战乱平息后,重新归降晋室明主。在那样的时代,张轨有这样的敏锐见解,可见他确实是不一般的人才。

凉州之名是从汉武帝开始的。《通典》记载:"汉武帝置十三州,以其地西偏为凉州。盖以地处西方,常寒凉也。"西汉时凉州的范围大概包括现在甘肃全省以及宁夏回族自治区、青海省、内蒙古自治区的一部分。东汉因循西汉旧制没有改动。到汉献帝时,曾一度复设雍州,从陕西关中西到西域都属于雍州。曹魏时,又分河西之地为凉州。西晋时沿袭曹魏旧制,使凉州成为当时全国十九州之一。但西晋时的凉州比两汉时的凉州要小,仅包括今天甘肃省兰州市以西的河西走廊的全部以及青海的一部分。

河西地区是一个民族众多且互相杂居的地方,自西汉在河西设立四郡以来,汉王朝就不断地向这里移民实边,开发边疆,使这里的农业、畜牧生产有了长足的发展,成为牛羊遍地、瓜果飘香的繁庶之地。凉州地区不仅居住着大量的汉族人民,而且还有原来居住在这里的匈奴、氐、羌等少数民族人民。到了西晋初期,原来居住在东北地区大兴安岭的鲜卑族也开始移居河西,这就是历史上所谓的"河西鲜卑"。魏晋时期,凉州一带的官吏对少数民族非常残暴,激起了一次又一次大起义。特别是魏晋时期凉州鲜卑秃发树机能的起义,前后经历了整整十年之久,使得西晋政府与凉州的联络一度中断,后来在西晋政府的强力镇压下,才勉强平息。张轨正是看到了中原即将大乱,凉州地方偏远、安定,才想到要效法东汉初年的窦融,出牧河西、保全宗族。他向晋惠帝请求说:"凉州地处偏远,民族关系复杂,请陛下准许我担任凉州刺史,我一定好好治理这个地方,不让陛下担忧。"晋惠帝早就想派一个有才干的大臣出镇河西,好好治理下这个不断出乱子的地方,听到张轨毛遂自荐,十分高兴,当即答应了他的请求,派他担任护羌校尉、凉州刺史。

晋惠帝永宁元年(301年),张轨正式出任凉州刺史。他刚一到任,就显示出卓越的政治才能。张轨初到凉州时,鲜卑起义还时有发生,地方上也是治安混乱、盗贼横行,张轨亲自率领官军出击,讨伐鲜卑叛军,斩首万余级,把叛乱镇压了下去。地方上的治安状况也大有好转。张轨成为"威著凉州、化行河右"的封疆大吏。张轨在凉州正式占稳了脚跟,为张氏在凉州的统治打下了基础。

张轨出镇凉州不久,就如他预料的那样,中原陷入了无穷无尽的战乱之中。关东地区"八王之乱"愈演愈烈。西晋诸王的军队到处抢劫和屠杀,使中原地区遭到了前所未有的破坏。西晋诸王为了争夺最高统治权,不惜引狼入室,勾结少数民族贵族参与混战,以致造成中原地区"血流成河、白骨蔽野"的悲惨景象。这时北方一些少数民族贵族看到中原战乱不宁、有机可乘,便公开打出了反晋的旗号,建立大大小小的政权,扩大势力范围,南下向中原地区进攻。在这种内乱外患交替的乱世中,西晋王朝对地方的统治力被大大削弱了,政令往往成了一纸空文。各地方的刺史、州牧拥兵自重,割据称雄,不再听从中央指挥。在这种困难的局面下,张轨毅然举起了拥护中央王朝的大旗,他采取了各种形式和手段,尽心尽力地为晋室效力,支持维护中央王朝的统一局面。早在"八王之乱"刚爆发的时候,为了支持中央削平叛乱,张轨就曾派兵三千,入援洛阳,支持西晋中央。晋惠帝永兴二年(305年),陇西太守韩稚擅自杀害了秦州刺史张辅,拥兵自重,不听从中央政府的号令。张轨为了维护国家统一,派兵二万对韩稚进行了征讨。他在征讨前想劝说韩稚放弃武力抵抗,重新拥护中央,他在给韩稚的信中言辞恳切地说:"今王纲纷挠,牧守宜戮力勤王",指责韩稚不应该擅杀朝廷守疆大吏,破坏国家统一。这封信写的有理有据、恩威并重,韩稚看到张轨的信后,非常惭愧,不战而降,从而从秦陇地区免于一场兵灾。到了晋怀帝永嘉二年(308年),当崛起于山东青州一带的王弥进攻洛阳时,张轨又派出北宫纯、张纂等将领率领凉州军队入援京师。凉州军队在北宫纯等人的率领下,大败王弥。后来又与汉刘聪的军队在河东大战,把刘聪的军队打得大败而逃。因为凉州军队对东晋皇室的保护,才使得风雨飘摇中的西晋又在垂危之际延长了一段时间。洛阳地区的人民为了感谢凉州军队保全了他们的人身财产安全,曾做歌来歌颂他们的英勇善战。此歌全文如下:

凉州大马,
横行天下,
凉州鸱苕,寇贼消;

鸱苕翩翩,怖杀人。

鸱苕,即鸱鹗,是一种凶恶的鸟。以大马、鸱鹗来形容凉州士兵的壮勇、强悍,使敌人感到恐惧。

作为西晋封疆大吏的张轨,在西晋末年的艰难岁月里,一直坚定地站在中央政府一边,多次派兵到洛阳勤王。永嘉五年(311年)京师洛阳再次被围,连粮食都供应困难,张轨再次派北宫纯率兵赴援,而且还进献马五百匹、毯布三万匹。只不过由于凉州距离京师洛阳路途遥远,北宫纯还没有来得及赶到,洛阳已经被刘曜攻陷,晋怀帝被刘曜俘虏北去,北宫纯因此陷入包围,被迫降于刘聪。此后,秦王司马邺从洛阳逃入关中,被拥戴为晋愍帝。张轨听说后,又立即上表,表示拥戴司马邺,并派遣前锋督护宋配和自己的儿子先后率领7万军队前去保护新即位的晋帝。与此同时,张轨还对趁火打劫、企图断绝凉州和关中联系的秦州刺史裴苞进行讨伐,赶走了裴苞。张轨在凉州主政共13年,到公元314年病逝。晋愍帝为了表彰他的忠勇,让他的儿子继续担任都督凉州诸军事、凉州刺史、西平公,继续管理凉州军政事务。

在那样一个天下大乱,晋朝中央政权极端衰弱,一般官吏多与之断绝关系的形势下,张轨毅然始终如一地尽心于西晋政权,说明他是一个维护国家统一的忠臣义士。张轨在极端困难的局面下,还坚持每年向朝廷进贡财物、遣使通信。凉州一些豪强大族怀疑张轨有割据地方的野心,想赶走他。特别是永嘉二年晋昌大族张越发动了企图驱逐张轨的政变,张轨为了表明自己忠心朝廷的心迹,对手下将领说:"我在凉州待了八年了,没有做什么有益地方的好事,又正值中原战乱纷起,秦陇百姓命如倒悬,我本来就打算退位让贤,让比我有才能的人来治理凉州。可惜的是政务繁重,没能如意。现在张越想赶走我,是不明白我忠心晋室的心意啊!我把离开凉州看作是脱去鞋子一样,从此再没有负担。"他派主簿尉髦带着他的辞职信去见晋帝,请求回到家乡,退休养老。凉州父老看到张轨这样忠心,没有私心,十分感动,纷纷挽留他,朝廷也给予他充分的肯定,再次任命他为凉州刺史,张轨才没有离开凉州。张轨临去世前,流着眼泪对儿子和手下官吏说:"我这辈子没有做什么有德行的好事,现在我就要离开人世了,你们一定要尽臣子的本分,安抚百姓,治理地方,上思报国,下以宁家。我死后,你们一定要听从朝

廷旨令行事,不要做大逆不道的事情。"正因为张轨一生效忠晋室,没有割据一方的打算,司马光在编纂《资治通鉴》时给他很高的评价。司马光在《资治通鉴》卷84"晋惠帝永宁元年春正月"条下面曾有这样的评注:"呜呼!世乱则人思自全,然而求全而不能自全者亦多矣!窦融、张轨之求出河西,此求全而得全者也……盖窦融、张轨,始终一心以奉汉、晋,此固宜永终福禄,沿及子孙者也。"司马光对张轨的功绩给予了很高的评价,认为他的历史功绩足以和窦融相比,都是忠心为国、维护国家维一的良臣义士。

张轨主政凉州时期,民族矛盾已经成为社会主要矛盾,少数民族贵族的残暴统治激起了汉族人民的激烈反抗,他们或者大规模南渡投靠东晋政权,或者西去到达凉州,依附效忠晋室的张轨,这说明张轨以维护晋室为号召,是深得中原和河西汉族人民拥护的。据史料记载,张轨统治河西凉州时,"中州避难来者,日月相继"。张轨为了更好地治理河西,积极笼络人才,搞好与当地世家大族的关系,使河西凉州的经济、社会发展达到了一个新的高度。张轨刚到达凉州,就任用河西大族宋配、阴充、阴澹等为心腹谋士。宋配,敦煌人,西晋初即担任西平太守,后被张轨任命为凉州司马,掌握军务,曾多次引兵入援京师。阴充、阴澹也是敦煌大族,阴氏除这两个人外,还有阴元、阴鉴等皆担任重要职务。张轨除了笼络宋氏、阴氏等凉州世家大族外,还笼络了敦煌累世做官的索氏、令狐氏、张氏以及陇西辛氏、曹氏等大族。索氏系汉武帝元鼎六年(前111年)太中大夫索抚回和王莽天凤三年(16年)都尉索骏的后裔。其他大姓如曹氏自称出于汉丞相曹参,李氏自称是西汉名将李广的后裔,张氏自称是汉司隶校尉张襄的后代,令狐氏是西汉末建威将军令狐迈之后。张轨对这些大族人士都委以要职,不仅使这些世家大族为保有自己在河西的经济利益和特权,免遭战争的蹂躏而支持张轨的统治,而且还能使他们带动周围的汉族人民来拥护张氏在河西的统治,借以维护自己的利益。

张轨对河西地区的经济、文化和社会发展作出了突出的贡献,安定了河西内部的社会秩序。张轨虽然屡次派兵入援京师,但仍然注意本地的经济和文化发展。他一到任,就"课农桑,拔贤才",注重农业生产及文化教育。到了张轨统治的末年,根据有关史籍记载,当时在经济方面是搞得不错的。由于中原战乱不休,很多流亡的农民进入河西地区,张轨为了安置这些流民,新设置了一些郡县,命令新迁之民垦荒造田,牧养牲畜,交纳租税。中原由于落后的游牧民族入侵,经济文

化退步相当大,连钱币都很少铸造,民间只好以物换物。张轨听从太府参军索辅的建议,开始铸造五铢钱,使河西地区的商品经济日益发达。

张轨在任时,河西的文化也有了很大发展,这得益于大量优秀的知识分子为避乱来到凉州。司马光在《资治通鉴》中评价张轨统治时的凉州文化,写道:"永嘉之乱,中州之人士避地河西,张氏礼而用之,子孙相承,故凉州号为多士。"现代史学大家陈寅恪先生也评价张轨说:"盖张氏领凉州之后,河西秩序安定,经济丰饶,既为中州人士避难之地,复是流民移徙之区,百余年间纷争扰攘固所不免,但较之河北、山东屡经大乱者,略胜一筹。故托命河西之士庶可以喘息长子孙,而世族学者自得保身传代以延其家世也。"根据《晋书》等有关列传的记载,西晋初年及张氏统治时期,出现在河西及秦陇地区的学者就有索靖、段灼、傅玄、傅咸、皇甫谧、辛勉等等。其中祖籍在今宁夏的,就有傅玄、傅咸的傅氏家族,以及皇甫家族。这些人不仅对于保留中原学术文化做出了很大的贡献,而且他们所传授的弟子对于后来北魏时期文化的发展起了很大的作用。由于他们的传授,不仅有益于当时,而且对以后隋唐时期的各种制度也有很大的影响,陈寅恪先生评价说:"秦陇诸州西北一隅之地,其文化上续汉、魏、西晋学风,下开魏、齐、隋唐之制度,承前启后,继绝扶衰,五百年间延绵一脉,然后知北朝文化系统之中,其由江左发展变迁输入者之外,尚有汉、魏、西晋河西之遗传。"由此可见张轨在任时对河西文化的绵延发展做出了很大的历史贡献,不愧是宁夏历史上的杰出人物。

赫连氏雄踞高平
建大夏穷兵黩武

统万城遗址

西晋后期,中国在经历了短暂的统一后,再次陷入了分裂与战乱之中,统治阶级穷奢极侈、挥金如土,加以对于皇权的激烈争夺,使得经济崩溃,民不聊生。统治阶级内部长达五六年之久的"八王之乱"致使中原地区经济残破、社会动荡,广大流民为饥饿和苛政所迫,纷纷举行起义。与此同时,内迁的各少数民族也相继起兵反晋,司马氏政权日益土崩瓦解。

晋惠帝永兴元年(304年),匈奴左部帅刘渊在左国城(今山西离石县)起兵,自称汉王,建国号汉。永嘉五年(311年),汉兵破洛阳,俘晋怀帝。建兴四年(316年),汉再发兵围攻长安,晋愍帝出降,西晋灭亡。次年,晋宗室司马睿在江南重建政权,史称东晋。而北方广大地区则长期处于各少数民族上层分子和汉族官僚地主混乱之中,即所谓"十六国"时期。十六国时期,前赵、后赵、前秦、后秦和大夏等政权先后在宁夏及邻近地区角逐。其中又以赫连勃勃建立的大夏国对宁夏历史的影响最为深远,赫连勃勃最初的发迹地就在高平,即今宁夏南部的固原市原州区。正是依托宁夏的经济区位优势,赫连勃勃建立的大夏国一度雄踞西北,和北魏、后秦争雄,为宁夏历史谱写了又一段难忘的历史篇章。

赫连勃勃是五胡十六国时期大夏国的创建者,这是继前赵、后赵、前秦、后秦外,最后一个占领宁夏全境的国家。赫连勃勃是匈奴族人,原是匈奴南单于的后裔。匈奴自昭君和亲以来,一直和汉朝保持着密切的联系,甚至匈奴首领也跟随汉朝皇帝改姓刘。赫连勃勃的先祖是南匈奴的左贤王去卑。赫连勃勃的曾祖父刘虎担任北匈奴的北部帅,统率着匈奴四千余落部众,势力很强大,居住于新兴郡

(在今山西省忻县)。西晋末年,天下大乱,刘聪建立前赵政权后,刘虎以宗室的关系,被封为楼烦公、安北将军、监鲜卑诸军事、丁零中郎将,成为并州北部边境一支重要军事力量。至赫连勃勃的父亲刘卫辰继位时,开始同时接受前秦、前燕的封号,被封为西单于、督摄河西诸部,驻屯代来城(今内蒙古自治区伊克昭盟东胜市西),有了一定的兵力后,刘卫辰开始出兵袭击北魏拓跋部的领地。太元十六年(391年),北魏拓跋珪亲自率军大破刘卫辰,直抵代来城,刘卫辰被部下所杀。拓跋珪杀刘卫辰宗族五千余人,抢走了刘卫辰部所有的牛羊马匹四百余万头,只有刘卫辰第三子赫连勃勃拼命得以逃脱。

　　赫连勃勃孤身一人逃离虎口,惶惶如丧家之犬,急急如漏网之鱼,只想找到一处可以保全性命的地方。到底去哪里安身呢?赫连勃勃想到在大洛川(今陕西省洛川县境内)有一支匈奴部落,和他父亲有一定交情,且同为匈奴部,应该会收留他,便前往投奔。这支匈奴部落叫叱干部。首领叱干他斗伏是一个胆小怕事之人。听说赫连勃勃全家被拓跋珪所杀,只身前来投奔,不禁大惊,心想:此人和拓跋珪有不共戴天之仇,北魏必欲取其性命。今我若收留于他,北魏必怪罪于我。如果派大军前来征伐,我族岂不危矣!想到这里,立即下令:"来人!将勃勃捆了,明日送于北魏,拓跋珪必定会大大赏赐我们。"旁边闪出一人,大声说道:"首领且慢!我有话说。"叱干他斗伏定睛一看,原来是他的兄长叱干阿利。只听叱干阿利说道:"兄弟,赫连勃勃国破家亡,身世可怜,且同为匈奴族人,何必苦苦相逼?鸟雀投人,尚宜济免,何况同族兄弟呢?就算兄弟你不想收留他,怕给我族惹来祸端,也应该放他投奔他处,以全性命。何必要赶尽杀绝呢?现在把他捆送于拓跋氏,不是正人君子所为,请慎重思之。我看赫赫勃勃此人,身高八尺开外,容貌不凡,此英雄之象。他日必成大器,还是放他一条生路,由他去吧!"

　　叱干他斗伏却听不进去兄长之言,执意要押送赫连勃勃去北魏邀功请赏。叱干阿利知道赫连勃勃是个人才,这样断送性命太过可惜,便亲自率领手下士兵假扮强盗,在半路上拦劫了他斗伏押送勃勃去北魏的囚车。勃勃被叱干阿利营救后,十分感激,请叱干阿利给他出主意应该去何处落脚。叱干阿利说:"将军一家都被北魏所害,北魏与后秦互相攻战,互为敌国。为今之计,只能投奔后秦了。我听说驻屯高平的高平公没弈干是鲜卑人,是后秦主姚兴的宠臣,此人亦是个敬贤爱才之人。将军可投奔其处,如能得其引荐,在后秦任职,他日定可一雪灭门之耻。"赫连勃勃听从了叱干阿利的话,和叱干阿利一起投奔没弈干。没弈干曾任前秦骠骑将军,后转投后秦姚兴,被任命为秦州刺史、车骑将军、高平公。手下有雄兵数万,驻扎在高平川,也就是今宁夏固原清水河一带。没弈干见赫连勃勃和叱干阿利来投奔,十分高兴,他看到赫连勃勃虽二十出头,但相貌出众,身高八尺有余,虎背熊腰,身手矫健,十分赏识,便把自己的亲生女儿嫁给了赫连勃勃,还亲自护送赫连勃勃去长安见后秦国主姚兴。姚兴见到赫连勃勃后,也十分赏识,把赫连勃勃留在长安,封他为骁骑将军、奉车都尉。每当有重要的军国会议,都让赫连勃勃参加,宠遇规格甚至高过一些后秦功勋官吏。姚兴的做法引起了一些大臣的不满。姚兴的弟弟姚邕曾对姚兴说:"赫连勃勃不可重用,此人虽然相貌堂堂,勇武过人,然性格暴躁,天性不仁,好似眷养猛虎,总有一天会反咬噬主的,现在陛下对赫连勃勃太好了,我私下里感到很不安。请陛下不要再亲近他了。"姚兴听后,却不以为然,哈哈一笑:"吾弟多虑了。勃勃此人勇猛善战,有济世之才。我现在正广招天下英才,与北魏争雄。得此英才,正想要好好发挥他的作用,和他一起讨平北魏,一统天下,为什么不用他呢?"姚兴不仅拒绝了姚邕的善意规劝,还继续宠信赫连勃勃,任命他为安远将军、封阳川侯,帮助其岳父没弈干一起镇守高平,甚至把其父刘卫辰逃散的部众及朔方一带的杂胡数万人交给勃勃管理。这样赫连勃勃开始有了自己的军队。

姚兴还让赫连勃勃率领自己的军队侦察北魏的军备情况,封他为伐魏侦侯。姚邕看到赫连勃勃的势力日益强大,越来越难以节制,担忧地对姚兴说:"赫连勃勃这个人对陛下日益轻慢,不放在眼里,对下面的部众非常残暴,为人贪婪,丝毫没有仁义之心。这样的人陛下一定要多加防备,千万不要给予兵权,否则必成大患!"姚兴一开始听从了姚邕的建议,罢免了赫连勃勃的兵权,但不久就再次任命赫连勃勃为持节、安北将军、五原公,将三交(今陕西省榆林市西)五部的鲜卑两万余人交给勃勃统帅,让他镇守朔方要地。

姚兴对赫连勃勃的宠信使得赫连勃勃羽翼渐丰,开始有能力成为后秦的心腹大患。赫连勃勃是一个野心很大、不甘于居人之下的匈奴贵族,后秦与北魏间的争斗使得赫连勃勃渔翁得利。

义熙三年(407年),北魏拓跋珪准备将俘虏的后秦大将唐小方归还给后秦,姚兴也同意将俘虏的北魏大将贺狄干归还北魏,并准备向北魏送去良马千匹

来赎回被北魏俘虏去的将领狄伯支。拓跋珪同意了后秦的条件,也准备在后秦所献良马入境之后,释放狄伯支。赫连勃勃听说此事后,十分惊惧,害怕自己也会被当作战利品送给北魏。为了保住自己的实力,他于同年率领手下的三万骑兵,以打猎为名进袭高平川,高平公没弈干哪里想到女婿突然带兵前来是要取他的性命,还亲自派人前去迎接,没想到被赫连勃勃杀了个片甲不留。赫连勃勃毫不费力就夺占了高平城,抓住了岳父没弈干,此时的赫连勃勃开始暴露出凶残的一面,他为了永久占领高平这座险要的城池,下令杀死了自己的岳父没弈干,还吞并了他的部众和军队。在这之前,赫连勃勃还拦截了柔然可汗送给后秦主姚兴的八千匹战马,从而使军事实力大增。这一年六月,在险要的高平城里,赫连勃勃正式登上了大夏王的宝座,他自称大单于、大夏王,改元龙升,设置百官。他认为匈奴是夏后氏的后代,因此称国号为大夏。赫连勃勃以祖先改姓刘为耻辱,他说:"所谓帝王,就是天帝的儿子,代天管辖世间万物,赫然大名,实与天连,我决定改姓为赫连,以彰显我大夏国皇权神授之意。"

从此,赫连勃勃以高平为根据地,开始四面征伐,扩大自己的势力范围。义熙三年(407年)冬天,赫连勃勃打败鲜卑族薛干等三部族,俘虏数万鲜卑人口,接着又进攻后秦国土,杀死后秦大将杨丕、姚石生等。赫连勃勃虽然性格暴躁,凶残好杀,但亦不失为一个杰出的军事将领,有非同一般的战略眼光。赫连勃勃称大夏王后,有部下劝说他:"大王勇猛无敌,想经营关中,并吞秦陇,必须要稳固自己的根本地,对稳定军心民心有很大益处。高平这座城池是一个非常险要的地方,山川险固,土地肥沃,是个适宜建都的地方啊。大王可以在高平建都,以安众心。"这本来是一个不错的建议,可是赫连勃勃并不这样看,他对部下说:"卿等只知其一,不知其二。高平虽然险固,适宜建都,却不是现在要考虑的事情。我们现在大业草创,人马不多,兵力不强,羽翼还没有完全丰满。所占的地盘只有高平这么一小块地方。如果匆忙建都于高平,那么就必须要派大量的军队防守都城,不利于我方作战。后秦主姚兴用兵有度,能征善战之将众多,并非昏庸无能之辈。关中一时是没有办法占据的。如果我们以高平为都,那么就只能困守在这里,不能主动出击。姚兴则可以关中为根据地,专心一意地前来攻打我们。我们的军队没有姚兴多,战备物资没有姚兴足,一定会被他打败,亡国不远矣! 我们要想打败姚兴,必须争得战场主动权。匈奴骑兵闻名天下,如果以机动力极强的骑兵展开游击战,风驰电掣,出其不意,专门攻打后秦防守薄弱的地方,那么我们有限的兵力就会用在最需要的地方。姚兴如果派兵前来救援,那么我们就绕路而行,救前则击后,救后则击前,姚兴的军队一定会被绕得昏头转向,不知所措,疲于奔命,我军则可以看准时机,以逸待劳,主动出击,打他一个措手不及。相信不出十年,后秦岭北、河东一带的土地都会入我囊中。我现在才二十多岁,姚兴都五十多岁了。他的儿子都是昏庸无能之辈,等姚兴一死,他的儿子继位后肯定不是我的对手,到那时候,我们一鼓作气,拿下长安。关中尽为我大夏所有,到那时再建都称王,岂不美哉!"众部下都十分叹服赫连勃勃的战略眼光,赫连勃勃可称得上是中国战争史上游击战的鼻祖,其战略方针和作战方法甚至值得今天好好学习。

大夏国都城统万城遗址

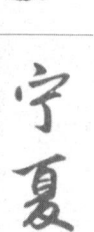

从后来的局势发展来看,赫连勃勃的战略方针是十分正确的。赫连勃勃不肯以高平为根据地,而企图通过流动袭击的办法来蚕食后秦的疆土,这对后秦来说是个严重的威胁。赫连勃勃不断出兵侵扰后秦岭北(今陕西省礼泉县以北)的城镇,消灭后秦的有生力量,使得后秦岭北一带的城池白天都不敢打开城门,枕戈待旦,不敢稍有松懈。姚兴非常后悔没有听弟弟姚邕的话,叹息着说:"想不到养虎为患到如此地步,我真是糊涂透顶了!"

面对越来越严重的军事威胁,后秦主姚兴开始集中力量讨伐赫连勃勃,义熙四年(408年),姚兴命将军齐难率军二万进行讨伐。勃勃闻秦军北来,先引兵退至河曲,诱其深入。齐难以为夏军惧怕远道,遂放纵士兵抢掠,毫无戒备。勃勃得知这一情况,暗暗引兵袭击,追擒齐难,俘其将一万三千人。两万秦军全部覆没。夏军的胜利使得岭北诸郡的各族首领皆归降于勃勃。义熙五年(409年),姚兴亲自率军北讨,驻于贰城(今甘肃平凉东南),遣将分头督运粮草。勃勃却趁秦军尚未全部集结,进行偷袭,大败姚兴。姚兴只好退回长安。赫连勃勃先后攻陷黄石固(今宁夏固原市东南)、我罗城(今甘肃平凉市西北)等军事要地。

在对后秦取得一系列胜利之后,赫连勃勃于义熙九年(413年)春大赦境内,改元凤翔。派他的救命恩人叱干阿利征发岭北一带的各族人民十万人,开始在朔方之北、黑水之南营建新都。连新都城的名字赫连勃勃都想好了,他认为"朕方统一天下,君临万邦,可以统万为名。"大夏国的新都统万城,位于今陕西靖边县东北的白城子。此时后秦岭北诸郡大多落入赫连勃勃手中。

姚兴死后,后秦日渐衰弱,对大夏国只能采取守势,再也无力反击了。随着北方五胡十六国的此消彼长,南方的政权也面临着天翻地覆的更迭。东晋王朝走上了穷途末路。东晋权臣刘裕加紧了篡权的准备,为了使自己博得收复北方失地的声望,刘裕开始了大规模的北伐。义熙十二年(416年),东晋大军一路凯歌高奏,顺利收复了洛阳,攻入了潼关天险,后秦在刘裕的进攻下溃不成军,难以抵挡。赫连勃勃看到这种局面,不禁哈哈大笑,对臣下说:"我军占领长安的时机到来了!刘裕伐秦,水陆兼进,后秦根本不是敌手。刘裕是个很有本事的人,姚兴儿子姚泓那样的蠢才,怎么会是刘裕的对手呢?我看刘裕一定可以占领长安,后秦必亡。"他手下的将领们纷纷说道:"既然后秦即将灭国,我军何不趁火打劫,进攻后秦,和刘裕平分后秦疆土,岂不是美事吗?"赫连勃勃摇头说:"你们不知道。后秦虽然

赫连勃勃重修过的海宝塔

赫连氏雄踞高平
建大夏穷兵黩武

挡不住刘裕，但还有一定的实力。我们现在出兵，肯定要损失不少兵马。刘裕虽然北伐成功，但其志不在进取中原，而在于篡晋自立，为自己捞取政治声望。刘裕获胜后，一定会急于南返，回建康登基称帝。留下镇守长安的军队也会军心动摇。到那时候，我军突然出击，镇守长安的刘裕军队肯定不是我们的对手，我们就可以取长安如拾草芥，不用费那么大力气了。"手下将领听后都十分叹服。

事情果然像勃勃所料，刘裕入关，后秦覆灭，而刘裕又要急急忙忙回南方篡位自立，只留下12岁的儿子刘义真镇守长安。为了减轻关中来自北方的压力，刘裕曾致书勃勃，请通和好，约为兄弟。勃勃表面答应，但刘裕大军一走，立即于义熙十三年（417年）率大军进攻长安。此时晋军内部却发生了内乱，互相残杀。刘裕听说长安被围，便召刘义真东归，以相国右司马朱龄石代镇长安。义真东返时，抢掠了大批财货，行军十分缓慢。赫连勃勃派大军追击，至青泥，东晋大军全军覆灭，刘义真单骑逃回南方，关中全部落入夏国手中。同年十一月，赫连勃勃筑坛于灞上，即皇帝位，改元昌武。

赫连勃勃占领长安后，迎来了大夏政权的鼎盛时期，此时大夏国的领土已经包括宁夏全境、陕西、甘肃、内蒙古大部分地区，士马强健，国力强盛。群臣都认为建都长安是万年之策，长安是古都，按理说最适宜建都，可是赫连勃勃否决了建都长安的提议，这是为什么呢？赫连勃勃有着自己的看法。他对臣下说："诸君之议，我非常了解。长安四塞险固，累世帝都，能建都当然最好。但眼下的局势却不容在此建都。这是因为北魏势力还很强大，离统万城只有百里之遥。如果我们建都长安，那么统万城恐怕守不住。朕在统万驻守，北魏害怕我的威名，一定不敢渡过黄河前来攻打，那么夏国北境可以无忧矣！"赫连勃勃以为据有统万城，可以阻止北魏的西进，如迁都长安，北魏攻占河曲，将给夏国造成极大威胁。正是出于这一考虑，他在长安设南台，以太子驻守，自己率军仍回统万城。

赫连勃勃虽然勇猛有谋，但过于迷信武力，嗜杀无度，使得大夏国虽然对外征战鲜有敌手，最终还是倒下了自己人的刀下。大夏国的建立，是趁后秦的衰败，北魏全力向东，无力西顾，刘裕入关后又急于东返的大好时机，依仗游牧民族的武力，据有关中，成为十六国时期西北地区的强国。但是，正因为他仅靠武力来征服，没有政治的建树，所以大夏同历史上许多游牧民族政权一样，盛起来很快，败起来也快。

赫连勃勃不重视儒学和政权建设,只崇尚武力,所以在战争中总以残杀掳掠为先,在战场上俘获的俘虏,男人杀死,女弱赏给战士为奴。勃勃不仅对俘虏十分残暴,对自己的臣民也十分严苛。在修建统万城时,他派叱干阿利为将作大匠,征发汉族和少数民族近十万人筑城。叱干阿利也是个非常残暴的人,他下令蒸土筑城,城筑好后,用铁锥凿城墙,只要凿入一寸,立即杀死筑城工人,将死尸埋入城墙之内。勃勃又让叱干阿利造兵器,射甲不入即杀造弓之人,如果射穿铠甲,那么就杀死造甲的工匠,数千无辜工匠因此被杀。赫连勃勃本人也是凶暴好杀。他常常坐在城墙上,旁边放着弓箭,只要看谁不顺眼,立即取弓箭射杀。手下的群臣有敢对他怒目而视的,立即挖去双眼,有敢耻笑他的,立即割去嘴唇。胆敢劝谏他的人,被视为诽谤,先把舌头割掉再杀死。长安有位隐士叫韦祖思,后秦姚兴在位时,曾征召他为官,被其拒绝。赫连勃勃占领长安后,同样召他为官,韦祖思害怕掉脑袋,便答应做官。可是赫连勃勃却看不起他,认为此人没有骨气,他说:"我用对待国士的礼节征召你为官,你为什么对我这么客气?以前姚兴召你为官,你不肯,为何又单单对我跪拜?我现在还没有死,你都不把我当帝王,等我死了,你们这些只用舞文弄墨的儒士,一定会写书骂我,不知道把我骂成什么样子才肯罢休呢。"说完就命人把韦祖思斩首示众了。赫连勃勃如此穷兵黩武、不恤民心,最终使自己天怒人怨,走上了灭亡的道路。

元嘉二年(425年)八月,赫连勃勃病死,其子赫连昌继位,改元承光。北魏乘虚进攻长安,由于赫连勃勃诸子因为争夺皇位自相残杀,元气大伤。因此,北魏军队势如破竹,直捣长安,镇守长安的夏军一触即溃,长安失守。赫连昌为了夺回长安,命其弟赫连定率军二万进攻长安。北魏拓跋焘听说夏国反攻长安,命司空长孙翰等将领率军直扑统万城,赫连昌仓促迎战,大败而逃。元嘉四年(427年)统万城被魏军攻陷。赫连昌退守平凉,又被北魏将领安颉俘获,送至北魏都城平城。元嘉十一年(434年)赫连昌企图西逃,被杀,拓跋焘又杀尽赫连昌诸弟。至此,夏国正式灭亡。

赫连勃勃建立的大夏国灭亡后,中国历史上赫赫有名的匈奴民族也终于融入到其他民族当中,成为了中华民族历史长河中的一分子。但在宁夏境内还是留下了一些与赫连勃勃有关的传说和古迹。除了相传他曾重修海宝塔之外,据说吴忠市的前身——薄骨律城,以及银川市的前身——饮汗城,以及固原市原州区都

西夏区丽子园公园

与赫连勃勃有关。高平是固原古城的旧称,也是赫连勃勃自立称王的发迹地。从这里,大夏王国开始了崛起的征程。高平是大夏国的重要军镇、西部门户,它与都城统万城和长安成犄角之势,赫连勃勃派儿子赫连伦驻守这里。宁夏北部的黄河两岸,也是夏国重要的军事防御带,所以赫连勃勃不仅将黄河东岸的原灵州县建成军事要塞,还把它作为游览的"果园城"和繁育军马的场所。他有一匹心爱的白嘴唇骏马就放养在这座果园城内,因为夏军称皇帝的这匹战马为"白口骠",所以当地人就以"白口骠"来代指马所在的果园城,再后来就讹传为"薄骨律城"了。另外,在黄河西岸,由于贺兰山东麓一片湖光山色,赫连勃勃就把近河的一处叫"饮汗城"的地方改名叫"丽子园",在此修建行宫。这座饮汗城兼丽子园,到北魏、北周时被改建为怀远县和怀远郡,这就是银川市兴庆区的前身。

刁雍开凿艾山渠
宁夏处处米粮川

汉渠引水堤

历史前进的车轮也许注定要历经坎坷，才能到达终点。汉代宁夏规模宏大的水利开发终究只是历史的一场盛宴，曲终人散后，又重新归于沉寂。东汉王朝在宦官和权臣的互相争斗中日益衰败，边疆那些桀骜不驯的少数民族骑着烈马，驾着长车，向帝国的北方大门一次次展开了猛烈的冲击。羌族，这个西戎的后裔，开始从黄河九曲的高原之上向东迁移，受不了东汉贪官污吏的压迫，他们被迫举起反抗的大旗。一时间，从遥远的河西走廊到东部关中的黄土高原，他们斩木为兵，揭竿为旗，打得东汉军队落荒而逃。北地郡、安定郡这些涵盖宁夏境域的汉朝边郡一刻也不得安宁。东汉政府被迫于永和六年（141年）把北地郡治迁往冯翊（今陕西高陵），安定郡治迁往扶风（今陕西兴平）。此后，东汉政府再也没有能力回到宁夏平原。宁夏引黄灌区的农民们被迫携家带口，赶着牛羊，来到了关中，离开了他们的祖先用鲜血和汗水浇灌的这块肥沃的土地。原来的河渠被泥沙填平了，曾经肥沃的良田变成了荒草遍地的弃壤。宁夏水利事业再一次跌入了低谷。这一跌就是将近三百年。从东汉末年的战乱，一直到三国、两晋，当时的中原王朝都始终没有能力重新恢复宁夏引黄灌区曾经辉煌的历史。中国北方成了少数民族的天下，汉族所谓的"正统"王朝被挤压到了长江流域。鲜卑、羌、匈奴、羯、氐这些昔日被看作蛮荒野人的少数民族，在中国的北方黄河流域走马灯般地互相厮杀，一个个王朝迅速兴起又迅速灭亡。西晋灭亡后，先后统治宁夏地域的朝代有前赵、后赵、前秦、后秦和大夏等政权。直到公元439年鲜卑拓跋氏建立的北魏，才重新统一了中国北方。绵延300年的战火终于熄灭了，宁夏引黄灌区重新开发成为可

能。历史呼唤着杰出人物重新把宁夏引黄灌区带向繁荣,一个英才应运而生,这就是刁雍。

刁雍生于公元390年,祖籍渤海饶安(今河北盐山),字淑和。他的曾祖父是西晋尚书刁协,刁氏一族于西晋末年为了躲避战乱南迁京口(今江苏镇江),成为当地名门望族。他的伯父刁逵和东晋权臣、后建立南朝宋的刘裕有过节,曾凌辱过刘裕。刘裕当政后,杀刁氏一族。刁雍被迫逃到后秦,被封为太子中庶子。后秦灭亡后,他又和大臣司马休之一起逃奔北魏,被北魏封为镇东将军、青州刺史、青光侯。后又授为徐豫二州刺史、征南将军等要职,深受北魏皇帝赏识。太平真君五年(444年)刁雍被任命为薄骨律镇将。后诏还京任职。太和八年(484年),95岁高寿的刁雍逝世。他一生笃信佛教,曾著《教诫》二十余篇。

刁雍任职的薄骨律镇是宁夏古代著名城镇之一,始设于北魏太延二年(436年),位于今宁夏吴忠市北侧的古黄河沙洲中,汉时为北地郡灵州县地,有河奇与号非两苑畜养马匹,赫连夏时为果城,种有许多桑树、果树,风景非常优美。孝昌二年(526年)改称灵州。薄骨律镇为北魏北方重镇之一,因位处银川平原,军事

黄河水运

经济地位特别重要。

刁雍来到薄骨律镇后,曾在汉代被称为"新秦中"的这片沃土却变得千疮百孔,破败不堪。汉武帝时期修建的古渠早被数百年的泥沙所壅塞,两岸的农田由于得不到渠水的灌溉,无法种植农作物。薄骨律作为北方重要边镇,驻扎着大量军队,军粮都要从遥远的关中和其他地方千里迢迢地运来。由于北魏政局日益稳定,原来流散的农户们纷纷返回家园,在得不到渠水灌溉的农田里种着来年的希望。可是没有引黄灌溉,这些农田根本种不成庄稼。银川平原属于中温带干旱区,年均降水量200~600毫米,而蒸发量却远高于降水量,自然降水无法满足农作物对水分的基本要求。宁夏平原的军民们只好眼睁睁地看着滚滚黄河东流而去,岸边的庄稼旱得要死,却无计可施。刁雍看到这种残破的局面,深感肩上的担子十分沉重。他刚到任,就立即到各地进行考察,想找到解决燃眉之急的办法。

刁雍自幼生活在江南水乡,深知水利对于农业的重要作用,要想让薄骨律镇的军民丰衣足食,必须大力发展农业,农业振兴的首要条件就是兴修水利工程,把黄河水重新引入渠道,灌溉两岸的万顷良田。刁雍亲自考察汉代遗留下来的古渠走向以及黄河水文、地质条件,对水利计划做了详细周密的考量和安排。他在考察中看到:在富平县(今吴忠市西南)30里近黄河的艾山之下有汉代修古渠一道(有可能是今唐徕渠的前身)。艾山也叫峡口山,是今日宁夏吴忠市、青铜峡市牛首山、青山的统称。这条古渠因为年久失修,泥沙壅塞,同时黄河水流湍急,对河岸有巨大的冲刷下切作用,从而使得数百年来渠道越抬越高,而河床越来越深,经过数百年的冲刷和淤积,渠道崩塌废毁,古渠已经比河床高二丈多,黄河水根本无法导引上去。但刁雍很敏锐地看到古渠并非不能利用,只要修复合理,古渠是可以重新加以利用的。因为黄河在艾山之下分裂为东西两股,西侧的支流水势较缓较弱,便于施工,只要在来年春天的枯水季节,在西河下方打坝截流,抬高水位,迫使河水全部进入古渠口,那么古渠就能复活。经过近一年频繁的考察和周密的设计,一个复兴宁夏水利的计划在刁雍心里产生了。他将渠口选址、渠口筑坝、干渠路线、施工预算等情况写了一份详细的报告书上奏朝廷,可知刁雍的良苦用心:

臣蒙宠出镇,奉辞西藩,总统诸军,户口殷广。又总勒戎马,以防不虞,督课诸

刁雍开凿艾山渠 宁夏处处米粮川

屯，以为储积。夙夜惟忧，不遑宁处。以今年四月末到镇，时以夏中，不及耕作。念彼农夫，虽复布野，官渠乏水，不得广殖。乘前以来，功不充课，兵人口累，率皆饥俭。略加检行，知此土稼穑艰难。

夫欲育民丰国，事须大田。此土乏雨，正以引河为用。观旧渠堰，乃是上古所制，非近代也。富平西南三十里，有艾山，南北二十六里，东西四十五里，凿以通河，似禹旧迹。其两岸作溉田大渠，广十余步，山南引水入此渠中。计昔为之，高于水不过一丈。河水激急，沙土漂流，今日此渠高于河水二丈三尺。又河水浸射，往往崩颓。渠溉高悬，水不得上。虽复诸处按旧引水，水亦难求。今艾山北，河中有洲渚，水分为二。西河狭小，水广百四十步。臣今求入来年正月，于河西高渠之北八里，分河之下五里，平地凿渠，广十五步，深五尺，筑其两岸，令高一丈。北行四十里，还入古高渠，即循高渠而北，复八十里，合百二十里，大有良田。计用四千人，四十日功，渠得成讫。所欲凿新渠口，河下五尺，水不得入。今求从小河东南岸斜断到西北岸，计长二百七十步，广十步，高二丈，绝断小河。二十日功，计得成毕，合计用功六十日。小河之水，尽入新渠，水则充足，溉官私田四万余顷。一旬之

黄河日出

间,则水一遍;水凡四溉,谷得成实。官课常充,民亦丰赡。

刁雍在这份奏折中,详细规划了修渠的规模、费用、人工等,甚至还对宁夏河套地区的水利经验进行了科学的总结,规划非常科学合理。太武帝拓跋焘看到刁雍的报告后,非常高兴,他连忙下诏表示赞同刁雍的修渠计划。拓跋焘在诏书中说:"爱卿忧国忧民。我得知你想开渠引水,劝农植田,这是好事。不必拘泥于规定的时间完成。如果爱卿在计划施行过程中有什么难处,尽管告诉我。"

在得到朝廷批准后,刁雍立即按原定计划实施修渠工程。兴修艾山渠主体工程共分两个阶段,首先是干渠的修建,新凿干渠40里接古高渠80里,共120里。其次是渠首坝的修筑。以朝廷批文中不限时间尽力完成来看,艾山渠一定是次年春季建成,并在当年投入使用的。从干渠中引水输向田地进行浇灌的支渠、分渠等配套设施当然也应随之陆续建成,估计是各受益农民或屯田军卒自己修建的。至此,整个艾山渠灌溉系统全部完成。艾山渠渠首位于今青铜峡市青铜峡镇,当时的文献没记下此渠的确切名称,只说渠道位于艾山之下,唐李吉甫《元和郡县图志》首次称之为艾山渠,现代水利史学者多因循其称谓。

艾山渠修成后,宁夏引黄灌区终于重现辉煌。刁雍在修渠的同时,还根据宁夏当地气候、土壤和水利条件,制定出宁夏旱作农业的新灌溉制度,那就是"一旬之间,则水一遍,水凡四溉,谷得成实。"这就是他运用自己的知识,把农民千百年来的种田实践经验加以总结的"种田经"。

由于刁雍开凿艾山渠,加强农业灌溉管理,使得短短的两年内,宁夏引黄灌区就达到了又一个历史高峰。宁夏粮食获得了大丰收,除了养活薄骨律镇驻扎军队和本地的农户外,还存储了大量粮食。可是同处于河套地区的沃野镇(今内蒙古乌拉特前旗境,镇城在黄河南岸)却因为没有开凿灌溉渠道,使得军粮匮乏,农业生产水平大大落后于宁夏引黄灌区。太武帝看到薄骨律镇粮食吃不完,积存很多,便下令向沃野镇运粮50万斛。50万斛是多少呢?古代一斛约26.5公斤,50万斛折合约1325万公斤。证实了每年宁夏余粮达600万公斤以上,是北魏西部重要的粮食生产基地。

50万斛粮食如何运到千里之外的沃野镇呢?这是摆在北魏君臣面前的一道难题,如果走陆路的话,就要走黄河沿岸的牛车大道,虽然路途尚为平坦,但沿途

都是干旱地区，有多处沙漠地带。而且需要五千辆车、一万头牛作为运输工具，还需要约一万劳力驾驭护送。来回需要运输数趟，全部运完需要三年时间。这无疑是一个笨办法。负责运粮的刁雍想出了一个好办法。他上奏朝廷说：

奉诏高平、安定、统万及臣所守四镇，出车五千乘，运屯谷五十万斛付沃野镇，以供军粮。臣镇去沃野八百里，道多深沙，轻车来往，犹以为难。设令载谷，不过二十石，每涉深沙，必致滞陷。又谷在河西，转至沃野，越度大河，计车五千乘，运十万斛，百余日乃得一返，大废生民耕垦之业。车牛艰阻，难可全至，一岁不过二运，五十万斛乃经三年。臣前被诏，有可以便国利民者动静以闻。臣闻郑、白之渠，远引淮海之粟，溯流数千，周年乃得一至，犹称国有储粮，民用安乐。今求于牵屯山河水之次，造船二百艘，二船为一舫，一船胜谷二千斛。一舫十人，计须千人。臣镇内之兵，率皆习水。一运二十万斛。方舟顺流，五日而至，自沃野牵上，十日还到，合六十日得一返。从三月至九月三返，运送六十万斛。计用人功，轻于车运十倍有余，不费牛力，又不废田。

很快，朝廷的诏书下来了，对刁雍的计划大加赞赏。诏书上说："造船运谷，一个冬天就可以完成，可以大大节省民力，既不费牛，也不废田，非常完善。非但这次运粮，以后可以按照这个方式继续办理。"

刁雍的建议既完成了往沃野镇运送军粮的具体任务，而且也开拓了黄河上游水运的历史。刁雍的这份水运计划，是我国历史上所见黄河上游开发航道水运的第一份文字记录，有很重要的价值，对于今天如何开发利用黄河上游航道和水运都有很高的参考价值。

刁雍在宁夏任职11年，在他任职期间，宁夏黄河两岸发生了翻天覆地的变化，尤其是河西地区，在历史上首次和河东灌区一样，成为宁夏粮食的主产区。宁夏引黄灌区又迈出了历史性的一步。宁夏的粮食年年丰收，成为旱涝保收的米粮川。粮食多的运不出去，也没有仓库保存，只好露天堆在地上，这种局面引起了刁雍的注意。他决定上表请求建造储粮的仓库，以备不时之需。太平真君九年（448年）刁雍再次上表给太武帝拓跋焘，要求建城储粮。刁雍在奏表中说："臣听说居安不能忘乱，是圣贤治理国家的手段。何况臣所在的薄骨律镇属于边疆地区，负有守卫国土的重要职责,防守边境一定要做好防备。万一敌人来攻就会不至于慌乱。河西之地没有储粮的仓库,随地堆放,难以守护,万一有不法之徒伺机捣乱,必然会遭受损失。所以请求陛下允许我建造储备粮食的城池,派兵守护,这件事薄骨律镇地方军民自己就可以完成,不用麻烦陛下费心。建造储粮城的时间可以放在冬闲时,不至于让农民耽误耕种。一二年建不成,那么三年一定可以完工。"太武帝批准了他的建储粮城计划,再一次表扬了他,还赐名新建成的储粮城为"刁公城",以表彰他的杰出贡献。刁雍在宁夏任职11年后,于兴光二年(455年)调回京师任职。这11年里,宁夏由乱到治,由穷困到富裕,出现了一次开发的高潮,这份功绩必将永载史册。

| 黄河水车

刁雍开凿艾山渠
宁夏处处米粮川

北周移民古灵州
塞北江南始有名

宁夏平原风情

宁夏自古被称为"塞上江南",是我国黄河上游的著名古老灌区,也是当今地球上半荒漠地带上一块成功的灌溉绿洲。两千多年来,人们利用这里独特的自然地理条件,将一定的人力资源和大量水力资源投入平原生态系统之后,物质能量生产大幅度增加,生态环境也向着有利于人类的方向转化,使这一温带荒漠草原地区变成了"赛秦川""似江南"的富庶之乡,不愧为人类文明史上利用人力改造自然的一大杰作,从地理学与生态学的角度来说,其典型性比之埃及尼罗河流域毫不逊色。

"塞上江南"这个美名是什么时候出现的呢?从《全唐诗》中,我们可以找到一首有名的诗,从中或许可以找到关于"塞上江南"名称由来的蛛丝马迹。这首诗是唐代诗人韦蟾所写,诗的名称叫作《送卢潘尚书之灵武》,诗全文曰:

> 贺兰山下果园成,塞北江南旧有名。
> 水木万家朱户暗,弓刀千队铁衣鸣。
> 心源落落堪为将,胆气堂堂合用兵。
> 却使六蕃诸子弟,马前不信是书生。

这首诗的作者韦蟾是晚唐诗人,生卒年不详,字隐硅,陕西下杜(今陕西省西安市东南)人。唐大中七年进士及第,咸通年间历任翰林学士、中书舍人、刑部侍郎。曾编有诗集《汉上题襟集》,可惜已经亡佚。《全唐诗》中收录了他的十首诗。

《送卢潘尚书之灵武》就是其中比较有名的一首。卢潘,生卒年不详,唐宣宗大中年间,先后担任新安太守、庐州刺史等职,咸通十年(869年)又到灵州出任灵州节度使,最后病逝于灵州任上,是一位尽忠尽职、政绩突出的大唐名臣。这首诗就是诗人韦蟾送别友人卢潘尚书去灵州赴任所写的。

首先,诗的题目讲得非常明确,《送卢潘尚书之灵武》,诗人韦蟾要送别的人是大唐尚书卢潘,卢潘准备要去的地方是灵武,即灵州,他到灵武的目的是出任灵武节度使。第一句是用诗的语言来介绍卢潘要去的灵武的位置在哪里,是个什么地方,贺兰山下有一座古城,这是一座"果园城"。灵州所在地宁夏是"塞北江南",很早就有名了。接下来,进一步说明宁夏境内人民群众早就开始引黄河水灌溉农田,引自黄河的秦渠、汉渠的渠水自流灌溉,家家户户都有果木园林,繁茂的枝叶使得各家的红色大门都被树荫遮暗了。在这么美丽迷人的地方,却是身穿铠甲的千万将士出征的战场,是自古兵家必争之地。去灵武出任节度使的卢潘是一位心胸开阔、能征善战的大将,而且他胆气堂堂,千军万马亦能指挥若定。卢潘是一个出色的将才,也是一个外表文雅的儒将,宁夏境内众多少数民族的士兵和将领怎么也不敢想象这位能征惯战的将领,原来是一个学识渊博的书生。韦蟾这首诗精辟地概括了宁夏作为"塞北江南"的富饶美景,又指出了古灵州是北部边地重要的军事重镇,因此提高了宁夏在中国古代历史上的知名度。

这首诗中的一句话引起了人们的兴趣和疑问,为什么要说"塞北江南旧有名"呢?难道在唐代以前就有"塞北江南"这个称呼吗?既然是"旧有名",那就说明很早以前就有这个美称了。那么"塞北江南"这个称谓到底有什么来历呢?这还要从唐代以前的南北朝说起。

魏晋南北朝是中国历史上分裂时间最长、社会动荡冲突最剧烈的一段历史时期。铁与血的交融和碰撞撕裂了中国历史原有的进程和轨迹,文明被蛮荒替代,农田变成了牧场。广大的中国北方的繁荣富庶似乎一夜间就被勇猛强悍的游牧民族扫荡殆尽。秦汉以来素有繁荣富庶"新秦中"之称的宁夏平原也成了北方游牧民族南下的重要据点,农田荒废了,河渠壅塞了,农民逃散了,宁夏平原似乎退回到了戎狄蛮荒阶段。但历史的进程虽然有波折,有倒退,有反复,但毕竟前途是光明的。宁夏平原的农业经济在战火中艰难地孕育着新的嫩芽。随着北魏统一北方,宁夏的农业经济再一次获得了新生,北魏薄骨律镇将刁雍大兴宁夏水利,

重修艾山渠,使宁夏的农业经济在短期内获得了一定的恢复和发展。北魏政府在发展农业的同时,坚持畜牧业和农业并重的方针。据《魏书·食货志》记载:"世祖之平统万,定秦陇,以河西水草善,乃以为牧地。畜产滋息,马至二百余万匹,骆驼将半之,牛羊则无数"。北魏时期,先后有鲜卑、匈奴、羌、敕勒、柔然等以畜牧见长的游牧民族部众散居在这里,北魏政府自然把它作为畜牧业基地。宁夏境内少数民族人口众多,游牧文化占据了地方文化的主流,宁夏成为"天苍苍,野茫茫,风吹草低见牛羊"的游牧乐园。这种局面直到北周时期大规模移民宁夏,才得以改变。

农田水利建设

北魏末年,中国北方再度分裂。北魏统治集团内部的矛盾日益激化,永安元年(528年),地方军阀尔朱荣借口胡太后毒杀孝明帝,进兵洛阳,夺取了政权。但因过于跋扈,被继位的孝庄帝杀死。尔朱荣之侄尔朱兆又杀孝庄帝,另立元恭为节闵帝。紧接着,尔朱荣部将高欢又进兵洛阳,杀节闵帝,立元脩为孝武帝。孝武帝不甘心做傀儡,遂于永熙二年(533年)任命贺拔岳为雍州刺史,借以制衡高欢的势力,却不料养虎为患,为东魏、西魏的并立割据埋下了隐患。永熙三年(534年)贺拔岳被高欢派遣的侯莫陈悦诱杀,孝武帝又任命宇文泰为大都督,统领贺拔岳旧部,秦陇尽为宇文泰所占据。同年七月,魏孝武帝从洛阳西逃长安,投奔宇文泰,却被宇文泰杀死。据守东都洛阳的高欢立元善见为帝,并迁都于邺(今河南安阳市北),史称东魏。宇文泰则立元宝炬为帝,定都长安,史称西魏。魏分东西是高欢、宇文泰两大政治集团争斗的结果。但政治上的争斗既造成了宁夏平原经济的倒退、人口的流失,也为"塞北江南"在战乱中浴火重生创造了条件,这对于宁夏来说亦是不幸中的万幸。

魏分东西以后,西魏占据着关陇及河套,以五原黄河及洛阳一线与东魏对峙。宁夏全境属于西魏,但宁夏当时最高行政长官——灵州刺史曹泥却一直与高欢相往来,想要投奔东魏。这对于西魏来说,无疑是一个不小的祸患。曹泥是匈奴人,一直占据灵州,围绕着灵州的争夺,成为当时东魏、西魏一场你死我活的争斗。535年,宇文泰派骠骑大将军李虎进攻灵州,曹泥被围困四十多天,被迫投降,但西魏为了笼络曹泥,仍让他担任灵州刺史。次年初,高欢袭击西魏夏州,擒刺史斛拔俄弥突,并迁其部落五千户东归。夏州离灵州只有百里之遥。灵州刺史曹泥见东魏势盛,又开始谋划着叛投高欢了。宇文泰见曹泥叛降不定,下令赵贵、李弼等再次进攻曹泥。曹泥率领灵州军民奋力抵抗。西魏军攻不下灵州,就挖开河渠,水淹灵州城,水深四尺有余,灵州城似乎又要不保

了。高欢听说灵州被围,立即下令阿至罗领三万骑兵攻西魏军背后以援助曹泥,西魏军腹背受敌,不得不放弃攻打灵州。阿至罗顺利到达灵州后,劝说曹泥带领全城民众迁到东魏境内的汾州。曹泥见灵州孤悬一方,实在守不住,只好率领全城百姓五千余户迁到汾州隰城(今山西汾阳县)。这次大移民几乎把宁夏平原上的人口迁徙一空,但也为宁夏境内新移民的到来创造了条件。

西魏恭帝三年(556年),宇文泰病死,其子宇文觉废西魏而自立,改国号为周,史称北周。在北周统治的二十余年间,宁夏境内掀起了大规模的移民浪潮,为"塞北江南"的最终形成奠定了基础。

"塞上江南"现在已经成为宁夏平原约定俗成的代名词。但塞上江南最早在史书上出现的词汇是"塞北江南",也许是后人引用的多了,从书本走向民间,被人们口语化地称为"塞上江南"。"塞北江南"这个概念的提出,出自北宋著名文学家、地理学家乐史所撰写的宋代地理总志——《太平寰宇记》。该书记道:"灵州:风俗。本杂羌戎之俗。后周宣政二年(应为宣政元年,即578年)破陈将吴明彻,迁其人于灵州,其江左之人尚礼好学,习俗相化,因谓之塞北江南"。

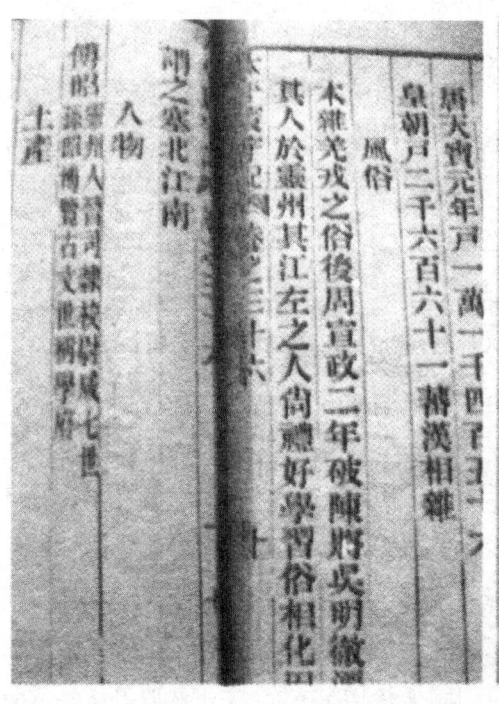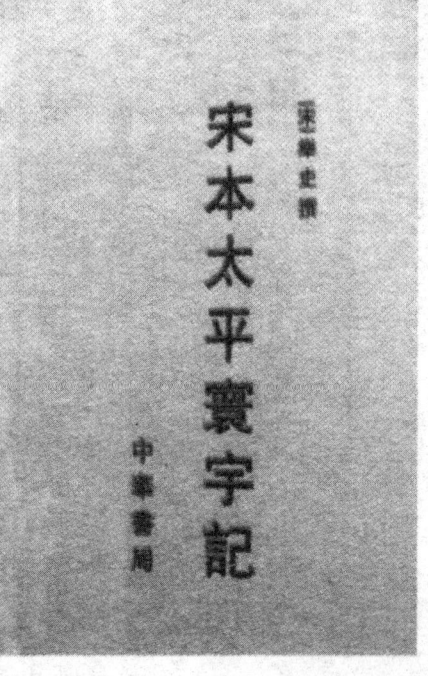

《太平寰宇记》关于"塞北江南"的记载

陈朝大将吴明彻是什么样的人？为什么他率领的数万士兵要被千里迢迢地迁移到宁夏来呢？

吴明彻，字通昭，出身于士族大家。其父吴树，官至梁朝右军将军。吴明彻成年后，在梁朝宫廷任职。这时梁朝发生了内乱，百姓们穷苦无靠，无衣无食。吴明彻家里有3000余斛粮食，他毫不犹豫地拿出全部存粮救济家乡百姓，救活了很多人。陈代梁后，陈朝开国皇帝陈霸先非常器重吴明彻，曾和他彻夜长谈经史之学及治国之道。吴明彻被陈朝委任为征北大将军，晋爵为南平郡公，成为南朝北伐中原、防御北朝进攻的重要大臣。

北周初年，周武帝宇文邕取代北齐政权，完全控制了北方，想统一全国，就派兵向南朝进攻。陈宣帝派吴明彻领兵出征，多次打败北周徐州总管梁士彦，梁士彦不敢出战，退守城池，同时派人向北周求救。北周派大将王轨率大军救援。王轨很会用兵，他知道南方军队习惯水战，只要阻断淮口，断绝水路，南朝军队便没有退路了。王轨占领淮口后，在水中竖起木桩，用铁链穿住车轮沉在江底，用来阻挡吴明彻的水军，并在河口两岸筑城防守。陈朝将领非常惊恐，谯州刺史萧摩诃对陈明彻说："现在我军前遇坚城，退路被断，只有赶紧突围才有希望。将军您率领步卒乘马撤退，我率领数千铁骑前后护卫，一定可以安全地护送您到达京城。"吴明彻此时正身染重病，背痛难忍，只好同意撤兵。但他认为自己身为大将，不能率先逃生，他对萧摩诃说："你的计策是非常好的，但我身为大将，受命北征，被困至此，无颜见江东父老了。何况我军基本全是步卒，行动缓慢。我身为都督，怎么可能乘马先行？我一定要率兵在后面殿后，替你们挡住追兵。将军你可以率马军率先突围，不可迟缓！"就这样，萧摩诃率马军先行，吴明彻亲自率兵断后，不料到达清口后，吴明彻的战船碰到了王轨沉在水中的木桩和车轮，无法行进。王轨率兵趁机进攻，大败吴明彻，所部三万余及辎重全部被王轨俘获，吴明彻本人亦未能幸免。北周俘获吴明彻后，对他非常尊重，以礼相待，封他为怀德郡公，位至大将军。但吴明彻认为自己丧师辱国，没有完成使命，非常忧愤，加上背疾发作，不久就病逝于长安，时年六十七岁。

吴明彻虽然死了，但他统率的三万军队如何安置呢？北周武帝宇文邕觉得这批士兵都来自江浙一带，熟悉农业操作方法，如果能安置到一处有水渠灌溉又离江淮前线较远的地方，化兵为民，屯田耕种，一定可以收到良好的效果，于是北周

朝廷便把这批士兵及家属安置到人口稀少、耕地较多、河渠灌溉方便的宁夏平原，让他们进行屯垦戍边。因为陈国的都城在建康，也就是今天的南京，其国土疆域在长江下游的江苏、浙江和闽赣东部地区。吴明彻本人也是江苏南京郊县六合县人，所以吴明彻统领的军队当然是以长江下游的江浙籍人为主。这批士兵及家属来到宁夏后，丝毫没有陌生的感觉，因为这里沼泽密布，河渠众多，土地肥沃，和他们的家乡简直一模一样。这些士兵们从此安心在宁夏扎根，把宁夏当做他们的第二故乡。由于江浙一带文化十分发达，比当时的宁夏本地少数民族文化水平高出很多。他们把南方的风俗习惯、农业耕作方法、先进的生产工具、高产的作物种籽都带到了宁夏，三四万人的军队移民散布于宁夏平原的山川大地，宁夏人口似乎一夜间进行了一次大换血，原来的戎狄野蛮之俗没有了，代之而来的是琅琅的读书声。江南水乡的吴侬软语在宁夏处处都能听到，人们开始崇尚礼义，喜好读书，农业生产水平也突飞猛进。从江南来的人们到这里，如果不提是到了宁夏，一定会以为是到了江南水乡呢。这就是"塞北江南"典故的由来。

　　北周政府在宁夏进行大规模农业建设并不是偶然的。早在建德三年（574年），为了恢复东、西魏灵州之战后残破的当地经济，北周政府就下令在灵州管辖的黄河西岸恢复了北魏时设立的怀远县，还从内地迁来二万多户移民安置在河西灌区进行农业开发。后因人口急剧增加，经济发展迅速，又在怀远县之外增设了怀远郡，以便加强对河西地区的管理。

　　不管是"塞北江南"还是"塞上江南"，意思都是一样的，都是对宁夏这片美丽富饶的黄河绿洲由衷的赞美，也饱含着宁夏人民对自己家园"不是江南赛江南"的骄傲和自豪之情。

胡琛举义高平城
丑奴建元号神兽

古战场

南北朝时期,鲜卑拓跋部统一北方,建立北魏政权,结束了长达200多年的分裂动乱局面,使得包括宁夏在内的北方广大地区进入较为安定的时期,生产力开始有所恢复,人民生活得到了一定的改善。但是,到宣武帝(500—516年在位)即位以后,由于其年少(仅16岁)无能,大权旁落,"不能亲决庶务,委之左右",致使幸臣、外戚专权,小人当道。当时汉化了的鲜卑贵族生活腐化,政治腐败,官员竞相巧取豪夺,公然收受贿赂,明码标价,卖官鬻爵,贪赃枉法,官场一片黑暗。老百姓对贪官污吏们恨之入骨,视官员为"狼虎",称权倾一时的宗室右卫将军元晖为"饿虎将军",称把持朝政的侍中卢昶为"饥鹰侍中"。加之自然灾害严重,连年水旱,雪上加霜,而官府的岁赋仍然有增无减,"官逼民反",没有生计的各族人民只有造反求生一条路可以走了。

从宣武帝到孝明帝时,北方和西北各地各族人民的反抗斗争此起彼伏,如北魏宣武帝正始三年(506年),秦川(今甘肃省天水市)、泾川(今甘肃省镇原县境内)汉族吕苟儿、陈瞻的起义。永平三年(510年),秦川、陇西羌民起义。北魏孝明帝神龟三年(520年),又发生宫廷政变,侍中元叉、中常侍刘腾上台执政,对于人民的压迫与剥削更加严重,导致北方爆发"六镇大起义"。

所谓"六镇",是指北魏建国、定都于平城(今山西省大同县境内)时,为拱卫京城在北方设置的六个军镇:沃野镇(今内蒙古五原县境内)、怀朔镇(今内蒙古固阳县境内)、武川镇(今内蒙古武川县境内)、抚冥镇(今内蒙古四子王旗境内)、柔玄镇(今内蒙古兴和县境内)、怀荒镇(今河北省张北县境内);除北方六

镇之外,还有平城东北部的御夷镇(今河北省赤城县境内);在六镇西部则有宁夏的薄骨律镇(今宁夏吴忠市利通区境内)和高平镇(今宁夏固原市原州区)。北魏孝明帝正光四年(523年),沃野镇匈奴人破六韩拔陵举旗反魏,建号"真王元年",揭开六镇大起义的序幕,北方各镇各族人民纷纷响应。西北关陇人民大起义就是在六镇大起义的影响和推动下发生的,同属于北方各族人民反魏斗争的有机组成部分,是它的继续发展。

宁夏高平起义是西北各族人民响应"六镇起义"开展反魏斗争的先声,发生在北魏孝明帝正光五年(524年)四月,领导人是敕勒族(亦称高车族)酋长胡琛。

高平的来历:西汉元鼎三年(前114年)设高平县,作为从北地郡中分离新置的安定郡治所,高平地名的首次出现。意思是此城镇在黄土高原的源头之上,地势既高而又平整。东汉时又称高平第一城。东晋十六国间,一度废改。北魏太延二年(436年)改置高平镇,作为军镇,不领郡县。正光五年(524年),恢复地方行政建置,改军镇为原州。西魏末年曾一度改名为平高郡。

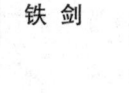

铁剑

北魏延昌四年(515年),不满5岁的孝明帝元诩即位,表面上是由其生母灵太后胡氏"临朝听政",实则军政大权被宦官刘腾和灵太后的妹夫元叉共同把持。此二人狼狈为奸,相互勾结,"表里擅权",满朝文武都要观二人眼色行事,"公私属请,唯在财货""岁入利息以巨万计",就连宫廷和国库也成了他们的"小金库",任意侵占,无人敢于监督,甚至生杀予夺也是此辈的一句话。他们的族人和狐朋狗友皆仗势为非作歹,人人贪污,家家霸道,形成了一个盘根错节、左右朝野、祸害全国的庞大集团。正直的官员敢怒不敢言,"百姓穷困,人人思乱。"灵太后也不甘受制,就把宗室清河王元怿调到朝中,并暗中以身相委,让他辅政,决策大事,来对付元叉和刘腾。但是元、刘集团已羽毛丰满,军国要害部门均被党羽控制,元怿势单力薄,不仅制服不了对方,反而招来了杀身之祸。灵太后也被软禁起来。到正光四年(523年)三月,孝明帝和灵太后乘刘腾病死,先夺回宫廷内部的控制权,两年后又诛灭了元叉,灵太后再次"临朝听政"。不久朝政大权又落入中书令、车骑将军郑俨之手。郑又网罗徐纥、李神轨等一批野心勃勃的文人,阻止孝明帝"亲政",并毒杀了他。武泰元年(528年),晋北契胡人、大牧主尔朱荣又拥兵攻入京都洛阳,把郑俨、徐纥集团赶跑,把灵太后和刚立的幼主都沉入黄河溺死,相继杀死宗室、大臣二千多人,改立元子攸即位,是为孝庄帝,朝政大权又被更加凶残的尔朱荣把持。仅仅10年间,北魏朝政三易主宰,前门走了狼,后门又进了虎,一茬比一茬更坏,对人民敲骨吸髓,人民只有以死求生了。就在此时,北方柔然南犯,给人民起义点了一把火。

　　高平起义的大旗原是匈奴人赫连恩第一个举起的。发难以后,义军公推敕勒族酋长胡琛为首领,称高平王,与匈奴人破六韩拔陵领导的北方六镇起义军遥相呼应。在高平起义的带动下,仅两三个月时间,各族人民反抗斗争的烈火燃遍了关陇大地。在秦州(今甘肃省天水市)有薛珍、刘庆、杜超等人杀刺史李彦起

烽火台遗址

| 古代骑俑马队（固原市出土）

事,推羌族人莫折大提为帅,称秦王。秦州起义又引发了南秦州(今甘肃省成县境内)张长命、韩祖香、孙掩等人杀刺史崔游的起义。这时高平起义军已经转移到北方灵、夏地区扩展新的战场。莫折大提便选派部将卜朝率精兵攻占高平城,朝廷所任的镇将赫连略和行台高荣都被杀。不久,莫折大提死,儿子莫折念生即位,称天子,建元"天建",置百官。这期间,凉州(今甘肃省武威市境内)、朔方(今陕西省子长县境内)等地汉族人民均据州造反,至此,西北各族人民大起义如火如荼,遍地开花,势不可挡。

各路起义军在官军强大攻势下,纷纷失败,只有胡琛一部继续以宁夏北部灵州地区为中心,坚持斗争;莫折念生一部以宁夏南部原州(治高平县)地区为中心坚持战斗,两部都在斗争中得到发展壮大,成为关陇地区起义军阵营中的两支生力军。

南路起义军莫折念生部于正光五年(524年)十一月,由其弟、秦州义军统帅莫折天生攻下岐州(今陕西省凤翔县境内),杀魏军都督和雍州(今陕西省西安市)刺史裴芬之,并与由蜀入陕的起义军一起攻打西北重镇长安城(雍州治所)。魏廷不得不让攻打宁夏北部胡琛的官兵南下救援,打败义军,解了城围。魏军乘胜,命西辽行台大都督萧宝寅和征西将军崔延伯合力击败了莫折天生,迫使义军退回秦州根据地,损兵10万之众。官兵所到之处掳民、掠财、抢美女"赏赐"部下,地方不堪其扰,人们对官兵恨之入骨。

北部起义军胡琛部在高平起事后,被魏将卢祖迁所逼,率部北上,活动于宁夏、陕西、甘肃一带,与魏军北海王元颢对阵,而其发迹地高平反被莫折大提部将卜朝占据。正光五年(524年)十月,高平人民自发组织起来,杀死卜朝,将胡琛义军迎回。次年四月,胡琛派大将万俟丑奴、宿勤明达进攻泾州(今甘肃省泾川县),魏调集卢祖迁、伊瓮生、萧宝寅、崔延伯等各路大军12万、铁骑8000围剿义军。义军先痛歼勇冠全军的崔延伯部,牵动各部官兵纷纷溃逃,从而粉碎魏军此次的军事计划,形势发展对起义军阵营来说非常有利。

但是,就在这个由败转胜、出现转机的关键时刻,义军阵营内部发生了纷争。先是胡琛为发泄对秦州义军曾占据他的发迹地高平的不满,以至于不顾大局收

留了莫折念生部的叛徒吕伯度,还加封他为大都督、秦王,甚至极端错误地命吕攻打秦州义军。当吕打败莫折念生后,又调转头来攻打胡琛部将刘拔,在重创义军两支军队后,他又去向官军萧宝寅投降。当关陇义军两大主力行将被各个击破、面临被消灭的危急时刻,秦州莫折念生从大局出发,抓住前来接管义军的魏将崔士和,把他送交胡琛,两军再次和好,合作战斗。叛徒吕伯度也被义军除杀。形势刚有转机,被柔然族打败的北方义军总首领破六韩拔陵此时已退驻到黄河以南地区,他又认为胡琛"浸慢"了自己,遂于孝昌二年(526年),派部臣费律到高平,诱杀了胡琛。高平王位由部将万俟丑奴继任。

在接下来的战斗中,秦州与高平义军团结战斗,取得一连串胜利,整个关中要地几乎都在义军的控制之下,负责镇压关陇起义军的魏大将肖宝寅因一败再败而被朝廷撤职,免为庶人。但是似乎天不祐人,每到即将取得胜利的关键时刻就又出现阴影。孝昌三年(527年),秦州义军著名统帅莫折念生战死,接着莫折念生全家又被叛徒杜粲杀害。高平王万俟丑奴虽然于武泰元年(528年)七月,在高平称帝,定年号为"神兽",但好景已是不长了。这时魏集中全力对付高平义军。长广王(东海王)建明元年(530年)四月,魏廷任命尔朱天光为统帅,以贺拔岳、侯莫陈悦为左、右大都督,充副帅,指挥尉迟菩萨、仆射万俟忤、宇文泰等猛将,先收复关中,后攻打关陇,一路向高平杀奔而来。仅两三月时间,义军各部大将就相继被打败,万俟丑奴被擒,高平城在李贤兄弟的内应下,不攻自破。高平王万俟丑奴被押送魏都洛阳处死。义军余部在万俟道洛的领导下,退到高平附近的深山密林中坚持战斗,后投靠秦安氏人王庆云部;另外义军大将宿勤明达也先降后叛,坚持到节闵帝普泰元年(531年)。一场轰轰烈烈的关陇大起义和高平反魏斗争,在坚持7年之久后终被镇压下去。

"高平民族起义"最终以失败而告终,但是这次起义动摇了北魏的统治基础,迫使统治阶级的上层不得不采取了一定的退让政策,以缓和激烈的阶级矛盾和民族矛盾。如把北方军政合一管理体制仍改为州、县地方政权;将原限制人身自由权利的所谓"府户"也恢复为平民身份,人民群众得到了解放。另外,在这次各民族团结战斗的大起义中,加深了民族间的友谊,也促进了民族的融合,推动了社会经济的恢复和发展。

太宗灵州会百王
民族团结一家亲

吴忠古城湾

大唐贞观二十年九月十五日(646年10月29日),塞上古城灵州沐浴在一片欢乐的海洋中,来自西北各民族的数千名首领、使者及随从齐集这里,等待唐太宗李世民的接见。灵州城内外,张灯结彩,鼓乐喧天,人们纷纷穿戴起节日的盛装,等待着一个重要时刻的到来。因为在这一天,唐太宗李世民将在灵州接见来自突厥、回纥、铁勒等部数千名远道而来的客人,在这里宴请他们,并召开民族团结的盛会。为什么会在灵州举行这么重要的活动呢?这还要从唐朝与突厥、薛延陀之间的百年恩怨说起。

突厥是隋末唐初兴起的重要汗国,兴起于土门可汗时期,土门可汗在北方首先打败柔然,自称伊利可汗。他的儿子科罗继位后,继续东征西讨,彻底消灭了柔然,建立起一个版图辽阔的游牧大汗国。大约在中原南北朝间,科罗之弟俟斤即位,称木杆可汗。时中原各国都纷纷拉拢突厥以为己用,北周武帝宇文邕甚至还迎娶木杆可汗的女儿为皇后。北周宣帝又把赵王宇文招的女儿,封为千金公主嫁给木杆可汗的弟弟他钵可汗。北周外戚杨坚取代北周建立隋朝后,已成为沙钵略可汗之妻的千金公主便唆使沙钵略可汗南下侵略中原,企图为北周报仇。隋文帝杨坚派右仆射虞庆则充元帅,出原州道,大败突厥军。突厥战败后,开始内乱,分裂为东西两部,西突厥以达头可汗为首,东突厥以沙钵略可汗为首。到了隋炀帝时,天下大乱,突厥始毕可汗又开始借机犯边,打破了北方安定的局面。中原一些割据势力为了谋取天下,纷纷借突厥力量互相攻伐。朔方梁师都、马邑刘武周、河北高开道、武威李轨等纷纷向突厥称臣。突厥不仅插手中原内乱,还不时南下掠

唐太宗

夺财产和人口,阻挡唐朝统一战争的进行。面对敌强我弱的局面,唐朝政府采取了忍让的态势,以大量财帛贿赂突厥,保持北方较安定的局面。武德三年(620年),颉利可汗即位,开始对唐朝大举进犯。颉利可汗乘唐朝发生玄武门之变,内部不稳之机,率十万骑兵大举进犯,长驱直入,一直打到渭水便桥北,距首都长安只有四十里,唐太宗不愧为有胆有识的一代明君,他亲自率六骑至渭水便桥南,隔河责备颉利可汗负约侵唐。颉利可汗见唐太宗镇定自若,毫不惊慌,认为唐朝一定有防备,遂不敢再轻举妄动。太宗和颉利在渭水桥上杀白马为盟,退兵握手言和。但过了不久,颉利可汗又再次兴兵南下,贞观元年(627年),突厥大雪,羊马大批死亡,颉利却以会猎为名,引兵入朔州。在这种情况下,唐太宗于贞观三、四年(629—630年)之交,向突厥发动全线进攻。在白道川等地,重创突厥主力,俘虏颉利,东突厥汗国至此灭亡。

打败东突厥后,如何处置突厥十余万降众成了一个让唐朝君臣头疼的问题。为此,唐太宗专门把魏征、温彦博等大臣找来商议对策。

朝堂之上,唐太宗环视众人,缓缓说道:"众位爱卿,突厥已灭,北境无忧。但突厥降众甚多,约有十万人,如何安置,使其不生祸乱是当今要务。朕欲效汉武之故事,在河套之地设置羁縻州府,以安置突厥降众,让他们安居乐业。众卿以为如何?"

太宗话音刚落,一旁闪出一人,大声说道:"陛下差矣,臣窃以为不可。"众人定睛一看,原来是闻名的"倔老头"魏征。魏征字玄成,曾任谏议大夫、左光禄大夫,封郑国公,以直谏敢言著称,是中国历史上最负盛名的谏臣,享有崇高的声誉。只听魏征谏道:"陛下,突厥为大唐世仇,当初乘隋亡之乱,侵暴大唐,北境不胜其苦。高祖李渊在位时,不惜称臣以结好突厥,此大唐之国耻也。陛下新立,突厥颉利可汗屡屡寇边,杀我大唐军民无数。幸得陛下神武,将士用命,才得以讨平此贼。今陛下欲安置其降众于河套朔方之地,大错矣!河套乃京畿北境,灵州为关陇巨防。置此胡寇于要地,一旦谋乱,悔之晚矣!陛下应将其降众化整为零,分散安置于内地诸郡县,以礼义教之,使其安心务农,成为我大唐之子民。此为万全之策也,诚望陛下思之。"

听了魏征一席话,太宗不禁犹豫起来。殿中的众位大臣也多同意魏征的意见,以为突厥是反复无常的游牧民族,不能姑息养奸,养虎为患。可是有一位大臣却表示了反对,他就是温彦博。温彦博,字大临,生于北周建德二年,初仕隋,后被罗艺招纳,唐兴,随罗艺投唐,为一代名相。卒于唐贞观十一年,谥曰恭,陪葬昭陵。温彦博说道:"此言差矣。孔子曰:'有教无类',突厥人和唐人其实并无区别,都是大唐的子民。只是语言、习俗、文化不同罢了,并不是什么不可教化的蛮族野兽,而是和我大唐同宗同祖的兄弟。陛下兴仁义之师,诛无道突厥之主,其降众已尽纳入我大唐管辖之中。势弱力孤,已不足为患。我天朝应以德报怨,以礼服人,安置突厥降众,也能彰显我大唐宽厚待人之气魄,必能收到不战而屈人之兵之效。在内郡设羁縻州府,将少数民族集中安置,保留其风俗习惯和社会制度,由其首领自行管理并可世袭,则突厥自安,朝廷省时省力,只要他们服从朝廷的管理,效忠大唐,就不会再生祸乱。"

唐太宗对温彦博的意见非常赞赏。他力排众议,让温彦博实施在内郡建羁縻州集中安置突厥降众的办法。温彦博选取朔方之地,从幽州至灵州,建立顺、佑、化、长四州为都督府,又在定襄、云中分设都督府统之。此为羁縻州府之首创。

唐太宗讨平突厥后,终于松了一口气。但还没等他缓过神来,漠北又兴起一个名叫薛延陀的部族,开始称霸草原,与唐朝为敌。薛延陀是铁勒九姓中的大族,是由薛和延陀两部融合而成的,在漠北以游牧为生。隋朝大业元年(605年),突厥处罗可汗征服了薛延陀部,由于突厥人对薛延陀非常残暴,迫使薛延陀人起兵

反抗，他们联合其他铁勒部落奋起反击，多次打败突厥的进攻。唐贞观元年（627年），薛延陀可汗夷男乘突厥内乱之机，联合其他部落起来反抗突厥颉利可汗。此时唐朝攻伐突厥的战争进行白热化阶段，唐朝为了尽快打败突厥，便派游击将军乔师望到薛延陀，约夷男一起前后夹击突厥，并册封夷男为真珠毗伽可汗。薛延陀有了唐朝的支持和册封，在漠北草原的声望与日俱增，开始成为漠北最大的势力。夷男还派他的弟弟统特勤到长安朝贡，唐太宗在接见统特勤时，赐给薛延陀部宝刀、金鞭，还说："卿所部有大罪的用宝刀斩之，有小罪过的用鞭子鞭打之，你们就代替我在草原上行使权力吧。"有唐朝这个坚强的后盾，夷男如虎添翼，建牙帐于郁督军山下，从此回纥、拔野古、阿跌、同罗、仆骨等铁勒诸部都以薛延陀为首。贞观四年（630年），东突厥汗国灭亡。薛延陀部众在夷男的率领下，尽占突厥故地，成为继突厥之后最大的汗国。贞观十六年（642年），薛延陀真珠毗伽可汗夷男想和唐朝通婚，娶唐朝公主为妻，以扩大自己在漠北诸部中的声望。他派自己的叔父沙钵罗尼熟俟斤到长安，献马三千匹，貂皮三万八千张和玛瑙镜一面，同时为夷男向大唐请婚。唐太宗召集群臣商议对策，群臣都认为薛延陀本漠北一小部落，没有资格和大唐联姻。但太宗却说："朕为苍生父母，如果能通过联姻，使薛延陀归顺大唐，不再重开战端，那我怎么会怜惜自己的女儿呢？如果能和薛延陀联姻成功，那么公主生下的儿子就是我的外孙，哪有外孙侵略大唐的道理？"司空房玄龄支持唐太宗的说法，他认为："现今天下初定，隋末大乱后，天下的人口已经丧失一半，到现在还没有完全恢复。如果贸然拒婚，导致双方开战，唐朝的国力恐不能支撑太久。如果能和亲成功，那么就是天下苍生之福。"在房玄龄的劝说下，唐太宗答应许婚，决定把新兴公主许给夷男为妻。但前提是夷男必须要备厚礼，亲自到灵州完聘迎娶，太宗还托人告诉夷男，自己准备在灵州接见夷男，为其隆重主持婚礼。夷男接到请婚成功的消息后，非常高兴，他对部下说："我本来是铁勒部的一个小首领，唐朝天子如此看重我，不仅让我统率漠北众多部落，还把公主下嫁给我，这是薛延陀部最大的荣耀啊。"为了尽快筹备好彩礼，夷男派人到处横征暴敛，惹得铁勒诸部民怨沸腾，民心离散。铁勒诸部离灵州万里之遥，想要在这么短的时间内筹备好丰厚的聘礼，十分困难，作为聘礼用的牛羊还没有赶到灵州，就死掉了一半。唐太宗见夷男迟迟没有办好聘礼，误认为夷男没有诚心，并派人责备夷男,还下诏与夷男绝婚。这对于薛延陀来说,无疑是奇耻大辱。夷男在铁勒诸部的威信一落千丈。由于太宗悔婚,夷男十分愤恨,不久就病死了。从此,薛延陀开始与唐朝时断时续的战争,一直严重威胁着唐朝北境的安全。贞观十九年(645年),即位伊始的薛延陀可汗多弥认为太宗督战辽东,无暇北顾,就率军侵犯河套,不料唐太宗早有防备,夏州都督乔师望率军将薛延陀打败。薛延陀采取与唐敌对的政策,引起了回纥、仆固、同罗等部的不满,他们联合起来奋起反抗。多弥可汗在逃亡途中被回纥所杀。唐太宗借此机会,派大将李道宗、薛万彻等配合回纥等部,大败薛延陀部,并一举灭掉薛延陀。薛延陀败亡后,贞观二十年(646年),所谓"铁勒九姓"之回纥、仆骨、同罗、拔野古、多滥葛、思结、阿跌等11个部落纷纷内附,并分别派使臣南下向唐朝贡。唐太宗非常高兴,要求使者返回各部后,转请他们的汗王和首领到灵州参加会盟。在唐太宗看来,这是一次彻底解决北方各民族内部矛盾以及与中原汉族人民和解,进而实现蕃汉大团结的好开端,他决心抓住这个机会,亲赴灵州,主持这个重要的民族团结大会。

大唐贞观二十年八月初十日(646年9月24日),正是秋高气爽、风和日丽的好日子。唐太宗从京城长安出发,正式踏上了去往灵州的旅程。唐皇出巡,威仪非凡,车辚辚,马萧萧,旌旗千里,队列雄壮,显示出大唐雄厚的国力与气势。八月十一日(9月25日),经过一天的行程,太宗的车驾到达了泾阳。泾阳是长安北边约70里泾水北边的一座县城。李世民刚到泾阳,前方使者急匆匆来报:"陛下,铁勒九姓中的回纥、拔野古、同罗、仆骨、多滥葛、思结等十一姓部落派遣的使者去往长安,刚好到达泾阳。听闻陛下去往灵州路过这里。请求陛下召见。"并呈上了一份奏章,请唐太宗阅示。唐太宗打开一看,只见上面写着:

薛延陀不事大国,暴虐无道,不能与奴等为主,自取败死,部落鸟散,不知所之。奴等各有分地,不从薛延陀去,归命天子,愿赐哀怜,乞置官司,养育奴等。

这段奏章的大致意思是说,薛延陀部不能老老实实地做大唐的臣民,反叛大唐,残暴无道,已被大唐打败,不知逃到何方去了。我们这些不愿意跟随反叛的部落各自都有大唐王朝分给我们的地盘,决不愿跟随薛延陀部反抗唐朝,只希望能

归顺天子,请求大唐王朝派遣官吏来领导管理我们。太宗看完后非常高兴,立即下令设宴招待这些少数民族部落的使者,并举行了庆祝会。唐太宗还向这些少数民族部落颁布了诏书,给他们的首领颁赐了官印和任命文书。唐太宗还派遣右军中郎将安永寿护送这些使者返回,并让他们向各自部落的首领转告唐朝皇帝的慰问之情,并明确告知他们,自己要亲自到灵州去接见他们,要他们从速到达灵州,参加民族团结的盛会。

八月二十七日(10月11日),唐太宗一行终于越过了陇山关,到达了今天宁夏境内的瓦亭。陇山就是今天宁夏固原境内的六盘山,陇山关是六盘山上的一个缺口,是关隘要地,也是六盘山唯一可通行的道路。秋日的六盘山,层林尽染,万山红遍,草木茂盛,野兽出没,真是天然的优良牧场。唐太宗早就知道这里的瓦亭一带设置有一个大型军马场,放牧着数十万匹良种军马,是大唐军队重要的后勤物资基地。这次路过,正好前往视察一番。唐代对军马养殖非常重视,设置于固原六盘山区的陇右牧马监是唐朝最重要的军马养殖基地之一,为唐朝打败突厥和薛延陀等部立下了汗马功劳。唐太宗李世民到达牧马场,看到数十万匹良种军马个个膘肥体壮、神骏异常,十分高兴,心中暗暗称赞六盘山区真是一块风水宝地,是放牧优良场所和军马繁育最佳基地。临行前,他又对管理牧马的官员进行了表彰。

唐太宗在瓦亭逗留数日后,又整顿出行队伍,继续向灵州进发。出了瓦亭关,已进入了塞外之地。春秋战国以来,为抵御北方少数民族的入侵,筑长城为塞。当时最北边的战国及秦长城在今固原一带,故固原以北之地即称塞外,又称塞北。唐太宗看到"大漠孤烟直,长河落日圆"的浩瀚大漠风光,联想到往日这一带曾是大唐将领和突厥征战厮杀的战场,眼前似乎又看到了两军对垒、战马奔腾的情景,耳边似乎还响着征鼓阵阵、胡笳声声的余音,想到不日就要到达灵州接受少数民族部落首领们的朝见,心中不禁感慨万千,诗兴油然而生。于是,他一边走一边在马背上吟诵着诗句。每到一地驻跸,夜静时都要铺开纸笔挥毫泼墨,把路途上的所感所思记下来,一连几日,终于写成了一首气势磅礴的《饮马长城窟行》诗:

塞外悲风切,交河冰已结。瀚海百重波,阴山千里雪。

> 迥戍危烽火,层峦引高节。悠悠卷旆旌,饮马出长城。
> 寒沙连骑迹,朔吹断边声。胡尘清玉塞,羌笛韵金钲。
> 绝漠干戈戢,车徒振原隰。都尉反龙堆,将军旋马邑。
> 扬麾氛雾静,纪石功名立。荒裔一戎衣,灵台凯歌入。

又经过十余日的跋涉,唐太宗的车驾终于在九月十五日(10月29日)到达灵州。由于事先唐太宗已派右军领中郎将安永寿提前到达灵州,向先期到达的各部落首领颁布了诏书,草原各部落首领听说唐太宗要亲自来灵州接见他们,都异常兴奋,他们或亲自带队赶往灵州,或派使臣作代表赶往灵州,等待迎接唐太宗的到来。唐太宗到达灵州时,先期陆续到达灵州的铁勒诸部首领和使者已有好几千人。灵州城内也是一片忙碌,到处张灯结彩、火树银花,热闹得就像过年一样。九月十五日这天,灵州军民和少数民族诸部落的使者上万人出城,列队等候唐太宗车驾到来,唐太宗的车驾离城还有十几里,大道两旁就已列好了欢迎的人群,乐声四起,少数民族的首领和使者们甚至跳起了欢快的民族舞蹈。唐太宗的辇车从欢迎的队伍中穿过时,欢呼声一浪高过一浪,久久不能停息。灵州城内万人空巷,一片沸腾。

唐太宗看到灵州歌舞升平、四海一家的欢乐景象,不禁感慨万千,想到自己从小跟随父亲李渊起兵反隋,历经多少苦难,才开创了太平盛世的局面,内乱方平,外患又起,突厥、薛延陀相继称雄北方,唐朝边境不稳,国力方弱,他亲率大军,东征西讨,马不解鞍,人不解甲,如今外患全部被削平了,大唐的国威和声望达到了前所未有的高峰,这一切都是他亲手创造的。回想过去的点点滴滴,他不禁豪情万丈,感慨良多。当天晚上,唐太宗在灵州举办了大型的宴会,招待各部落来的首领和使者,宴席上,不仅有大型的歌舞表演《秦王破阵乐》,还有来自西域的胡旋舞等,人们欢笑着,舞蹈着,高歌着,尽情表达着自己的喜悦之情。欢庆的晚宴达到了高潮时,大家都喝得酒兴阑珊,兴致正浓。有的人干脆拔剑起舞,表达自己无比愉悦的心情,有的人则纵酒高歌,吟诗作对,一派君臣同乐的太平景象。唐太宗也按捺不住自己激动的心情,让侍从拿来笔墨,准备挥毫泼墨,作诗纪念这一难忘的时刻。正在欢宴的群臣和各民族的首领们见太宗要当场献宝,都纷纷围拢过来。只见太宗略一沉思,在纸上写下了几个龙飞凤舞的大字。大家一看,只

见上面写着：雪耻酬百王，除凶报千古。

  各民族的首领和群臣都不解其意，"雪耻""除凶"做何解释？为什么要发出这样的感慨呢？唐太宗看着大家疑惑的神情，不禁笑着说："朕自幼生于乱世，隋朝暴虐，天下大乱，群雄蜂起，称霸一方，朕跟随父亲于太原起兵反隋，本就是为了解天下苍生于倒悬，救黎民于水火之中。不想突厥势大，借中原战乱频仍之机，侵暴中原，扶持乱臣贼子窦建德、刘黑闼、刘武周等，与唐抗衡，战乱不休，不知杀伤我大唐多少子民。高祖跟朕起兵之时，兵微将寡，无力抵御突厥侵扰，只好俯首称臣，还曾派刘文静出使突厥，借兵伐隋，每岁送大量金帛子女给突厥，不可胜计。大唐初立，突厥连年进扰，高祖不堪其扰，曾想迁都避之。幸亏朕坚决反对，亲自出征，才保住了大唐基业。这都是我大唐的耻辱啊！朕每思及此，都食不甘味，夜不能寐，总想着有朝一日能讨平此贼，以雪我大唐国耻。想不到在我有生之年，终于讨平突厥，灭此大患。岂不快哉！此之谓'雪耻'也。突厥刚灭，薛延陀又继之而起，妄图以武力威逼各部侵犯大唐，朕本意笼络其可汗夷男，派公主下嫁于他，想不到他居然狼子野心，称霸草原，横征暴敛，汝等各部皆不堪其苦。朕顺天应人，

太宗灵州会百王

灭此虎狼之国,解诸君被其压迫之苦,此之谓'除凶'也。"

在场的群臣和各部落的首领们听罢,才恍然大悟,不禁对唐太宗的文治武功敬佩不已。他们纷纷拜倒在地,高呼"万岁",一致要求将此诗句和平定突厥灵州受降酬王的盛举刻于石碑之上,以作永久纪念。唐太宗欣然同意。

唐太宗抵达灵州仅仅几天时间,从西域各地来到灵州的突厥、回纥、铁勒等部的首领和使者就达到了数千人之多,甚至有人不远万里而来。接下来的几天里,唐太宗开始分批接见各少数民族的首领和使者。这些前来朝贺的少数民族部族的首领和使者都向唐太宗献上了珍贵的地方珍奇特产,有献美玉的,有献良马的,有献珍禽异兽的,有献貂衣雉尾的……唐太宗对各部一一给予了丰厚的赏赐。各部族的首领看到唐太宗对待少数民族非常宽厚,把他们当成大唐的子民一样,都非常激动。他们纷纷要求归附大唐,成为大唐的子民,要求唐太宗像管辖内地郡县一样,派官吏去各部落设置州府郡县。唐太宗看到大家如此踊跃,本应该同意才是,可是他却明确回绝了各部落的提议。他下诏说:"诸部虽有归唐之意,然习俗与华夏不同,大唐攻灭突厥、薛延陀,并不是贪图他们的财产和土地。设置

灵州会盟纪念碑

羁縻州府是可以的,但你们各族可以自由管理本族的事务,大唐并不干涉。"这些部落首领听了唐太宗的话后,纷纷表示:"陛下是我们所有草原部落共同的大汗,今后我们一定听从大唐的差遣。陛下像天一样广阔无边。我们愿意尊您为'天可汗'!从此以后,各部落的子子孙孙都要侍奉您的国家,就算死也不会后悔。"唐太宗实行的包容、怀柔、安抚的民族政策收到了良好的效果,彰显了大唐的国威,也得到了各部落的由衷爱戴。灵州民族团结大会召开后,被发左衽之乡、狼望龙堆之境再也没有跟唐朝对抗的少数民族政权存在。唐朝国威远扬,唐太宗被尊称为"天可汗"。"可汗"是北方民族对君主的称呼,天可汗即是伟大、崇高的可汗。这个称号意味着唐太宗不仅是中原的皇帝,而且也是北方各族各部的共主。在多民族的大国里,各民族的接触和融合不断发展,全国需要进一步统一,更需要有个共主,天可汗的出现就适应了这一要求。从此以后,各部落的首领去世后,都要重新接受朝廷的册封,否则就是非法的。边疆各民族开始接受唐朝节制,唐朝管辖权开始深入到边远地区。唐太宗顺利举办完成灵州大会后,于十月二十八日从灵州返回长安。

灵州民族团结大会后,唐贞观至开元年间,为安置归附的回纥、突厥、铁勒等部,朝廷在灵州境内设置过近20个羁縻州。其中有确切记载的州名有:缘州,治他楼城,贞观六年安置突厥降户置州,后改萧关县,在今海原县李旺镇与宁夏同心县羊路乡之间。燕然州,在回乐县境内,安置回纥多滥葛部190户978口,初为都督府。鸡鹿州,在回乐县境内,安置回纥奚结部132户556口。鸡田州,亦在回乐县境内,安置回纥阿跌部140户469口。东皋兰州,在鸣沙县界,包括今中宁县北部、红寺堡开发区,安置回纥浑部1342户5182口,是安置人数最多的,初设都督府。燕山州,在温池县境内,今盐池县惠安堡、同心韦州一带,安置430户2176口。烛龙州,在温池县境内,安置掘罗勿部117户353口。祁连州,安置薛延陀部。六胡州,调露元年置鲁、丽、塞、含、依、契六州,安置突厥降户,总称六胡州,位置在今宁夏盐池、同心、中宁等县境。另有高丽州,设于贞观二十年。

唐皇优抚吐谷浑
公主下嫁诺曷钵

胡人牧马图

历史时期的宁夏地区曾是众多游牧民族生息繁衍的地方,甚至成为一些被压迫民族最后的避难所。在唐代,就有一个遭受异族压迫,被迫流亡他乡的民族落户宁夏,这个民族就是在隋唐时期显赫一时的吐谷浑。唐高宗咸亨三年(672年),为避吐蕃侵扰,吐谷浑末代可汗诺曷钵及其妻子弘化公主率部迁往灵州一带,朝廷设安乐州(今宁夏中宁、同心、盐池三县部分地区)妥善安置,并任诺曷钵为刺史。安乐州的寓意为"欲其安而且乐也"。从此,吐谷浑这个曾称雄西北草原的庞大王国的最后血脉就在唐王朝的庇荫下,在宁夏境内安居乐业。

诺曷钵这位吐谷浑的可汗怎么会流落到无家可归的地步呢?唐朝弘化公主是千里之躯,身份显贵,怎么会嫁给一个国破家亡的少数民族首领呢?这些都是历史之谜。要说清这一切的来龙去脉,还需要从吐谷浑这个被现代人所遗忘的古代民族如何起源、发展及其与中原王朝的恩怨瓜葛说起。

吐谷浑族原来仅是北方古老的游牧民族鲜卑族的一部分,属于辽东慕容鲜卑。鲜卑族最早居牧在今蒙古草原和东北地区,总的属于古东胡的一支。大约从魏晋十六国时期,开始西迁、南下,最远到达过江淮和新疆地区。在"五胡十六国"北方各民族纷争的年代,鲜卑族也不例外,积极参与到攻城、掠地和建立政权的运动中去。在"五胡"之中,由鲜卑族建立的国家最多,他们是:代、前燕、西燕、后燕、南燕、西秦、南凉和吐谷浑等8个地方政权。公元386年,鲜卑首领拓跋珪重建代国(曾一度被前秦苻坚灭),旋改代为魏,史称北魏,还曾完成统一北方的伟业,直到公元557年西魏灭亡,历时171年、传17帝。

鲜卑族自称自己是黄帝苗裔。据《北史·魏本纪》记载："魏之先出自黄帝轩辕氏。黄帝之子昌意,昌意之少子受封北国,有大鲜卑山,因以为号。"秦汉时为匈奴所败,迁居鲜卑山(在今内蒙古科尔沁旗境内),以山得族名。东汉间一度活动于大漠北部,大约在东汉桓帝(147—167年)时期,鲜卑大首领檀石槐,把部落联盟的势力范围划分为中、东、西三部分,中部首领称柯最,东部首领称阙君,西部首领称慕容,这就是慕容鲜卑的最早来历。

鲜卑族在魏明帝景初二年(238年),帮助魏廷讨伐公孙渊立功,首领莫护跋被封为义王,始建国于棘城(今辽宁省锦州市境内)。传至莫护跋之孙涉归时,再迁襄平(今辽宁省辽阳市境内)。后涉归子慕容廆时,又迁昌黎郡徒河(今辽宁省义县境内)、棘城。所以族内传"始自昌黎",史书称其为"辽东鲜卑"。

鲜卑王涉归死,传位于嫡子慕容廆。吐谷浑此时还是人名,他虽是慕容廆的庶长兄,但因为是庶出,所以不能继承王位,仅分得一千七百家,作为首领。后来兄弟发生矛盾,吐谷浑一气之下,率部众从辽东向西迁徙,时间大约在西晋太康年间(281—289年)。吐谷浑率部众先在阴山一带游牧20多年。到"永嘉之乱"末,进入东晋十六国时代,吐谷浑在河套站不住脚,又开始向西南迁徙,先在枹罕(今甘肃省临夏回族自治州境内)驻牧,后再向西移,游牧于川北、甘南和青海广大地区。吐谷浑死后传位于子吐延,吐延又传子叶延。这期间开始建立吐谷浑政权。叶延喜读书,知经史,受中原儒家文化影响较深,在位时,按中原诸侯的礼仪,以祖父吐谷浑的名字为姓氏、部落和国号(政权)的名称。当时吐谷浑的势力范围南界昂城(今四川省阿坝地区)、龙固(今四川省松潘地区),西达白兰(今青海省柴达木盆地一带),往北一度控制过新疆东南地区,东与中原政权及一些地方政权相接壤。叶延死后,长子碎奚立,内地形势发生很大的变化,"五胡"之一的氐族苻氏在关中建立强大的前秦政权。吐谷浑开始向前秦纳贡,被封为安远将军、漒川侯,这是吐谷浑第一次与内地政权发生关系。碎奚传位于子视连时,苻氏前秦政权已垮台,西秦代前秦,吐谷浑又向西秦政权称臣,西秦封视连为沙州牧、白兰王。视连有2子,长子视罴,次子乌纥堤。长子即位。视罴死后,因儿子树洛干尚年幼,王位由弟乌纥堤继承。其间在吐秦战争中,败于西秦,乌纥堤亡命,树洛干又接叔父的王位,率众逃往莫河川地区(今青海省贵德县境内)。树洛干16岁临危受命,励精图治,一度称霸西方诸羌戎,但终被邻国西秦打败,损失惨重,国力

大伤,年轻有为的国王惭愤而死,年仅24岁。因子幼,改立弟阿豺继王位。阿豺一面继续称臣于北朝的西秦,被封为征西大将军、安州牧、白兰王,同时又开始向南朝刘宋政权纳贡,被封为安西将军、沙州刺史、浇河公。但尚未拜受,就得暴病死,王位由叔父子慕璝继承。慕璝不仅继续向南朝刘宋称臣,同时又对统一北方的北魏政权称臣,南朝封他为陇西王、河南王;北魏封他为西秦王。吐谷浑在南北大国的夹缝中求生和发展,并在西秦、赫连夏和北魏的兼并战争中渔利。后由于西秦和赫连夏国的灭亡,吐谷浑从中夺去了大片土地和人口、财富,使自己也渐渐强盛起来,上升为西北地区一支强大的力量。慕璝死后,其弟慕利延即位,被北魏封为西平王,由此可见吐谷浑当时在西陲的实力与地位。但在慕利延掌权时期,在外交政策方面,相对来说是热南冷北,引起北魏不满,出兵攻打吐谷浑,几乎招来灭国之灾。慕利延死,王位回到树洛干子拾寅的手中。他对南北朝实行等距离外交,所以被南朝封为河南王,被北魏封为西平王。拾寅认为他地处险远,南北朝各国也奈何不了他,便关起门来以王者自居,对大国一天天轻慢起来,因而又引起北魏的不满,再次出兵攻打这个不听话的属国。拾寅战败,遣子费斗斤入质北魏而了结一场战祸。拾寅死,子度易侯继。度易侯死,子伏连筹立。伏连筹执政间,北魏境内爆发北方六镇和关陇、高平等一系列起义斗争,国力衰弱,于是吐谷浑乘中原无力顾及的时机向四周进行扩张,使其势力范围东至垒州(今甘肃省迭部县境内),西到于阗(今新疆和田县境内),北邻高昌(今新疆吐鲁番县境内),东北抵秦岭(指今甘肃省南部岷山),从新疆东南部到四川北部方圆约上千里,成为吐谷浑史上鼎盛的时代。伏连筹死,子呵罗真立。这时吐谷浑与北魏政权基本上脱离了政治隶属关系。大约到西魏大统元年(535年),吐谷浑王位已从呵罗真3传,经佛辅、可沓振而至夸吕手中。夸吕在位时,北魏分裂为东、西魏并立,吐谷浑国也因国内斗争,实力大减,又恢复了与东、西魏的关系。此时夸吕把从妹嫁给东魏孝静帝。东魏也把济南王元匡孙女广乐公主嫁给夸吕。到北齐代东魏时期,吐谷浑与北齐的关系仍然很好。再后与西魏和北周的关系则维持在表面,并时有摩擦。进入隋朝以后,因夸吕在位已40多年,年老昏愦,喜怒无常,随意废杀太子,引起国内一片混乱,国力下降,也就没有力量与隋为敌了。隋开皇十一年(591年),夸吕死,子世伏即位,娶隋宗室女光化公主。几年后,世伏被杀,其弟伏允即位,并按"兄死妻嫂"的民族习惯,续娶光化公主为妻,与隋朝保持着友好关系。隋炀帝即位后，出兵征服了吐谷浑，于大业五年（609年）在其地正式设置郡县，并把入质的伏允子慕容顺封为吐谷浑王，派归降的吐谷浑大宝王尼洛周护送回青海为王。但他们一到青海尼洛周就被杀，慕容顺原道返回隋朝。但伏允也无回天之力，吐谷浑进入到衰落的时代。

唐朝政权建立以后，开疆拓土，积极推行经营西域的政策。此时仍然盘踞于青海、控制新疆东南部的吐谷浑成为挡路石。在和平解决无效的情况下，贞观八年（634年）底，唐廷任命大将军李靖为西海道行军大总管，指挥六路大军约10万兵力开始征服吐谷浑。但是年老昏聩的吐谷浑王伏允大权旁落，国政完全被天柱王所操纵，内部矛盾重重，各王分据一方，羌人背叛，兵力不足，财政困难，不到半年，吐谷浑军就被唐军打败了，伏允王也被部下所杀。

经过这次军事打击，吐谷浑再也没有能力与唐王朝抗衡了。只是唐太宗李世民并不想灭掉吐谷浑。因为这时，一个新兴的强大部族正在青藏高原崛起，这就是藏族人的祖先——吐蕃。李世民不想让吐蕃称雄，于是就想扶持吐谷浑复国，建立一个依附于唐王朝的政权，让吐谷浑牵制吐蕃，保证唐朝西部边境的安全。唐太宗下旨让伏允之子慕容顺继任吐谷浑可汗，也就是诺曷钵的父亲。这位倒霉的新可汗继位没多久，就被对唐朝心存不满的部下杀死。李世民又立其子诺曷钵为可汗，封其为"乌地也拔勒豆可汗"（意为智慧富贵的君主）。从此，吐谷浑用唐历，奉唐国号，并遣子弟入侍，吐谷浑王国成为了大唐王朝的属国和西面的一道屏障。

诺曷钵作为一个没落王国的可汗，其王位朝不保夕，吐蕃在西南虎视眈眈，想要一口吞掉他的王国，只有在唐王朝的庇荫下，才苦撑至此。唐太宗为什么还要把宗室女嫁给他呢？这和唐朝的"和亲"政策有关。唐代共嫁宗室公主给少数民族首领27次，这时的"和亲"更多的是对少数民族的抚慰和赏赐。弘化公主之所以要远嫁吐谷浑，与唐太宗"君临四海，教化万民"开放包容的外交政策是分不开的。

贞观十三年（639年），诺曷钵为了感谢唐太宗出兵帮他平定了国内的叛乱，亲自去长安向唐太宗表示感谢，献上丰厚的礼物，并向唐太宗提出请求，将一位公主嫁给他做妻子，李世民便把唐宗室淮阳王李道明的女儿弘化公主（唐高祖李渊的亲侄女、唐太宗李世民的族妹）嫁给他，诺曷钵成为唐朝的驸马。弘化公主（622—698年），自幼受到严格的家庭教育，贤明聪慧，知书达理，非常美丽，她的

墓志铭中写道:"诞灵帝女秀奇之质于涟波。托体王姬湛清仪于桂魄,公宫秉训胎敩之宸猷。姒幄承规挺璇闱之睿敏。"贞观十三年(639年)冬,诺曷钵到长安迎娶公主。翌年二月,唐太宗派左骁卫将军、淮阳王李道明和右武卫将军慕容宝护送弘化公主完婚,并配送了大量珍贵妆奁。《新唐书·西域上》列传第一百四十六上记载:"诺曷钵身入谢,遂请婚,献马牛羊万。比年入朝,乃以宗室女为弘化公主妻之,诏道明及右武卫将军慕容宝持节送公主。"永徽元年(650年),唐高宗封诺曷钵为驸马都尉。诺曷钵向朝廷献名马。永徽三年(652年),弘化公主请求入朝省亲,高宗派左骁卫将军鲜于匡济迎接。在长安,高宗又把会稽王李道思三女封为金城县主,嫁给诺曷钵的儿子慕容忠。至此,吐谷浑实际上成为唐朝的一个藩属国。唐朝、吐谷浑从此成为"甥舅之国"的关系,西土相安无事,人民

弘化公主与诺曷钵

石雕人头

享受到和平的生活。

弘化公主下嫁诺曷钵引起吐蕃首领松赞干布的妒忌,松赞干布感到能娶大唐公主是一种极高的荣耀,于是他也派使臣带着珍宝礼物,奉表求婚。这次不知出于什么原因,唐太宗没有答应吐蕃使者的请求。使者返回后,在松赞干布面前搬弄是非说:"刚到长安的时候,唐天子对我们很客气,过了不久,吐谷浑王诺曷钵也来了,在天子面前说了吐蕃的坏话,唐天子就不答应许嫁公主了。"松赞干布大怒,立即发兵攻打诺曷钵。吐谷浑打不过吐蕃人,诺曷钵只好携弘化公主逃到凉州,吐谷浑全境都被吐蕃占领。唐太宗派大将侯君集、牛进达等进攻吐蕃,松赞干布遣使谢罪,唐太宗这才把文成公主嫁给他。

公元649年,唐太宗病逝,听到这个消息后,诺曷钵和弘化公主伤心欲绝,他们在吐谷浑遥祭李世民。李世民生前时常思念诺曷钵,就在他临终前,曾嘱咐后人将14位钦点的少数民族首领的形象刻石为像,并立于自己的陵墓前,这14位少数民族首领中就有诺曷钵,可见唐太宗对诺曷钵的器重。

唐高宗即位后,诺曷钵立刻派出使臣赶往长安表示祝贺,并献上了许多骏马。唐高宗见使臣献上的骏马高大威猛,就询问这些马的来历,使臣们答道:"这就是名传四海的'青海骢'。"唐高宗深感这些骏马的珍贵,就对使臣说:"良马人人都喜欢,可我不能夺人之爱,你们还是把这些马赶回去吧,回去后告诉你们的可汗诺曷钵,他的心意我领了。"听到这些话后,诺曷钵十分感动。

可惜好景不长,已经走向没落的吐谷浑王国远不是正在青藏高原兴起的吐蕃的对手。公元663年(唐龙朔三年),吐谷浑大臣素和贵叛归吐蕃,吐蕃举兵灭吐谷浑,在执掌吐蕃国政的大论(丞相)禄东赞的步步紧逼下,吐谷浑一败涂地,诺曷钵只好带着弘化公主和数千亲信再次逃往凉州,依附于唐朝。唐高宗听闻吐蕃势力进逼青海,派名将薛仁贵统兵十万进击吐蕃,意图恢复吐谷浑国土。结果在青海大非川一役,由于副帅不听指挥,部署计划被打乱,唐军被吐蕃40万人马包围,全军覆没,吐谷浑复国的最后一丝希望也破灭了。

唐朝咸亨三年(672年),为了躲避吐蕃,吐谷浑王诺曷钵率领数千帐亲信迁到灵州境内,唐朝特别在今宁夏境内设置了一个安乐州,管辖今宁夏同心、红寺堡、盐池、中宁部分地区,任命诺曷钵为安乐州刺史。安乐州是取平安和快乐的意思。此后,弘化公主与诺曷钵就常住在这里,与当地的各民族长期和睦相处,安居乐业。

武则天在位时期,曾经改封弘化公主为西平公主,并特赐弘化公主为武姓。武则天垂拱四年(688年),诺曷钵在安乐州病逝,其子慕容忠继王位。武则天圣历元年(698年)五月三日,弘化公主逝世于灵州吐谷浑王府中,享年76岁。

生活在灵州的吐谷浑人有一种习惯,他们死后,一般是安葬于凉州南山(今甘肃省武威市的青嘴喇嘛湾)的山冈之上,墓门一律向南。因为凉州是吐谷浑失国后迁居的第一块土地,而且此山之后就是青海,吐谷浑族生不能回青海故国,死也要葬在离青海最近的山头上,以了"望乡"的情思。到目前为止,在没有大规模发掘的情况下,已在这里出土九方吐谷浑墓志,其中就包括诺曷钵夫人弘化公主的墓志。在同心县只发现后世族人慕容威(字神威)的墓志。

"安史之乱"爆发后,唐朝国力大减,吐蕃乘机进攻灵州,唐朝只好另置长安州(今宁夏同心县韦州境内)让吐谷浑部居住,以避吐蕃的锋芒。唐肃宗时期,安乐、长乐2州被吐蕃军占领,吐谷浑部众再次向东迁徙,从此离开生活八十多年的安乐、长乐2州地。此时慕容复即位,仍被唐封为朔方节度使副使、左金吾卫大将军、长乐都督、青海王、可汗。再往后,吐谷浑部众被迫分迁到盐(今陕西省定边和宁夏盐池县一带)、庆(今甘肃省庆阳市境内)、夏(今陕西省靖边县境内)甚至

甘肃武威弘化公主墓

黄河以东广大地区。到唐德宗贞元十四年(798年)十二月,末代吐谷浑王慕容复去世,吐谷浑王的封爵就断绝了,吐谷浑族也渐渐融合于其他民族之中。于是部落解体,封号遂绝,一个古老的民族渐渐融合于汉族和其他民族之中。

唐肃宗灵州登基
朔方军匡扶社稷

三关口

唐朝是中国古代封建社会最为发达和鼎盛的朝代,国力昌盛,人民富足,民族团结,经济繁荣。到了唐玄宗开元年间,唐朝的综合国力更是达到了顶峰。杜甫曾有诗曰:"忆昔开元全盛日,小邑犹藏万家室,稻米流脂粟米白,公私仓廪俱丰实。"就是开元年间人民安居乐业、大唐国力昌盛的真实写照。唐玄宗李隆基在位前期,重用贤臣姚崇、宋璟等人,虚心纳谏,选贤任能,使唐朝迅速步入了全盛时期。但后期却开始贪图享乐,亲近女色,宠幸杨贵妃,任用奸臣李林甫、杨国忠等人,把国政搞得乱七八糟,地方边镇节度使势力尾大不掉,武人掌权,割据之势渐成,大唐王朝就像坐在了火山口上,马上就面临着灭顶之灾,可是朝廷上下却依然歌舞升平、毫无防备。最终酿成了"安史之乱",大唐王朝开始了由盛转衰的历程。可是宁夏重镇灵州却在这段唐王朝惨重的历史上留下了浓墨重彩的一笔,朔方军节度使驻地灵州,成为挽救唐王朝的中兴之地。唐肃宗从这里登上皇位,率领着朔方军的千万将士们,横扫幽燕之地,讨平安史叛军,为大唐王朝再度复兴铺平了道路。

唐肃宗为何会在灵州登基称帝,而不是在京城长安呢?这还要从他的父亲唐玄宗宠幸杨贵妃、埋下"安史之乱"的祸根说起。唐玄宗李隆基是个颇具历史争议的帝王,集开明与昏庸于一身,既是开创开元盛世的有为之君,又是风流成性的情场浪子,他把国家大事全交给了奸相杨国忠和野心家安禄山,一心只想和杨贵妃享福作乐,差点把大唐百年基业毁于一旦。由于李林甫和杨国忠贪权误国,排挤贤能,使得社会矛盾日益激化。均田制被严重破坏,农民破产,府兵制名存实

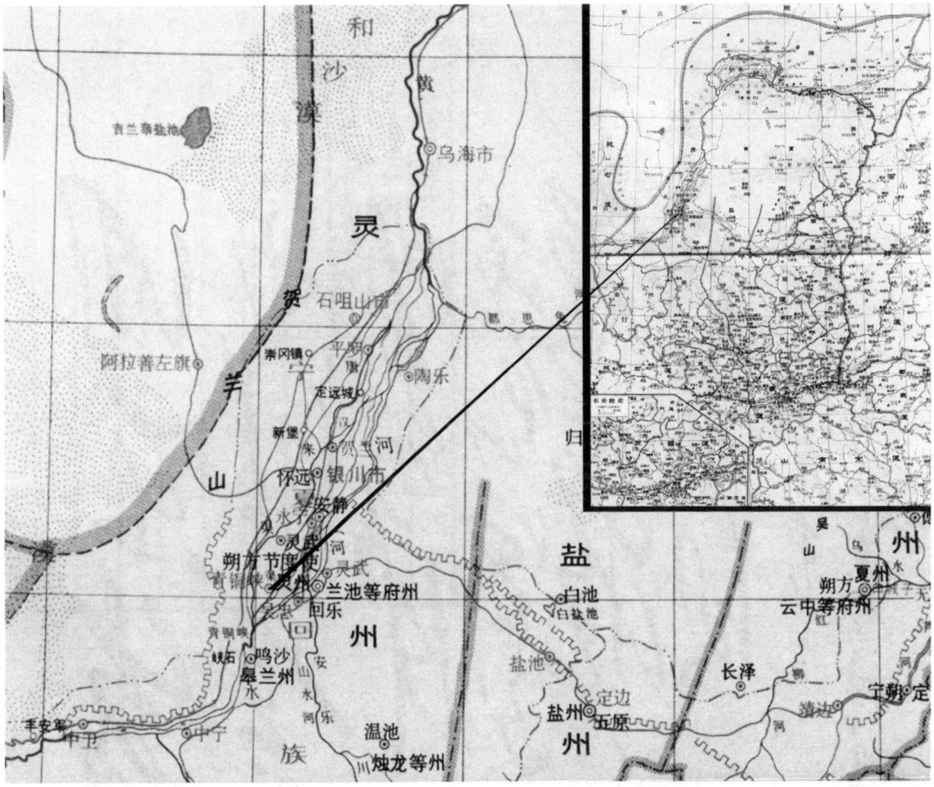

唐代灵州地图

亡。地方节度使的权力过大，为军阀割据创造了有利条件。野心家安禄山正是靠着巴结杨贵妃等权贵，登上了平卢、范阳、河东三镇节度使的宝座，手握雄兵数十万，成为唐王朝北方边境的一颗"定时炸弹"。唐玄宗天宝十四年（755年），久蓄异志的安禄山在范阳（今北京市）起兵，以"忧国之危"和"奉密诏讨杨国忠"为借口，指挥蕃汉15万大军，举起反唐叛旗。"渔阳鼙鼓动地来，惊破霓裳羽衣曲"，雷鸣般的战鼓惊醒了醉生梦死的唐朝君臣，他们慌忙从西北各边镇调集重兵防备东都洛阳和京城长安。可是安禄山原本就是能征惯战的骁勇将领，加上准备时间长达十多年，手下有一批有才学的文臣如高尚、严庄等为幕僚，同时又从行伍中提拔了一些智勇兼备的将校如史思明、安守志、尹子奇、崔乾祐等委以重任。安禄山还从同罗、奚、契丹降者中选拔精壮八千余人，称为"曳罗河"（壮士之意），又

夜上受降城闻笛

养家僮百余人,皆骁勇善战,打起仗来冲锋陷阵,勇不可挡。又畜战马数万匹,还派遣胡商去各地贩卖,每年交纳珍货数百万,同时还私下做了数以万计的绯紫袍、鱼袋,以备战时使用。叛军训练有素,粮草供应充足,一时唐朝军队难以抵挡。唐朝山东郡县已经累世不闻兵戈之声,刀枪入库,马放南山,仓库里的兵器都生锈了,兵士都疏于操练,所以叛军南下后,一路势如破竹,如入无人之境。各地郡守或逃或降,惊恐不已。安禄山的叛军只用了35天时间就从范阳(今北京)打到唐东都洛阳。次年(756年),安禄山在洛阳称帝,国号"燕",建元年号"圣武"。

唐玄宗听到安禄山反叛的消息,匆忙命大将封常清、高仙芝等率唐军征讨,但先后被安禄山打败。唐玄宗听信宦官谗言,将高仙芝等人杀死,又命老将哥舒瀚带病出征,防守潼关。哥舒瀚本意坚守潼关要塞,以待叛军生乱,唐玄宗却严令他出关迎敌,结果20万大军在灵宝一役中伤亡殆尽,哥舒瀚被俘,潼关失守,长安危在旦夕。唐玄宗只好带着太子李亨及杨贵妃、杨国忠等人,匆匆逃出长安,想到蜀中去避难。

天宝十五年(756年)六月,从长安通往蜀地的官道上,唐玄宗一行狼狈不堪地仓皇而行。一路上所闻所见让玄宗悲怆不已,各地的官员们早就逃了,官道上挤满了惊恐不安的难民。没有食物饮水供应,连夜间都在野外住宿,平时锦衣玉衣的达官贵人们哪里经过这等磨难,一个个蓬头垢面、垂头丧气。特别是护卫的数千禁军,已经几天几夜没有休息了,饿得连走路的力气都没有,还要保护这群平时耀武扬威的皇室贵族们,人人心中都怨气冲天。奸相杨国忠大声叱骂着兵士们快走,并对禁军首领、龙武大将军陈玄礼指手画脚,更是引起了禁军们的仇视。陈玄礼对杨国忠等人弄权误国十分不满,便煽动士兵起来闹事。

逃出长安后的第三天,队伍来到了一个叫马嵬驿的地方,这是一个小驿站,位于今天陕西省兴平县西,大家饥渴不堪,打算在驿站里休息一会儿再走。这时,正好一队吐蕃使者拦住宰相杨国忠的马,吵着要粮。一旁的禁军士兵看到后,怒气冲天,纷纷大喊:"杨国忠勾结吐蕃要造反了!"几个士兵开始拉弓用箭射杨国忠,杨国忠急忙冲开人群想逃走,被几个禁军拉下马来,用乱刀砍成肉泥,还用枪尖顶着杨国忠的人头,并杀杨国忠之子户部侍郎杨暄及杨国忠的姐妹韩国夫人、秦国夫人。此时群情激愤,陈玄礼率领禁军把驿站围得水泄不通。唐玄宗在驿馆

唐肃宗灵州登基
朔方军匡扶社稷

内听到外面喊声连天,连忙派近侍高力士前去查看。不一会儿,高力士慌里慌张地回来报称:"杨国忠想要谋反,被军士们杀了,现在外面已经被禁军围住。还请陛下前往宣慰,令他们退下。"玄宗只好打起精神来到门外,要求禁军们立即收队,不得再围困馆驿,可是禁军们却连皇上的话都不听了,还是吵闹不休。龙武大将军陈玄礼对玄宗说:"杨国忠谋反,被军士们杀死。可是贵妃是国忠之妹,如不赐死贵妃,恐将士们难以自安。"到了这个要命的节骨眼上,唐玄宗自己的命都难保,哪里还顾得上美貌佳人,只好下旨让杨贵妃自缢于驿馆佛堂前的梨树上,还

| 黄河楼

派人把杨贵妃的尸体放在庭院里,让陈玄礼等人查看,陈玄礼等人确认杨贵妃已死,才得以安心,重新准备上路前往蜀地。

　　唐玄宗一行刚出驿馆大门,走了没多远,前面却再次传来了吵闹声。玄宗以为又发生了兵变,连忙派御史中丞韦谔前去查看出了什么事情。韦谔到了队伍前列,询问发生何事。将士们说道:"杨国忠的手下有许多在蜀中当官,我们杀了杨国忠兄妹,再贸然前往,一定会被他们杀死。我们不愿到蜀地去自投死路。请韦大人禀明陛下,到别处安身吧。"韦谔说:"你们不愿意到蜀中去,那你们想去哪里

唐肃宗灵州登基
朔方军匡扶社稷

呢?"将士们七嘴八舌,议论纷纷,有的说去河陇,有的说去灵武,有的说去太原,还有的竟说要回京城长安去。韦谔见大家意见相左,莫衷一是,便回去禀报唐玄宗。玄宗前有马嵬坡之鉴,怕再激起兵变,不敢再做决定。韦谔劝说道:"陛下想要还京,缺少御敌的兵马,不是贼军的对手。目前兵士稀少,如何东归?扶风离此不远,我们还是先去扶风再想想去哪里合适吧。"玄宗只好点头答应。韦谔又去劝说将士们先去扶风休息一下再决定去向,大家也都同意了韦谔的建议。于是队伍又开始缓慢地向前进发。

西行的路上满是逃难的人群,扶老携幼,呼爹喊娘,突然而至的战乱给老百姓带来了巨大的灾难。唐玄宗的队列也和难民们混杂在一起,艰难前行。玄宗和太子李亨骑在马上,亲眼目睹着战祸带来的灾难,十分羞愧。百姓们看到玄宗和太子也逃出了长安城,顿时一片喧哗,大家气愤地嚷嚷着:"陛下和太子也逃走了,把长安的百姓留给贼军糟蹋,普通百姓纵然可以不管不顾,陛下祖宗的陵寝宗庙都在长安,难道可以轻易留给敌军吗?陛下还有何面目见列祖列宗!"大家群情激昂,把玄宗和太子的队伍团团围住,要求他们留下,带领大家共同抵抗叛军。玄宗无奈,只好好言相劝,让百姓们放他们过去。可是百姓们越聚越多,把官道遮挡得水泄不通。玄宗急出一身大汗,好言劝说也没有用。几个老者干脆拉住玄宗的马缰绳,大声说道:"陛下既然不想留下来,那就让太子留下来吧。我们这些人愿意追随太子去长安杀退贼兵,复我大唐。如果陛下和太子都走了,那偌大一个中原,关中万里河山,靠什么人做主呢?"玄宗无言以对,只好回头对太子李亨说:"民意如此,朕只得随之,你就留下来安定民心吧。如果再这样下去,恐怕又激起民变,你我都走不了了。我先到蜀中去,你安抚好百姓后,随后再来。"太子李亨见情势如此,只好答应。百姓们见太子留下来了,看到了一丝希望,便让开一条通道,让玄宗一行过去了。

太子李亨开始也想跟随玄宗前去蜀中避难,对百姓好言抚慰道:"大家都是大唐子民,爱国之心,孤甚心慰。可是父皇年纪大了,道路又崎岖难行,我这个做儿子的,怎么能不随侍左右,尽一点孝道呢?就算要留下来跟大家一同杀敌,也要禀明父皇才是。还是请大家让我过去,待我给父皇说清楚留下来的情由,我想他一定会答应的。"太子李亨本想以缓兵之计脱身西去,可是百姓们还是大声吵嚷着,拦住马头,就是不肯放他过去。李亨急了,想快马加鞭,冲出人群再说。突然后面来了两个人,把马缰绳一把攥住,大声说道:"父王且慢!听我一言!"李亨定睛一看,原来是他的第三个儿子建宁王李倓和东宫侍卫李辅国拦在马前,李亨生气地说:"你们捣什么乱!快回去。"可是他们却拉住马缰不肯松开,李辅国说道:"殿下差矣!现今天下已乱,海内分崩离析,当今圣上任用奸相,宠信贵妃,不理朝政,才落得仓皇西逃的下场。您何必跟随其逃命西去呢?现今天下大乱,正是英雄用武之地,削平四海,复我大唐,才是殿下应该考虑的事情啊!如果您跟随皇上逃往蜀中,虽然可保一时平安。但贼军一旦烧绝栈道,断绝关中和蜀地的交通,中原大地一定拱手让给贼兵了,百姓和将士们见皇上和太子都各自逃命,一定会人心涣散,不可收拾。到了那时候,再想从叛军手中收复失地就难上加难了!"

李亨听这番话说得颇有道理,便为难地说:"我也想留下来收复失地,打退叛军,可是现在无兵可用,无将可调,大唐数十万人马已在潼关一役中全军覆没,贼军气焰方炽,只好暂且避之,再寻良策。"

还没等建宁王李倓和李辅国答话,又一人骑马飞奔而来,大声叫道:"父王且慢行,李倓他们说的话字字珠玑,真乃金玉良言,大唐复兴之兆啊!父王不必过虑,西北河陇诸镇兵马虽没,尚有灵武、河东之兵可用,灵武、河东是重兵把守之地,朔方节度使郭子仪、河东节度副使李光弼皆百战名将,手下雄师数十万,如果能召集西北朔方诸镇边兵,加上各郡县的兵马,实力亦不在敌军之下。殿下应该挺身而出,召集各方人马并力讨贼,还有收复洛阳、长安两京的希望。削平四海,收复失地,社稷危而复安,宗庙毁而复存,这是殿下您建功立业的好机会啊!到那时候再迎回皇上,尽儿女的心意,这才算得上是大孝啊!何必在这里相对而泣,不忍相离,徒做儿女之态呢?"李亨转头一看,原来是他的长子广平王李俶。

李亨见大家都力劝他留下建功立业,不禁长叹道:"卿等所言,甚慰我心。你且快马前去,禀明父皇,说明我留下来的详细原因,好让父皇放心西去。"李俶答应一声,纵马追上玄宗,禀明情况。玄宗深知事已至此,已不是他能控制得了的,只好顺应民意,答应太子李亨留下来收拾残局。他悲伤地对孙儿李俶说道:"民心如此,就是天意。我已经老了,天下大事还是留给汝等去处理吧。我把后军二千人及飞龙厩马二千匹留给太子,希望能有所帮助。太子是个仁孝之人,可以将大唐宗庙社稷托付予他。你们一定要好好听太子的话,尽心辅佐太子成就大业。你回去后给太子说,社稷为重,不必担心我的安危。西北那些回纥、突厥等胡人,我一

唐肃宗灵州登基　朔方军匡扶社稷

向对他们非常优待,将来平叛时可以借助他们的力量复我大唐。天高路远,此地一别,不知何年何月得以相见,希望你们各自保重。"说完不禁老泪纵横。李俶等人也跪地不起,泣不成声。奈时局至此,亦无计可施,只好放玄宗西去,李俶带着二千禁军和飞龙厩马数千匹向太子复命。

太子李亨听了李俶转述的玄宗临别之言,亦不禁悲泣。围拢的百姓们听说太子留下来不走了,都非常高兴,这才四散而去,不再阻拦。这时太阳已经快落山了,连个落脚的地方都没有。广平王李俶说道:"日薄西山,这荒山野岭不是久留之地,我们得快点决定去处才好。"李亨和两个儿子一商量,觉得平凉郡离此不远,山河险固,又是陇右监牧之地,有军马可供使用。唐时平凉郡治在今宁夏回族自治区固原市原州区。就这样,太子一行数千人渡过渭河北上,经新平郡(今陕西新平)、安定郡(今甘肃泾川),于6月18日到达乌氏驿,彭原太守李遹前来迎接,补给衣服和粮食,又招募了数百骑兵。6月19日,李亨率部进驻平凉郡。平凉郡水草丰美,是朝廷重要的军马养殖基地,虽然处于战乱时期,此地还存有数万匹优良的战马可供使用。李亨看到这里有可供调用的军资,还有比较稳固的防守,才算放下心来,军队的情绪也开始振奋。

太子李亨虽然暂驻平凉郡,但下一步怎么办?还是没有详细的规划。尽管如此,太子决定留守河陇、率众讨平叛军的消息传到各地后,还是改变了群龙无首的混乱局面,也坚定了各地军民讨平叛乱的决心。

此时,远在数百里之外的朔方节度使驻地灵州,几位大臣正在激烈地辩论着,酝酿着劝说太子一行到灵州领导复兴大业。他们就是当时镇守灵州的朔方军留后杜鸿渐、六城水运使魏少游、关内盐池判官李涵、朔方节度判官崔漪、支度判官卢简金等人。几个人一商量,都认为:"当今之势,安禄山叛军的力量还比较强,长安、洛阳两京都陷落了,唐政府的力量处于劣势,必须要由太子主政,领导各方反抗力量重振旗鼓,才能够有打败叛军的可能。否则就会一盘散沙,被叛军各个击破。现在玄宗南幸于巴蜀,只有太子在平凉留守,平凉离叛军据地长安过近,且没有可供与叛军周旋的军队调用,不能满足建立平叛基地的要求。现在有能力成为平叛基地的,只有朔方节度使驻地灵州。如果能迎来太子殿下,一定会人心大振。朔方处于有利的战略地位,西可收河陇之地兵马为用,北可出太原直捣叛军范阳老巢,南可收复长安、洛阳两京要地,是目前最理想的太子驻跸之所。西域的回纥强大,与唐朝的关系良好,向他们借兵征讨,加上朔方十万精兵,一定可以收复两京,打败叛军,一雪社稷之耻,上报明主,下安苍生,这是臣子应该尽的本分,也是国家的大政方针啊!"几个人商量妥当后,立即由朔方军留后杜鸿渐亲自拟定了一份奏章,上面详细说明了朔方军的有利形势以及兵力部署、军资、仓储和府库钱银等情况,并派关内盐池判官李涵火速持奏章赶往平凉郡城原州求见太子,面陈机宜,准备力劝太子北上朔方。李涵在赶往原州的路上,遇到了河西行军司马裴冕,裴冕是在回京赴御史新任时途经原州的,听了李涵关于请太子驻灵州的想法后,非常赞同,认为当下局势,非灵州不能胜任平叛讨贼的重任,他决定和李涵一起前去面见太子,劝说他一同前往灵州。

李涵和裴冕来到原州,见到太子李亨后,当面陈述了灵州兵马强盛、粮草充裕、府库完备的情况。李亨看完奏章,又听了李涵和裴冕的陈述后,非常高兴。他说:"想不到灵州朔方重地有如此忠臣义士,朔方军马强盛,足以抵挡叛军。孤意已决,即日就随卿等前往朔方。"

李涵立刻派人飞马赶赴灵州,向杜鸿渐等人报告这个好消息,一面陪同太子一行从原州启程。杜鸿渐得知太子亲来,非常激动,立即进行一系列紧张的准备工作,修缮行宫,制作仪仗,为护驾官吏将士筹划住所,整个灵州城都开始为迎接太子李亨的到来而忙碌着。为了表示灵州军民迎接太子的诚意和决心,朔方军留后杜鸿渐决定亲自带领灵州官绅各界携带丰厚的慰问品,到鸣沙边界白草顿迎谒与慰劳太子一行。

且说太子李亨一行离开原州,向北迤逦而行,正所谓"人逢喜事精神爽",此番北行跟逃难入蜀的情景截然不同,既有沿途官吏的迎接,又有固定的行程安排,太子李亨感慨万千,终于有了回家一般的感觉,不用再忍受颠沛流离之苦,也不再担心身后叛军的追杀。到鸣沙见到了迎接的灵州朔方军留后杜鸿渐一行,李亨被灵州军民拳拳的爱国之心深深感动,再次坚定了他前往宁夏的决心。他和两个儿子广平王李俶、建宁王李倓等人边走边欣赏着塞北雄浑壮丽的风光。只见黄河滚滚千里而下,大漠广袤无垠无边,到处都可见烽燧巍然屹立,像威武的战士守护着这片边疆要地,这里就是王维笔下赞美的"大漠孤烟直,长河落日圆"的那片神奇土地。太子李亨自幼生活在深宫禁苑,哪里见过这般雄浑的塞北风光,一边走一边连声赞叹。这一日,太子一行渡过黄河,到达了黄河岸边的丰宁城,唐时

的丰宁城在今宁夏中宁黄河北岸,太子李亨见这里前有黄河天堑拦阻,后有坚固城池可供防守,实在是绝佳的防守要地,不禁有了留下来的念头,想率领队伍到丰宁城去。杜鸿渐连忙当面向太子进言道:"殿下误矣。朔方军驻地灵州比这里险要千倍,足以防守。且天下劲兵以朔方为最,灵州是当前平叛最有利的基地。现在回纥请和,吐蕃内附,没有外患的干扰。天下百姓得知殿下前往灵州,都非常振奋,想跟随殿下讨平叛乱,都等着你发号施令呢,殿下千万不可稍有逗留。殿下到灵州后,整顿灵州精兵强将,东出讨平叛贼,南下收复两京,都是指日可待的事情,千万不要再生犹豫了!"

在杜鸿渐等人苦口婆心的劝说下,李亨再次坚定了前往灵州的决心。7月9日,太子李亨终于平安地到达了灵州城。

杜鸿渐等人为什么力劝太子李亨前往灵州呢?唐代的灵州为何具有平定安史之乱的强大实力呢?这还要从唐代灵州的历史地位说起。

唐代灵州总领黄河中游,是唐代西北部最重要的军事基地,也是中原与北方游牧民族的交通要枢。从北魏时期开始,北方重要军镇之一——薄骨律镇就设在这里。州城虽然在河渚之中,随水上下,但一直没有被黄河水淹没,时人称奇,以为城有灵气所在,故称这里为"灵州"。灵州从唐初开始就得到了高度的重视,唐武德元年(618年),正在宁夏北部领兵巡视长城,准备对付突厥的唐高祖李渊妻兄窦抗听到李渊攻下长安的消息,立即率领灵武、盐州两郡的军民归附了李渊。灵武归唐后即改原灵武郡为灵州总管府,初领回乐、弘静、怀远、灵武、鸣沙等五县。贞观以后,又成为安置铁勒、突厥及"昭武九姓"胡的要地。唐太宗李世民曾亲至灵州主持民族团结大会,被各民族尊称为"天可汗"。盛唐时期,为了加强对周边地区的控制,共在北方设置了10个节度使,其中9个在西北,这就形成了以后的方镇。开元元年(713年)十月,朝廷正式设立朔方节度使,驻跸灵州。朔方节度使所统辖的军城基本上有丰安军、定远城、安北都护府、东城、西城、振武军和经略军等。朔方节度使总领兵64700余人,军马24300匹,是西北边镇中势力最强大的一支。特别是开元末天宝初年,名将王忠嗣接任朔方军节度使后,朔方军实力获得极大加强。王忠嗣通过抬高马价收购的办法,使良马多入朔方。经过王忠嗣多年的经营,朔军军力非常强盛,成为当时军事实力最强大的重镇之一。

太子李亨等人到达灵州后,发现灵州的确是块宝地,这里既有黄河天堑的拦阻，又有充裕的粮草供应，是天赐的平叛基地。杜鸿渐等人为了迎接他的到来，对宫室帷帐等进行了整修，全部都是模仿长安禁宫的样子来修建，膳食、服装等也都供应得很完备充足，让他这个落难的太子颇为心慰。就在太子到达灵武之时，玄宗也已到达蜀中，并且下令让太子李亨担任天下兵马元帅，领朔方河北河东平卢节度使，率军收复长安、洛阳两京。

太子李亨虽然当了天下兵马大元帅，但毕竟不是皇帝，事事还要向远在蜀中的玄宗禀告，十分不便，也不利于领导当时的平叛大业。杜鸿渐、裴冕、魏少游、李涵等人早就敏锐地观察到这一点，他们都希望太子李亨能早日登基成为皇帝，那样就会政令统一，天下归心，对打败叛军很有帮助。几个人一商议，决定向太子李亨上奏表，请求他立即登基称帝。

这天，杜鸿渐来到李亨的面前，跪地叩首道："殿下，臣等为了大唐社稷着想，不得已出此策，请殿下为了大唐千万黎民，立即受命登基。臣等冒死进谏，望殿下恩准！"说完递上一份奏章给李亨过目。

李亨打开一看，只见上面写着：

今寇逆乱常，毒流函谷，主上倦勤大位，移幸蜀川。江山阻险，奏请路绝，宗社神器，须有所归。百姓颙颙，思崇明圣，天意人事，不可固违。伏愿殿下顺其乐推，以安社稷，王者之大孝也。

李亨看完奏章，不禁长叹道："卿等心意孤岂不知？但天无二日，民无二主。当今皇上现在蜀中避难，并无诏令让孤登基称帝，孤岂能甘冒不孝之名，登基自立呢？卿等此举是让孤成为不忠不孝之人啊！此事断不可为。"

杜鸿渐宽慰道："殿下不必多虑。正所谓'识时务者为俊杰'。现天下大乱，主上避乱蜀中，早就有名无实了。天下无主，难以匡扶大唐基业。如果不趁早登基，恐失天下民心所望。殿下是太子，是国之储君，在此乱世之秋，当变通权宜，不可拘泥于普通的伦理纲常，而置国家社稷于不顾。殿下如能早日克复两京，直捣幽燕，打败叛军，完成平叛大业。到那时再迎回圣上，以尽孝道，岂不是两全其美？何必只顾父子之小孝，而不顾国家社稷之大孝呢？"

太子李亨听完这番话后，沉吟不语。杜鸿渐等人知道太子是想登基的，只是

怕天下人议论,说他是乘乱取得帝位,名声不好听。杜鸿渐等人一边继续劝说李亨登基称帝,一边命人布置登基大典事宜。李亨故作推让五六次后,才以半推半就姿态,答应了群臣的请求。杜鸿渐等人在灵州操办各项登基事宜,所有供帐、銮舆和膳食、陈布之仪都按照宫廷帝制准备,并率在灵文臣武将操练君臣朝见之礼

古萧关

仪。另外,还赶筑了"受命宫"和祭坛。

一切准备就绪后,七月十二日,太子李亨在灵武南门城楼正式继承帝位,改元至德,是为肃宗,尊父玄宗为"太上皇",同时大赦天下,内外文武官员九品以上加两阶,三品以上赐爵一级。杜鸿渐、裴冕等人都加官晋爵。肃宗同时还遣人奉表给远在四川的玄宗,玄宗到了八月才接到奏表,得知李亨在灵州登基的消息后,玄宗非常欣慰,高兴地说:"我儿应天顺人,继承大统,我还有什么值得担忧的呢?"当即派宰相韦见素、文部尚书房琯、门下侍郎崔涣等人携带金册前往灵州,表示正式承认肃宗登基,自己让位为"太上皇"。

肃宗在灵州匆匆登基后,这时在灵州的唐朝文武官员只有30多人,制度尚不健全,朝廷礼仪也相对混乱。灵州大将管崇嗣平时就是个大老粗,不懂什么君臣之仪,居然在朝堂之上背靠廷柱,大声谈笑,毫无礼仪可言。监察御史李勉上奏章弹劾他,把他抓起来治罪。肃宗特别下旨赦免了管崇嗣,高兴地对左右大臣说:"我有李勉,朝廷才开始被人尊重

了啊！"

肃宗灵州登基后，立即任命著名谋士李泌为宰相，派人命朔方节度使郭子仪、河东节度使李光弼回防灵州一带。郭子仪回防朔方时，朔方兵马强壮，有精兵10万、战马3万。宰相李泌正确估计了当时的军事形势，制订了一套作战方案。他建议命李光弼守太原，出兵井陉，郭子仪取冯翊，入河东。这样，史思明、张忠志不敢离开范阳、常山，安守忠等也不能离开长安，用三地禁其四将。追随安禄山的阿史那承庆既要北守范阳，又要西救长安，奔命数千里，首尾不能相顾。而唐军则可以逸待劳，避其锋芒，击其疲部，朔方、太原之军形成犄角之势，可以直取范阳，直捣叛军老巢。可惜的是肃宗虽然一开始听从了李泌的建议，采取了正确的作战方针，但不久就改变了计划。肃宗急于收复两京，以巩固自己的皇位。让郭子仪等大将率领大军费了很大力气收复了长安、洛阳，但安史之乱终肃宗之世也没有完全平定。他在位的七年间，中原被反复争夺，叛军的彻底失败则是他的儿子代宗时期的事情。唐朝主要利用回纥及南诏、大食等少数民族的军队将"安史之乱"平息。

安史之乱是唐朝由盛转衰的转折点，灵州也由于肃宗在此登基称帝而光耀史册。朔方军在平叛战争中付出了巨大牺牲，才使得唐朝政权转危为安，延续了百余年，这在中国历史上是彪炳史册的功绩。

丝绸之路通宁夏
中外交流结硕果

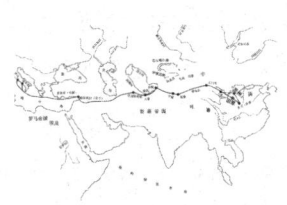

丝绸之路在宁夏

李贤墓出土的鎏金银壶

丝绸之路是古代中国经新疆通往中亚、西亚、北非及欧洲的陆上贸易大通道，也是古代中国与亚欧大陆政治、经济、文化交流的国际大通道。根据丝绸之路所经过的不同地域和环境，将最初所说的丝绸之路称为"绿洲丝绸之路"或"沙漠路"，把途经北方草原的丝绸之路称为"草原丝绸之路"，把途经海上的丝绸之路称为"海上丝绸之路"，把自云南进入缅甸、印度的丝路称为"西南丝绸之路"。在古代，经过宁夏的丝绸之路是传统意义上的丝绸之路，也就是绿洲丝绸之路。依丝绸之路的分段和走向，宁夏境内为东段北道。汉唐丝绸之路主要走向为长安——凉州道东段北段，即萧关道。五代、北宋时期主要走长安——灵州道。元代以后主要走六盘山道，即后来的西（安）兰（州）公路。

汉唐时期，中原王朝的政治中心在长安，所以通常所说的丝绸之路的起点东端

在长安。丝绸之路的走向通常分为三段,即东段(起自长安,止于玉门关)、中段(今新疆地区)、西段(新疆以西中亚至欧洲或印度)。在东段又分为陇山道(南道)、六盘山道(中道)、经固原道(北道)。东段北道的走向:从长安城出发往西北行,经醴泉、奉天(今陕西乾县东),沿泾水河谷北进,过长武、泾川、平凉,入固原南境弹筝峡(三关口),过瓦亭关,北上原州(今固原),再沿清水河谷,向北经石门关(须弥山沟谷)折向西北经海原,抵黄河东岸的靖远,渡黄河即乌兰关(今景泰县东),最后由景泰直抵河西凉州(今武威)。这是丝绸之路东段南、中、北三道中,由长安抵河西凉州最便捷的丝路干道。东汉时刘秀亲征高平,河西太守窦融与五郡太守车驾会高平,浩浩荡荡的大军与战车走的就是这条道。除北道外,中道也在固原境内,但随着历史的发展发生变迁。泾源附近的鸡头道可抵陇西郡,是最早的中道。大致到了元代,这条线路向北稍移,翻越六盘山西进,大体是今天西(安)兰(州)公路的走向。清代著名文人祁韵士嘉庆九年贬谪伊犁,在他的《万里行程记》里,记载了当年途径丝绸之路的线路:平凉府—安国镇—瓦亭驿—六盘山—隆德县—神林铺—静宁州,走的就是这条道。东段南道是从长安出发沿渭河,翻越陇山西行,在永靖炳灵寺附近过黄河,至张掖,或者从长安出发越陇山至临洮后,向北经阿干河谷至兰州,再沿庄浪河谷至武威。可见,丝绸之路东段数条线路的归宿都在河西张掖、武威;途经固原的丝绸之路中、北两条线,渡过黄河后,都在河西重镇武威收拢,再沿河西走廊进入敦煌。

历史上的丝绸之路是伴随着地理环境的变化、中原与边地间的战争的变化而变迁的。新的丝绸之路被开启,旧有的丝路便被废弃。丝绸之路长安—凉州道的衰落,就是因为"安史之乱"后吐蕃与中原的战争。唐代原州陷落吐蕃后,致命的打击之一便是中断了丝绸之路东段北道,于是都城长安通往西域的北道,便失去了昔日中西商贾、使节、僧徒频繁往来的繁荣景象。长安—凉州北道受阻,必然要有新的道路取代,这就是途经宁夏北部灵州的长安—灵州道。

灵州是宋代初年以前宁夏北部的政治、经济和文化中心,地处黄河东岸,是关中北出塞外的北部重镇,地理位置非常重要。尤其是其军事地理位置,灵州西通河西凉州,南向原州,是通往长安的大道;北通漠北草原丝绸之路,东连太原一线,交通枢纽和军事重镇的作用凸现。灵州自古就是丝绸之路东段北道的必经之地。贞观十七年(643年),唐太宗诏征薛延陀汗会于灵州,三年后的贞观二十年

腾格里沙漠

(646年)太宗至灵州,诏抚漠北诸部内附,被尊为"天可汗"。"安史之乱"后,吐蕃内侵,穿越河西走廊的丝绸之路受阻,西域、漠北与中原各地往来之使节、贸易都由灵州来中转和承担。"安史之乱"平息到回鹘汗国西迁约80年时间,这期间内灵州绢马贸易、朝贡等十分频繁。后晋天福三年(938年),高居诲出使于阗、宋初王延德出使西州回鹘等都经过灵州这个中转站。因此,灵州成为唐末五代至宋初重要的国际贸易城市。

唐末五代时期,李茂贞盘踞陕西凤翔,阻断长安至秦州的交通线。中原往西域,都取道灵州西去的路线。高居诲出行经灵州的线路大致与此相同,即由灵州启程,西行渡过黄河,沿贺兰山南北边缘穿越腾格里沙漠,途经党项人的牙帐,逾白亭河(今石羊河)抵凉州。唐末五代至北宋初年,因陇右地区为吐蕃、党项等部落所阻,由长安至河西走廊的长安凉州道不畅通,故改为经邠州(今陕西彬县)北上到宁州(今甘肃宁县),沿马岭水(今环江)而上,至方渠(今甘肃环县南杨旗镇),再北上至青岗峡或土桥子(今甘肃与宁夏交界处),经旱海入灵州,过黄河,出贺兰山口(今三关口)入今阿拉善左旗腾格里沙漠,抵今甘肃民勤县,沿白亭河谷至凉州,与河西走廊丝绸之路会合,再沿河西走廊至西域。灵州道自开通以来就是一条朝贡之路、贸易之路、文化之路,特殊时期承担着特殊使命。丝绸之路灵州道近300年的畅通过程,经历了不少重大历史事件,积淀了不少中西文化交融的故事。1020年,夏王李德明迁都兴州,这一年是宋真宗天禧四年,也就是在这一年,宋朝正式诏告西凉府回鹘,此后向宋朝的贡奉改由秦州路(今甘肃天水),自此,兴盛了数百年的灵州道完成了它的历史使命。

元代疆域辽阔,以元大都为中心修筑了四通八达的驿道,驿站的规模进一步扩大,这些驿道实际上也发挥着丝绸之路的作用。宁夏境内的驿站开通较早。成吉思汗避暑六盘山期间,可能对六盘山道就有过修筑。元朝建立后,宁夏通往河西走廊的六盘山道畅通并置有驿站。另外,由元大都南下至奉元路(今陕西西

沙漠驼队

安),再沿古丝绸之路至甘肃庆阳、环州至宁夏盐池萌井驿,过灵州进入河西走廊永昌路。另一条路从元大都西行,经大同、东胜由河套至宁夏,再向西进入河西走廊永昌路,其间都是驿道畅通,驿站遍布。元代的驿站,有陆站和水站之分。陆站交通工具用马、驴和车,水站用船。在宁夏境内水路驿站主要有两处,一是设在东胜州的水驿,在元代的驿站中非常重要;二是宁夏中卫境内的水驿。元世祖忽必烈就曾开辟了宁夏通往东胜的黄河漕运。宁夏水驿指由应理州(中卫)直达内蒙古东胜(托克托县)的驿程,这条驿道在宁夏境内约800里,大约为10个水站。中兴路(今宁夏)管辖7个水站,如应理站、麻沙(今鸣沙)站、朵尔灭(今灵武)站、中兴(今银川)站、省嵬(今平罗)站等。

　　元代开始,随着欧亚大通道的打通和驿站的空前开辟,尤其是成吉思汗及其继承者先后驻跸六盘山,开城安西王府的设立,六盘山道亦得到了重视和开发。跨越欧亚的丝绸之路东段又一条新的丝绸之路开通,翻越了六盘山的大通道与河西走廊连接起来,大体是今西兰公路的原型,元代的文献里已有六盘山道的记载。安西王时期,曾在六盘山建有清暑楼。明朝初年徐达进军关中,就是由隆德县翻越元代开辟的六盘山道到达固原开成的,六盘山古道已成为关中西去北上的主要通道,明清时期不断拓展,尤其是清代同治年间左宗棠进军新疆时整饬拓宽路面,加修车道数十里。20世纪30年代开发大西北的呼声中,国民政府对六盘山道进一步拓宽修缮,六盘山鸟道逐渐成为重要的国道。

弃故土党项东迁
尊唐室拓跋称雄

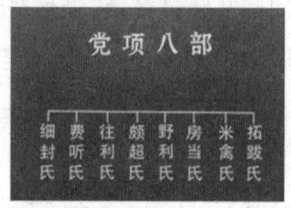

党项八部

建立西夏王朝的党项羌人，最初生活在青藏高原东部一个叫"析支"的地方。"析支"也叫赐支，从地理位置上看，古"析支"是青藏高原向黄土高原过渡的地区，黄河蜿蜒曲折，在这里形成了一个倒"几"字形，因此，古人又将这一地带称为"河曲"。

黑水城出土的西夏文《夏圣根赞歌》对党项生活在青藏高原东部黄河河曲一带的历史有生动的描述：

黑头石城漠水边，赤面父冢白河上，高弥药国在彼方。儒者身高十尺，良马五副鞍镫，结姻亲而生子。啰都父亲身材不大殊多圣，起初时未肯为小怀大心。美丽蕃女为妻，善良七儿为友。西主图谋攻吐蕃，谋攻吐蕃引兵归，东主亲往与汉敌，亲与汉敌满载还。鬼迎马貌涉渡河水底不险，黄河青父东邑城内峰已藏。强健黑牛坡头角，与香象敌象齿堕，口恶口恶纯犬岔口齿，与虎一战虎爪截。汉天子，日日博弈博则负，夜夜驰逐驰不赢。威德未立疑转深，行为未益，啰都生怨自强脱。我辈之阿婆娘娘本源处，银腹金乳，善种不绝号鬼名。耶则祖，彼岂知，寻牛而出边境上。其时之后，灵通子与龙匹偶何因由？后代子孙渐渐兴盛。番细皇，初出生时有二齿，长大后，十种吉祥皆主集。七乘伴导来为帝，呼唤坡地弥药来后是为何？风角圣王神祇军，骑在马上奋力以此开国土。我辈从此人仪马，色从本西善种来，无争斗，无奔投，僻壤之中怀勇心。四方夷部遣贺使，一中圣处求盟约。治田畴，不毁穗，未见民间互盗，天长月久，战争绝迹乐悠悠。

这首带有浓重民谣色彩的颂歌是一首党项人祖先初起于青藏高原,进而繁衍种族、东征西战,最终脱离中原王朝的控制、凭自己的武力建立西夏国的史诗。

党项人祖先生活的河曲地区地势高旷,西高东低,平均海拔4000余米,属于典型的大陆性高寒气候,冬季漫长,五月草才开始生长,八月霜雪就开始初降。冬季严寒干燥,夏季短促温凉,素有"北方气候南方雨"的说法。河曲地区畜牧资源丰富,盛产牦牛、马、驴、羊,尤其是以盛产著名的河曲良马而闻名于世。

至少在魏晋南北朝时期,党项人就进入了河曲地区,当时,党项的北部是吐谷浑王国,南部是春桑、迷桑、白兰(又称白狼,中心在今青海果洛地区的达日)、宕昌(中心在今甘肃宕昌县)、邓至(中心在今四川九寨沟)、吐蕃诸族,东部是隋唐王朝。早期党项羌和鲜卑吐谷浑居地相接,并长期依附于吐谷浑,和吐谷浑保持密切的关系。吐谷浑本是东北鲜卑族部落首领,因家族内部不和,率部西迁到今青海地区,兼并当地的羌、氐,建立了"东西四千里,南北二千里"的吐谷浑王国,定都今青海湖西15里的伏俟城。正如著名史学家范文澜在《中国通史》中指出的:"鲜卑人羌化了,因之,吐谷浑实际上是羌族国家"。在吐谷浑大量吸收和融汇羌族的文化与血缘的同时,羌族也大量吸收和融汇了鲜卑吐谷浑的文化与血缘。例如,党项人的秃发与鲜卑的秃发如出一辙,党项人的"杀鬼招魂"与吐谷浑的"射鬼箭"习俗完全一致,等等。两个民族之间长期交错杂居与融合,在文化和血缘上,你中有我,我中有你,以致唐、宋人分不清党项拓跋氏究竟是羌族,还是鲜卑族。有的认为是羌族,有的认为是鲜卑族,成为千百年来一桩学术公案。党项族最强大的部落是拓跋部,鲜卑族也有一个拓跋部,历史上鲜卑吐谷浑又曾统治过党项人,由此引起党项拓跋部是来源于鲜卑族,还是来源于羌族的争议,并自唐代以来形成了截然不同的两种观点。《辽史》《金史》认为出自鲜卑族,《隋书》《旧唐书》《宋史》认为出自羌族。

近年来,在内蒙古乌审旗、陕西榆林地区发现和出土了一批党项拓跋氏的墓志和文物,为解决党项尤其是党项拓跋部族属提供了重要依据。其中,出土于陕西榆林地区的《拓跋守寂墓志》(唐开元二十五年立石),内明记拓跋守寂远祖"出自三苗,盖姜姓之别",即党项拓跋源于羌。到唐末党项拓跋思恭因乱而起,被赐封皇姓,五代时,其后人已耻言其先祖为西北戎狄——羌,因而攀附上"当东晋之

末运,创后魏之初基"的鲜卑拓跋氏。到元昊建国之时,称"盖循拓跋之远裔,为帝图皇,又何不可",来证明其称帝建国之合法性。

党项在与北面鲜卑吐谷浑融合的同时,又融合了南面邓至、宕昌诸族。邓至、宕昌也是羌族分支,风俗习惯与党项大体相同。552年西魏灭掉邓至,在邓至设邓州。564年北周灭掉宕昌,在宕昌设宕州。邓至、宕昌两个羌族小政权灭亡后,一部分族帐依附于党项,逐渐融合到党项里面,成为党项的重要组成部分。所以,史书干脆说宕昌、白兰是党项的不同种类。这一次次地融合、一次次地吸收都给党项增添了新鲜血液,党项羌正是在这种民族大融合中发展壮大起来的,并逐渐摆脱了吐谷浑的控制。党项兼并融合了南面的宕昌、邓至诸族后,和西藏高原的吐蕃连接起来了,至少在唐太宗贞观年间(627—649年),党项与吐蕃就建立了关系,藏文史书记载,吐蕃赞普松赞干布曾娶弭药王之女为妃子,并为其修建卡札色神殿。文成公主入藏后,以弭药人为工头,在康地建造隆塘准玛寺。"弭药"则是吐蕃对党项的称呼。

唐朝初年,党项发展更快,形成了细封氏、费听氏、往利氏、颇超氏、野利氏、房当氏、米擒氏、拓跋氏八大部落,其中拓跋氏最强,种姓部落最多,最大的部落达1万多骑。除此之外,新、旧唐书的《党项传》还记载了两个大的党项部落:黑党项和雪山党项。黑党项,在赤水之西,唐贞观九年(635年)李靖率军攻打吐谷浑之际,"浑主伏允奔黑党项,居以空闲之地"。黑党项的居地正是隋炀帝灭吐谷浑之后所设的河源郡(治赤水,今青海兴海)一带。李靖北路军大将李大亮等在追击伏允的时候曾到达过这里。自此,黑党项在史籍中曾一度失载,直到辽朝圣宗时,将"鹤刺唐古"(黑党项之意)划归辽西南路招讨司,其又重新出现在历史舞台之上。雪山党项"姓破丑氏,居于雪山之下","雪山"即河西的大积石山。因雪山在河曲以西,唐代史籍又称为"河西党项"。雪山党项以及白狗、春桑、白兰诸羌在吐蕃强盛以后,相继为吐蕃攻破,臣服于吐蕃。

青藏高原上的党项以游牧为生,除了少量的贸易外,游牧、狩猎、掠夺是唯一的经济生产方式。这种生产方式、生产关系和生存环境决定了他们在衣、食、住、行等方面的独特习俗。他们的衣服用牛羊和野兽皮做成,外披牛羊毛擀成的披毡。这种披毡不但能防风、挡雨、遮晒,还能铺能盖,是游牧民族的好伴当。饮食上,他们主要吃自己畜养的牛、马、驴、羊、猪肉,喝的是青稞酒,酿酒用的青稞是

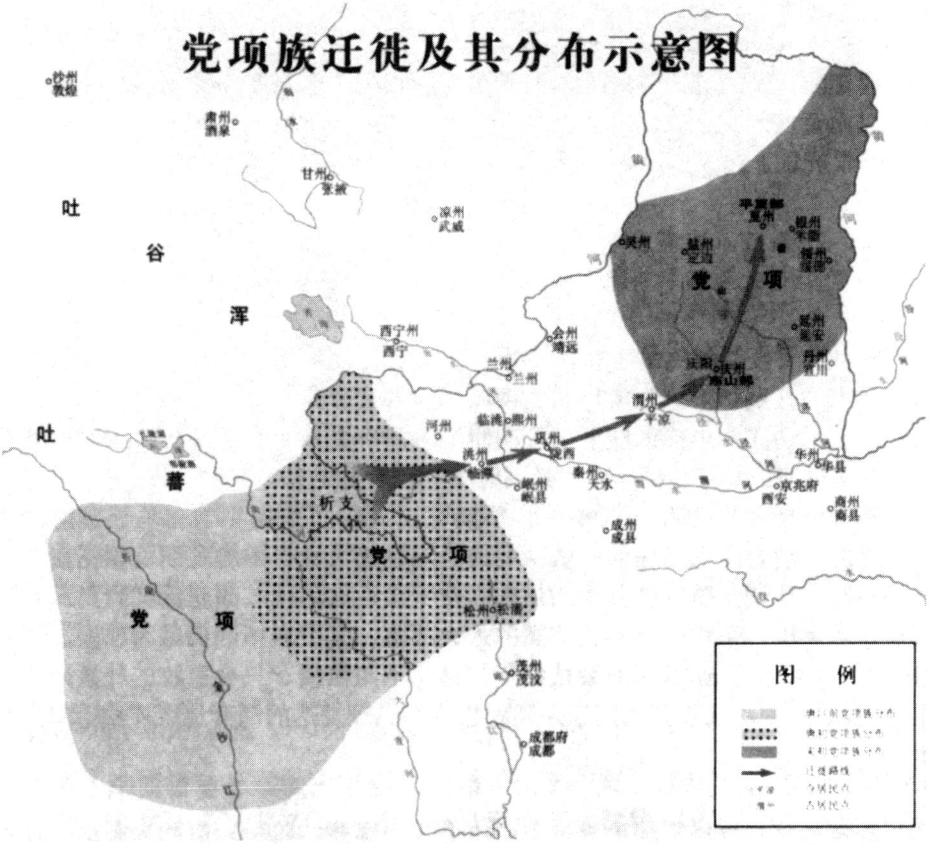

党项族迁徙及其分布示意图

用牛羊换来的。他们住的帐篷坚固实用,先用木杆搭起框架,然后把用牦牛尾和山羊毛织成的粗毛布蒙在上面。

恶劣的生存条件以及游牧与掠夺生产生活方式,使党项人从小就养成了走马射箭、舞枪弄棒、悍勇尚武的习俗。他们没有法令,也没有赋税徭役,平时各自为业,不相往来,有战阵则风聚云屯。他们有语言但无文字,通过观察草木的荣枯以记岁时。他们信仰原始宗教,相信万物有灵,每三年大聚一次,杀牛羊以祭天。尚歌舞,"有琵琶、横吹,击缶为节"。青藏高原上的党项人除游牧外,别无他业,因而养成了"好为盗窃,互相凌劫"的习俗。他们动辄杀人,以致经常结仇,形成了类似近代"打冤家"的复仇习俗。在没有复仇前,蓬头垢面,赤足素食,只有斩杀仇

贺兰县西夏宏佛塔出土佛头像

人后才恢复正常。青藏高原上的党项没有严格意义上的政治组织,他们以宗族部落为生活群体,大小部落各不相统,散落在山谷之间。在中原王朝经略周边的过程中,他们或依附于吐谷浑,或成为唐蕃争夺的对象。

在中原王朝的积极招抚下,党项人纷纷内附归顺。公元585年(开皇五年),党项大首领拓跋宁丛等各率众诣旭州内附,隋文帝授予其大将军称号,部下分别封官授职。公元629年(贞观三年),在南会州都督郑元畤招谕下,党项酋长细封步赖率部内附,唐太宗降诏书抚慰,步赖十分感动,亲到长安朝谒唐太宗。唐太宗非常高兴,以丰盛的宴席款待了细封步赖,赐赏丰厚,在其居地设轨州,封其为刺史。其他党项闻风而动,采取相同的行动,请求唐政府予以直接管辖,在其居地设崌、奉、岩、远四州,各拜其首领为刺史。到公元631年(贞观五年),唐太宗遣使在党项河曲地设六十州,内附者三十四万口。

在这批内附的党项羌人中,最具影响的当属党项拓跋部大酋拓跋赤辞。拓跋赤辞的归唐之路并非一帆风顺,他最初臣属吐谷浑,深受浑主伏允器重,并与吐谷浑王室结为姻亲。到贞观初年,诸羌归附,而赤辞不至,并且屡抗官军。起先,廓州刺史久且洛生遣使招抚赤辞,一番客套话后,唐使直接提出要他归附大唐,并且派兵助唐攻打吐谷浑，否则大军压境。面对唐使的傲慢与威胁，赤辞大怒，厉声喝道："休得狂言，我深受浑主姻亲之恩，腹心相寄，生死不二，怎能背叛浑主，做个忘恩负义的小人。尔等速速离去，休玷污了我的宝刀。"话声未落，赤辞的牛耳尖刀已高高举起。唐使落荒而逃，洛生知道赤辞不会轻易就范，于是率领轻骑趁夜偷袭赤辞在肃远山所置营帐，斩首数百级，掠牛羊杂畜六千余头。唐太宗闻知后，告诫诸将："汝等要以大局为重，党项拓跋部在党项诸部中实力最强，若能招抚，我唐军必如虎添翼"，于是命岷州都督李道彦对赤辞进行招抚。不久，拓跋赤辞从子拓跋思头秘密投诚，其党拓跋细豆也率部来降。这时，岷州都督刘师立也遣使劝说，赤辞知道部下多有归附之心，再强行坚持下去，拓跋部必出动乱，于是与思头遂率众降附。唐太宗授拓跋赤辞为西戎州都督，赐皇姓李，在其地列懿、嵯、麟等三十二州。从此，今青海积石山以东的党项羌居地全部归入唐王朝版图。

西夏供养人像

甘肃武威西夏墓出土武士图

贞观八年,在党项诸部纷纷附唐、吐谷浑失去强有力臂膀之际,唐太宗决定对吐谷浑进行大规模讨伐,以此来反击其对西北边地的寇扰,并打通丝绸之路。贞观九年,唐军行军之前,拓跋赤辞来见唐军诸将,提出请求:"以前隋炀帝征伐吐谷浑时,和我们订立了盟约,我们给他们供应粮草,其他则互不相犯。但他们不守信用,强行掠夺了我们的牲畜。今天诸军如果没有二心,我给你们供应军粮,但如果你们不讲信用,我就率部下挡住唐军前进的道路。"诸将均承诺行军之中,必与党项秋毫无犯。于是,赤辞与诸将歃血为盟。但是,赤水道总管李道彦却不把赤辞放在眼里,他所率军队由西路松州出发,目的地是吐谷浑重镇赤水,沿途多为内附的党项诸部居地。一天,当道彦大军经由阔水(今四川松潘西)时,见拓跋部并无防备,于是纵军进袭,掠得牛羊数千头。赤辞怨怒,屯兵野狐峡(两唐书作"狼道坡"或"狼道峡"),阻唐军前进,道彦大败,死者万余人,只得退保松州。拓跋赤辞乘势进攻叠州。李道彦破坏了唐太宗所制定的"联合党项孤立吐谷浑"这种扶弱抑强的战略,损兵万余,太宗因此大怒,令将其处斩,后经大臣劝谏,才免死并发配边疆。五月,吐谷浑为李靖平定,成为唐的属国,党项也恢复到贞观九年以前内附于唐的状况之下。党项大酋拓跋赤辞归附唐朝,标志着吐谷浑企图以姻亲笼络党项上层,并借此对抗唐朝的计划失败。唐朝采取抑强扶弱的策略,通过册封及厚赐招抚党项诸部,削弱吐谷浑势力,最终实现其"怀柔远人""夷夏一家"的目的。

在唐朝招附党项、降服吐谷浑,打开通往西域道路之际,吐蕃奴隶主政权从青藏高原上崛起,并不断向外扩张,与唐朝展开了争夺青海及西域的斗争。唐朝封授吐谷浑和党项,在唐、蕃之间形成一个军事缓冲地带,即利用吐谷浑及党项的力量来遏制吐蕃的北上。

公元636年(贞观十年),唐太宗将弘化公主许配给吐谷浑可汗诺曷钵,同时又拒绝了吐蕃赞普松赞干布的请婚。这一许一拒,激怒了吐蕃,也给其找到了用兵的借口。638年(贞观十二年),吐蕃发兵吐谷浑,吐谷浑不能支,遁于青海之上,以避其锋。其国人畜并为吐蕃所掠,吐蕃又进兵破党项及白兰诸羌,率其众20余万屯于松州边境。声称来迎娶公主,若不嫁公主,当提兵直下松州。情急之下,唐太宗遣吏部尚书侯君集为行军大总管,率步骑5万星夜增援,松赞干布才退兵,遣使谢罪,因复请婚。唐朝也认识到单纯依靠吐谷浑和党项制约吐蕃已不可能,于641年(贞观十五年)与吐蕃和亲,派礼部尚书李道宗护送文成公主入藏,和吐蕃赞普松赞干布结婚,唐蕃矛盾暂时缓和下来,吐谷浑、党项羌也得以在其原居住地生存下来。

公元649年(唐贞观二十三年),一代明君李世民死去,唐蕃矛盾再度激化。663年,吐蕃灭吐谷浑,党项诸部有的为吐蕃征服,有的为吐蕃所逼,相继内徙。为了避免被吐蕃奴役,在唐朝的帮助下,党项羌人扶老携幼,长途跋涉几千里,从西南的青藏高原迁往西北的黄土高原。其中最强大的拓跋部完整地从松州(今四川松潘)地区迁到陇右庆州(今甘肃庆阳)。另外,灵(今宁夏灵武市)、盐(今陕西定边县境内)、银(今陕西米脂县西北)、胜(今内蒙古伊克昭盟境)也陆续有党项迁入,这就是党项历史上第一次大迁徙。党项的这次内迁是其历史上一次重大的转折点。在这次迁徙过程中,党项羌人带着对唐朝文明的向往,以部落为单位自发地从西南青藏高原迁往西北的黄土高原。此时,唐朝复置或重置党项羁縻州,寄治于庆、灵、夏、银等州。

党项第一次大迁徙后不久,"安史之乱"爆发,安禄山、史思明叛军一路攻城

弃故土党项东迁 尊唐室拓跋称雄

贺兰山拜寺沟方塔

陷地,唐廷一片恐慌,急调河西军队入卫京师,一心想夺取西域控制权的吐蕃终于等到了机会,趁虚攻占河西陇右与西域数十州之地。党项和吐蕃同是从青藏高原走来的民族,当吐蕃威胁到党项生存的时候,党项向着唐朝,和吐蕃坚决斗争。同时,这两个民族生活习惯相同,风俗相类,又很容易联合起来共同侵扰唐朝。761年(唐上元二年),党项乘唐朝时局不稳,出兵宝鸡(今陕西宝鸡),焚烧大散关,攻陷凤州(今陕西西凤县境内)。763年(唐广德元年),吐蕃联合吐谷浑、党项、氐、羌20万众攻下唐都长安,烧杀抢掠,满载而还。764年(唐广德二年)九月,归附唐朝的回纥首领仆固怀恩在灵武(今宁夏灵武)叛变,纠集吐蕃、党项、吐谷浑等数十万众南下,唐天下兵马大元帅郭子仪奉命讨伐。面对这一系列的联合进扰事件,郭子仪认为党项与吐谷浑散处盐、庆等州,离吐蕃势力范围太近,一来容易受到吐蕃的攻扰,使部族不得安宁;二来又容易和吐蕃联合进攻,酿成更大的边患。因此他上书朝廷,请求将静边州都督等六府党项迁往银州(今陕西米脂县西北)以北、夏州(今陕西靖边县白城子)以东地区,即今鄂尔多斯高原东南部沙地草原。唐代宗采纳了郭子仪的建议,为了能顺利将仪凤年间(676—682年)从庆州移居银州的党项拓跋部迁往银州以北,唐代宗还特意召党项拓跋部最有势力的静边州大首领、左羽林大将军拓跋朝光等五刺史入朝,厚加赏赐。同时,将野利、把利、破丑以及拓跋部中的拓跋乞梅、宜定州刺史折磨布落等一并迁往绥(今陕西绥德)、延(今陕西延安)等州。党项拓跋部从银州迁往银州以北,野利等部从庆州等地迁往绥、延等州,这就是党项历史上第二次大迁徙。

　　党项第二次大迁徙后,逐渐按地域形成几大部落集团,居银夏地区的号"平夏部落",居庆州的号"东山部落"。折磨布落后来发展成宋朝的府州(今陕西府谷县)党项折氏,杨门女将中的佘(折)太君就出自此家族。党项羌特别是平夏拓跋部在经过两次大迁移后,与唐政府保持着较为密切的关系。如开元年间(713—742年),居于无定河一带的拓跋赤辞从子、静边州都督拓跋思泰助唐平定"六胡州"康待宾叛乱,以身殉国。叛乱镇压后,党项部落取代了原宥州一带中亚粟特人的地位。思泰子守寂继位后,又追随郭子仪平定"安史之乱",被封为容州刺史、天柱军使、西平公。

　　881年(唐中和元年),走向衰落的大唐王朝又一次面临着倾城亡国的命运。黄巢起义军攻破长安,唐僖宗奔蜀。包括夏州节度使诸葛爽在内的一批地方军事

长官纷纷投降黄巢,大唐命运危在旦夕。为了挽救危局,唐僖宗任命凤翔节度使郑畋为京城四面诸军行营都统(总指挥),号召各路军马,急赴长安镇压义军,时任宥州(今内蒙古鄂托克前旗境内)刺史的拓跋思恭也在征调之中。

宥州一带本是唐六胡州的故地,草原辽阔,牛羊肥壮,是天然的牧场与狩猎区。大量的中亚粟特人入住后,形成了"六州胡儿六蕃语,十岁骑羊逐沙鼠"的独特的民族风情。六胡州起义被镇压后,唐朝将剩余部族迁于江南一带,党项人部落由此进入宥州。唐朝后期,宥州"藩镇统领无绪",咸通(860—874年)末,拓跋部大首领拓跋思恭乘机窃据宥州,自称刺史。此人勇武豪爽,胆识过人,平日走马射箭,斗酒酣歌,善交友,有大志,拥兵数万,等待发展良机。

唐乾符年间(874—879年),黄巢起义军转战各地,势如破竹。广明元年(880年)十二月,起义军攻下长安,唐僖宗仓皇出走凤翔、兴元,准备逃往成都。中和元年(881年)正月,僖宗下诏征集各路兵马,其中就有夏州党项首领拓跋思恭。拓跋思恭发展壮大的机会终于来了,当他

甘肃武威西夏墓出土蒿里老人像

收到鄜延节度使李孝昌的发兵讨黄巢的信函后,立即召开军事会议,确定拓跋思忠联络各部,选拔勇士,拓跋思谏负责后勤供应,拓跋思孝赴鄜州与李孝昌商议相关事宜,决定5日后集结发兵。

李孝昌所居的鄜州"接壤延绥,藩屏三辅,为渭北之襟要",是护卫长安的重要屏障。唐太宗时,曾被立为大都督府,以著名大将尉迟敬德为都督。"安史之乱"时,鄜州城是渭北鄜延节度使所在地。鄜延节度使李孝昌在城东南的鄜畤祠旁,修筑高坛,张布陈设,单等拓跋思恭的到来。鄜畤祠是秦汉郊祀白帝的地方,附近有轩辕庙、开元坡,是鄜州城的重要历史古迹,自古以来来香火不断。李孝昌选择这里筑台盟誓,一是说明事情重大,非同小可;二是明确目标,统一思想,统一军令;三是对天盟誓,激励将士,舍身杀敌。

拓跋思恭的两万铁骑如期到达鄜州,与李孝昌合兵5万。李孝昌非常高兴,热情款待宥州将士,斩杀三牲,与拓跋思恭登台祭祀,饮血盟誓。随即,5万大军如滚滚洪流,向坊州(今陕西黄陵县)、长安方向开去。

881年(唐中和元年)四月,唐僖宗闻知拓跋思恭起兵讨伐黄巢,十分高兴,认为是急国家之所急,救大唐于水火,忠勇可嘉,于是下诏让他取代诸葛爽,权任

黑水城出土度母擦擦

夏、绥、银节度使。从此，拓跋思恭成为割据一方的藩镇。拓跋思恭有了正式的名分后，进兵武功(今陕西武功县)，与凤翔节度使郑畋、义武节度使王处存、泾原节度使程宗楚、河中节度使王重荣盟誓。郑畋坐镇盩厔(今陕西周至县)，唐弘夫进军渭北，王重荣驻守沙苑，王处存进驻渭桥，拓跋思恭扎营武功，形成了合围长安之势。

为了引诱唐朝围剿大军，黄巢主动撤出长安。果不其然，京城四面诸军行营副都统程宗楚等见长安防守空虚，乘机入城，市民争相出门迎接唐军。此时星夜撤出、屯聚灞上的黄巢得知城中唐军散乱无绪，立即杀了个回马枪，再次攻入长安，大败唐军。拓跋思恭、李孝昌派出的援军又遭到黄巢的伏击，拓跋思恭大败，伤亡很大。

转眼到了七月，拓跋思恭、李孝昌军队经过修整后，进屯渭桥，与黄巢中书令尚让、东面行营都虞侯朱温的两万精骑隔水相持。九月的一天，尚让、朱温率众强渡渭河，发起进攻。拓跋思恭命令弟弟拓跋思忠率部迎击。拓跋思忠善骑射，开弓搭箭，强力劲射，一箭射穿桥表的铁鹤。尚让、朱温所部大吃一惊，不战而退。拓跋思忠见敌退却，跃马过桥，冲入敌阵，左右砍杀，如入无人之境。但此时的他已中了尚让、朱温的诱兵之计，刹那间，伏兵四起，万箭齐发，拓跋思忠等上千将士纷纷中箭，倒地而死，无一生还。战后，僖宗为表彰拓跋思忠的忠勇，追封其为宥州刺史，并在渭阳为其修建了祠堂。渭桥一战，拓跋思恭损失惨重，于是率军仓皇北撤。十一月，黄巢大将孟楷在富平偷袭思恭军队，思恭力不能支，率领残众奔逃夏州。

这年(881年)十二月，回到夏州的拓跋思恭缮甲训兵，并上表僖宗请求讨伐黄巢。这时的唐僖宗因为诸路兵败、士气不振，不但没追究拓跋思恭临阵脱逃的罪责，还正式任命拓跋思恭为定难军节度使，统辖银、夏、绥、宥四州，并督促他再次出兵。

次年(882年)正月，定难军节度使拓跋思恭率精兵八千，再返长安。宰相王铎兼任诸道行营都统，拓跋思恭任京城南面都统。四月，拓跋思恭进屯渭桥。他先去渭阳祭奠了弟弟拓跋思忠，然后和起义军接战。当时黄巢的猛将尚让、朱温都在外线作战，所以大仗、硬仗不多。拓跋思恭也不卖力，期待唐朝更高的待遇。唐僖宗迫于无奈，八月又封拓跋思恭为京城四面收复都统，全权负责收复京兆长安。

拓跋思恭自再返长安以来,率领精锐与黄巢的军队周旋一年多,从京城南面收复都统升为四面都统,但由于兵力悬殊,只能与黄巢军队拉锯相持。883年(唐中和三年)四月,雁门节度使、沙陀族首领李克用率兵五万开到长安城下,与拓跋思恭等合兵攻打长安。拓跋思恭奉诏从克用讨伐黄巢军,连败黄巢大将尚让、黄揆。之后,拓跋思恭与李克用大将杨守宗、河中将白志迁合兵,一日三捷。诸军从光泰门攻入长安,黄巢焚宫阙而逃。

黄巢起义平定后,唐僖宗为了表彰拓跋思恭的功勋,晋封太子太傅、夏国公,并且再次赐皇姓李。同时,赏金银、玉帛以及"鼓吹"全部。从此,大唐的恢弘文明不断地滋润着党项民族,使之从游牧文化走向农业文明,从野蛮文化走向封建文明。自此,党项拓跋氏突破其宥州一州统领之限制,控制了整个鄂尔多斯高原的南部,进而走上建国的道路。

党项族割据夏州
李继迁反叛宋廷

鎏金铜牛

公元892年,夏州定难节度使拓跋思恭死,十几年后大唐王朝也走到了尽头,代之而起的是五代十国。夏州拓跋政权为了生存和发展,先后依附于建都中原的梁、唐、晋、汉、周五朝,这五朝为了安定边疆,以高官厚爵极力笼络夏州拓跋氏,只有后唐明宗时试图削藩,用兵夏州,但以失败告终。

以夏州为中心的鄂尔多斯高原具有非常重要的战略地位,早在秦汉,这一地区就是北方匈奴与中原王朝角逐的战场,秦始皇派大将蒙恬驱逐匈奴,在此设置30多个县,移民屯垦实边。汉武帝时,再次将匈奴驱逐到漠北,在这一带设立朔方、西河、上郡、奢延、灵州等县,迁山东内地贫民70余万屯田安边,保卫边疆。

五胡十六国时,匈奴赫连勃勃在鄂尔多斯建立的大夏政权花7年的时间,在今陕西靖边县北修筑了一座宏伟而坚固的城池,并命名曰"统万城"。统万城又称白城子,筑有38个马面,每个马面长约4丈,马面之间的距离六七丈,便于防守军士来回对射攻城的敌人。马面里面设仓库,储藏战备物质。传说赫连勃勃对城墙的质量要求很高,每筑一层,就让监工用锥子刺墙,如果刺不进去,说明质量合格,如果能刺进去,就不合格,将筑城的人杀掉,并筑到城墙里面。881年,党项拓跋部大首领拓跋思恭因镇压黄巢起义有功,被唐僖宗封为定难军节度使,从此占据夏州,坐镇统万城。

933年(后唐长兴四年)二月,定难军节度使李仁福病逝,儿子李彝超自任留后(代理节度使)。李彝超上表朝廷,请求正式册封。后唐明宗见表后,心中大喜,认为削弱乃至消灭夏州拓跋政权的机会来了。他采用调虎离山之计,下诏李彝超和鄜延节度使安从进对调,李彝超调任鄜延节度使,安从进调任夏州节度使,并派邠州节度使药彦稠等率马步兵5万,武力护送安从进到夏州上任。李彝超深知这是调虎离山,委婉拒绝。

药彦稠5万人马一举包围夏州统万城,昼夜攻打不息。夏州统万城城墙高大,陡峭雄伟,坚固难攻。马面稠密,敌楼巍峨,无法攻上。药彦稠命令官军凿挖地道,通到城内,但是由于统万城城墙地基很深,且用三合土夯筑而成,坚如铁石,无法挖掘。安从进、药彦稠无计可施,内外疲惫,十分沮丧。

这时李彝超兄弟乘势登城向安从进喊话,说"夏州这个地方非常贫穷,没有啥奇珍异宝,只是祖上世世代代守在这个地方,所以才不愿丢失。退一步说,这么一个小城镇,拿下来也没啥意思,根本不值得国家兴师动众,劳民伤财!烦请大人

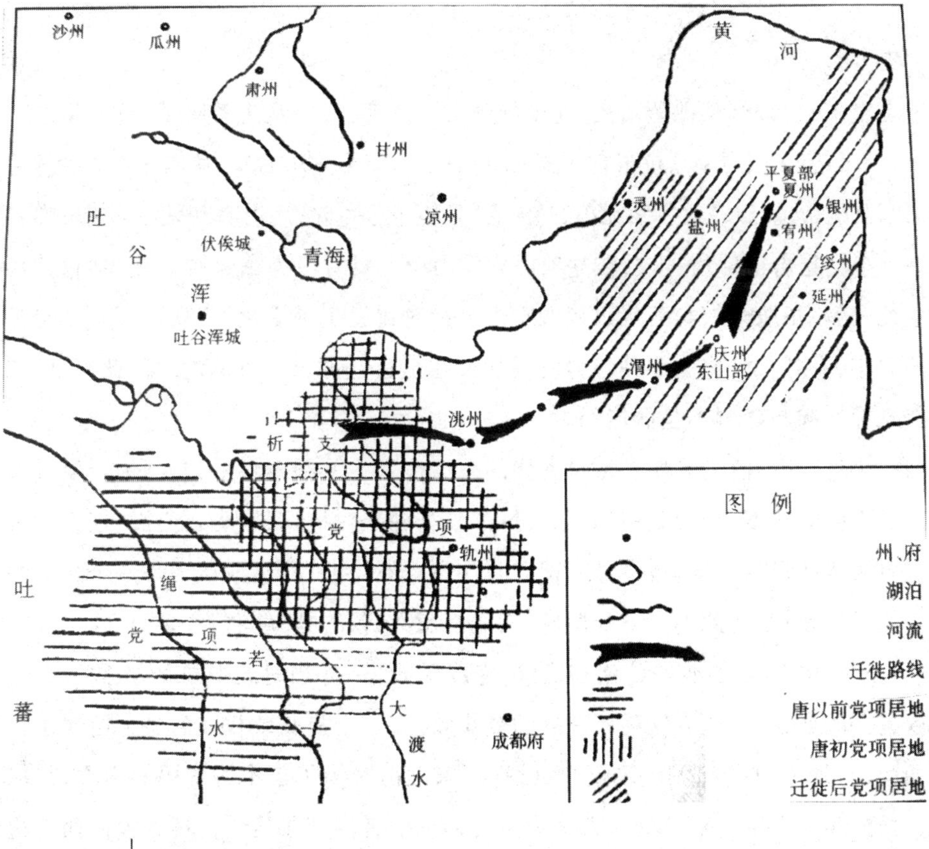

党项迁徙图

俄藏《金刚般若波罗蜜经》释迦牟尼说法图

上奏皇上,允许李某保留藩镇,为朝廷效犬马之劳。"安从进等听了,更无斗志。

李彝超在城内率众抗击官兵的同时,命令一万多党项游骑,从四面八方抄掠后唐军队的粮道,致使官军兵无粮、马无食,处境十分危险,后唐明宗只好下诏班师。

李彝超击退后唐进攻,在党项民族发展史上具有极为重要的意义。通过这场生死较量,拓跋政权与五代政权的军事力量对比发生了变化。拓跋氏看到了自己的力量,看到自己作为一种势力发展壮大乃至建立国家的可能性。由此可见,宋代党项崛起与建国不是偶然的。

从此以后,拓跋政权首领对五代的态度也发生了根本性的转变,他一反过去俯首称臣的态度,开始暗中积蓄力量,准备与朝廷对抗。梁、唐、晋、汉、周五代政权对拓跋政权的态度,也由过去把它看作是臣属小藩,转变成认为是一个相对独立的民族政权,从此不再下令调任,或轻易用兵,仅维持"羁縻"关系而已。

宋朝建立以后,扫平江南和北汉,完成局部统一。当时的中国北方,除了契丹族建立的辽朝外,还有党项族建立的夏州政权,这个夏州政权在名义上臣属于宋朝,具有地方政权和民族政权双重性质,宋太祖时为了集中力量用兵南方,采取宽松的羁縻政策。继位的宋太宗为了转移统治者内部矛盾,把视线投向西北边

敦煌莫高窟第409窟西夏皇帝、皇后供养像

党项族割据夏州 李继迁反叛宋廷

疆,由于夏州政权的民族性,他一时难以下手,只能等待时机。

这个机会终于等到了,公元980年(太平兴国五年)十月,定难军节度留后李继筠病故,其弟、夏州衙内都指挥使李继捧接任,被宋朝册封为定难军留后。但李继捧接任后,却引发了夏州李氏统治集团内部的分裂。原来继捧以弟继立为留后,引起了李氏各部贵族权臣的不满和怨怒,他们认为李继捧没有资格担任定难军留后。太平兴国七年(982年)五月,李继捧的叔父、西京作坊使、绥州刺史李克文首先发难,向宋太宗上表称:"李继捧没有资格担任定难军留后,请朝廷下旨让他和亲眷入朝为官,夏州之地当另择贤能管辖。"宋太宗收到李克文的奏章后,知道这是铲除夏州割据势力的好机会,便开始顺水推舟,立刻改封李克文为夏州知州,还派汉族大臣尹宪去夏州,同李克文一同担任夏州知州。李继捧内为诸部权贵所不容,外无实际权力可支配,可谓是内外交迫,索性一咬牙,心想:"你们不让我当定难军留后,大家都别想当。我就把银夏诸州献给宋朝,宋朝一定会厚加赏赐我的,说不定会封我个大官做。何必受这窝囊气呢!"于是李继捧干脆上表,请求亲自到汴京去朝见宋太宗,并献上了祖宗的封地。

对宋太宗来说,李继捧的请求正中下怀,他错误地判断消灭拓跋夏州政权的时机成熟了,因此,立即遣使到夏州,诏令李继捧携带家属到汴京开封。982年五月,李继捧一行到达开封,朝见于崇德殿。宋太宗喜出望外,赐白金千两、帛千匹、钱百万,并赐豪宅。身不由己的李继捧表示愿意献出世袭的银、夏等州,留在汴京享受荣华富贵。

李克文的如意算盘是利用宋朝挤走李继捧,由他来做"夏州王",这种与虎谋皮的奢想显然是行不通的。宋朝逼迫李继捧入朝后,又大兵压境,诏令李氏五服以内的族人全部到汴京,以期斩草除根。这其中包括李继捧的叔父李克文和李克宪,李克文看到大势已去,只好带上家属和唐僖宗赐赠先祖拓跋思恭的铁券及朱笔御札上路;李克宪接到诏书后,迁延不愿动身,宋太祖又派袁继忠持诏谕以祸福,外有尹宪5万大军,内有袁继忠日夜劝谕,李克宪只好随袁继忠入京;朝廷赐赠李克文、李克宪宅邸。

李继捧献出银、夏五州,宋太宗非常高兴,兴奋地对宰相说:"夏州诸部此番不费吹灰之力就得以平定,实是大宋之福!以前那些强悍难制的党项部从此都成为大宋的子民,向朝廷纳税服役。此次来京朝贡的党项首领有270多人,种族五

宁夏博物馆藏西夏文乾祐宝钱

百余帐。朕以前遣兵调将,讨伐叛逆,都让他们注意用兵之法,攻心为上,攻城为下,让党项部落畏惧大宋的威严,感念大宋的恩德,那样就会不战而屈人之兵,他们也会相继归附大宋的。"

正当宋太宗志得意满,以为从此彻底解决了夏州党项割据势力的时候,远在千里之外的夏州,不甘受制于人的党项贵族们又燃起了反叛朝廷、企图独立的星星之火,再一次改变了宋朝西北部的政治局势。

李继捧入朝后,夏州定难军都知蕃落使李继迁因和知夏州的李克文意见不合,便率部离开夏州,回到老家银州。不久,朝廷诏令李氏五服以内的族人赴京,李继迁也在征召之列,这时,他知道了五州地尽归朝廷。在党项民族生死存亡的紧要关头,这位年仅20岁的定难军都知蕃落使急忙召来弟弟李继冲和亲信商量对策。

李继迁说:"我们祖宗封土平夏达三百年,父兄子弟列居州郡,雄视一方。当今朝廷诏李氏宗室进京,夏州李氏政权的根脉从此断了。"弟弟李继冲提出趁夏州不备,杀掉朝廷使节,占领绥、银。

谋士张浦则认为时机尚不成熟:一是夏州难起家族,内部不团结,不能一致对外;二是尹宪手握重兵,随时都有可能兵临银州;三是银州兵弱,不习战斗。最后他提出"不若走避漠北,安立室家,联络豪右,卷甲重来"。李继迁听从了张浦的建议,决定出银州,走漠北,重起炉灶。

太平兴国七年（982年）七月的一天，银州（今陕西横山县境内）城内突然响起一阵哀乐声，只见几十个年轻人披麻戴孝扶着一具棺木向城门走去，为首的是一个年方二十左右、英气逼人的党项青年，原来是一列送葬的队伍。城门口两个把守的兵丁拦住了队列，大声叫嚷着："这是什么队伍？因何事出城？"为首的党项青年满面泪痕地说道："这是我的乳母，这两天得急病去世了，我们要把她安葬到城外坟地里去。这两天不许党项人随意出城，又正值暑天，尸体都有点发臭了，请大哥们行行好，让我们过去吧。"两个兵士绕着棺木转了几圈，只闻得棺木里散发出一阵阵臭味，他们连忙摆手道："快过去吧。臭死人了！"一行人答应一声，快速地通过了城门。他们来到城外数里一片偏僻的树林里，此时天色已慢慢暗了，为首的党项青年大喊一声"停下"，并脱去了身上宽大的孝服，露出了一身黑色劲装。

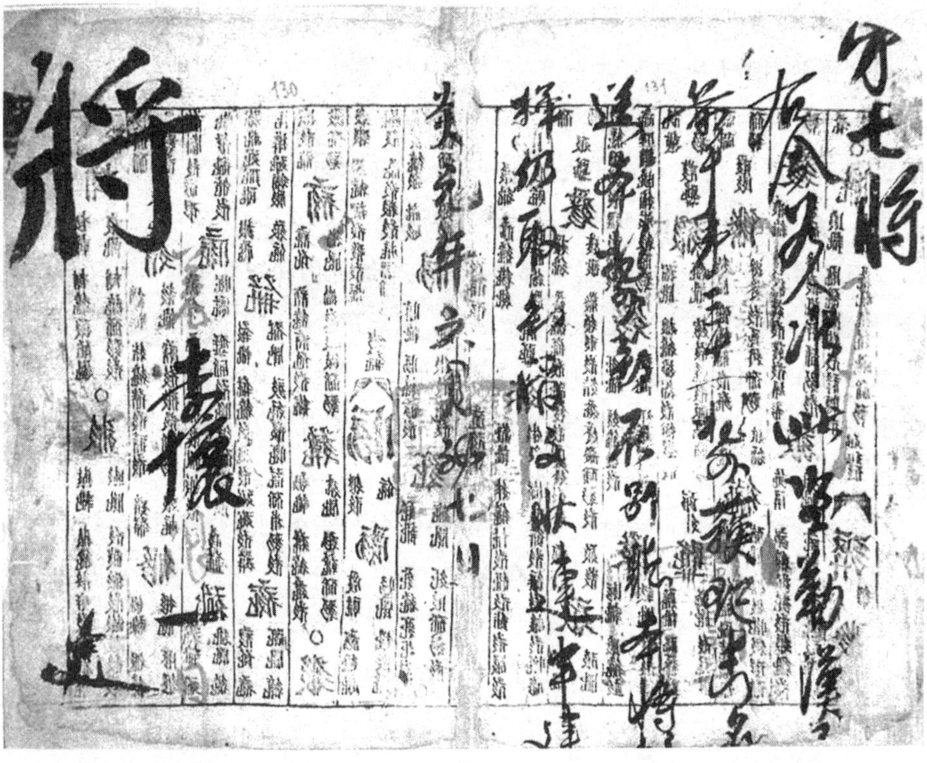

宋西北边境军事公文

大家见首领脱去了伪装,也纷纷露出了原来的行装,那位剽悍的党项青年首领一脚便踢飞了棺盖,只见里面藏着几十把锋利的兵器,还有一些发臭的咸鱼。大家纷纷取出棺材里的兵器,握在手中,等待着党项青年首领下一步的指示。只见那位青年坚定地环视了左右,大声说道:"我们到地斤泽去,那里是我们的故乡,有我们的亲人,我们党项人一定会重新振作,夺回祖先留给我们的土地!大家快上马,连夜赶路。"一行人纷纷大声应诺着,在党项青年首领的带领下,快马加鞭地消失在茫茫夜色之中。

这位诈称送葬、逃离银州的党项青年就是银州防御使李光俨之子李继迁。李继迁的高祖是唐朝末年率部征讨黄巢起义的党项族首领拓跋思恭的弟弟拓跋思忠,拓跋思忠在与黄巢义军的战斗中,战死于长安东门外的渭水桥头。李继迁的曾祖李仁颜曾任唐朝银州防御使,祖父李彝景,父亲李光俨,在五代后晋、后周时,先后世袭银州防御使,是党项拓跋部中非常有名望的贵族。李继迁于宋建隆四年(963年)生于银州无定河,据说他生下来的时候就长着牙齿,长大后勇敢有智谋,是天生的领袖。李继迁年仅11岁时,率领随众骑马打猎,在山路上遇到一只斑斓猛虎,众人都非常害怕,李继迁却不慌不忙,他让大家都躲到树丛里,自己爬上一棵大树,连射几箭,正中猛虎的要害,把猛虎射死了。这件事在党项族中广泛传颂,名噪一时。不到20岁就被定难军节度使李光睿任命为定难军管内都知蕃落使。

李继迁一行要去的地方是地斤泽,这里位于夏州东北三百里外,是党项祖先世代放牧的发迹之地。在这里,李继迁开始网罗逃散的党项部众,以过去党项李氏的恩德及民族复兴为号召,把党项族的大酋长们都召集到自己的大帐集会,并拿出高祖拓跋思忠的画像给大家看,神情激愤地说道:"我们党项人世世代代居住在这里,可是宋朝却想强行霸占我们的家乡,现在是党项人生死存亡的关头了,大家如果没有忘掉李氏祖先对党项人的恩惠,可以跟着我一起为复兴党项而努力吗?"大家听了李继迁的豪言壮语,都非常感动,纷纷表示一定誓死追随李继迁,重新复兴党项族。李继迁又采取与党项族大酋长结为亲家的办法,娶他们的女儿,建立了稳固的联盟,于是前来归附的党项部众越来越多,李继迁开始了党项族的复兴之路。

李继迁在地斤泽安顿好家室后,便开始对宋朝进行小规模的袭击。983年率

党项族割据夏州
李继迁反叛宋廷

俄藏黑水城出土《官员和侍从》图中前坐者穿着绘有团龙的皇帝便服

部进攻宥州,不胜而退。第二年(984年),偷袭位于夏州西北的王庭镇,俘虏人马牛羊一万多。知夏州尹宪和都巡检曹光实十分恼火,决定以牙还牙,进剿李继迁的老巢地斤泽。雍熙元年(984年)九月,尹宪和曹光实探知李继迁的藏身地。一天夜晚,李继迁等人还在梦中,突然宋朝数千精骑从天而降,慌乱中,李继迁与弟李继冲弃众而逃。部众被杀者五百余人,损失牛羊、器械一万多,李继迁的妻子和母亲罔氏等均被曹光实俘虏。

捷报传到汴京开封,当朝宰相寇准提出将罔氏斩首,杀一儆百。另一宰相吕端认为不妥,他说:"当年项羽要烹汉祖刘邦的父亲,刘邦听到后说:'遗我一杯羹!'凡举大事者固不顾亲,何况李继迁是悖暴凶残之人,如果杀了李继迁的母亲,更坚定了他的叛心。所以,不如软禁到延州,好吃好喝养起来,以招诱继迁。虽不能招降李继迁,但总可以拴住他的心。"宋太宗听从了吕端的建议,将李继迁之母软禁在延州,后封西河郡夫人,留养京师,至老而死,母子未得相见。

经过多次失利,李继迁害怕官军追袭,经常居无定处,在夏州北面打游击。这时的李继迁没有以前那么鲁莽了,他总结几年来的成败经验,审时度势,做出"联辽抗宋"的战略性决策。五代宋初,契丹辽朝利用定都太原的沙陀族北汉政权抗

科兹洛夫带到俄国的西夏书籍

俄藏黑水城出土贵人像

宁夏博物馆藏1982年罗福颐捐赠西夏文"内宿侍命"铜牌

衡北宋，979年北宋灭掉北汉后，接连举兵北伐，为了抵抗宋朝的进攻，辽朝急于寻求新的盟友，以牵制和分散北宋的兵力。特别是986年正月到四月间，宋朝第二次北伐节节胜利，连克沿途州县，在这个节骨眼上，夏辽结盟自然是一拍即合。因此，当李继迁使臣张浦到达后，辽圣宗很痛快地答应了李继迁的请求，授其为定难军节度使、都督夏州诸军事。当年十二月，李继迁为了进一步加强同辽朝的关系，亲自率500骑到边境向辽朝求婚，辽圣宗欲使继迁牵制宋朝，答应将公主许配李继迁，择日完婚。有辽一代，将公主下嫁藩邦邻族寥寥无几，而刚刚与辽朝结盟交好的李继迁首次提出请婚，辽圣宗就马上答应，可见出于共同的目的，夏辽关系从一开始就不一般，三年后即989年3月，辽圣宗履行诺言，将宗女封为义成公主，下嫁李继迁，并赐马3000匹作为陪嫁。李继迁从986年与辽朝结盟，到1003年进攻西凉吐蕃时中流矢身亡，前后17年中，为了赢得对宋战争的胜利，谨事辽朝，每年派出的进奉、贺正旦、贺生辰的使节道路不绝。辽朝对李继迁每次例赐金腰带、细衣、马羊、弓箭、马具、酒果等物品。

李继迁"联辽抗宋"外交取得了很大的成功，他借助辽朝声威，团结内部，大兴攻伐，屡败宋军。公元990年9月，李继迁来献俘；11月，李继迁来献捷；12月，

遣使来告下宋朝麟、府等州。契丹主十分高兴,当年12月,赐封李继迁为夏国王。

公元996年(宋至道二年),李继迁在浦洛河截获宋朝运往灵州的40万粮草。宋太宗大怒,决定大规模讨伐。李继隆出环州,丁罕出庆州,范廷召出延州,王超出夏州,张守恩出麟州,五路齐发,直捣平夏。李继迁闻讯后逃到沙漠深处,宋军找不到主力作战,无功而还。

997年(宋至道三年)宋太宗崩驾,子赵恒即位,是为真宗。当时赵宋朝野被李继迁拖得疲惫不堪,上上下下都有与李继迁讲和的愿望,刚即位的宋真宗"姑务宁静",顺应当时的形势,答应李继迁的要求,册封其为夏州节度使,将好不容易弄到手的银、夏、绥、宥、静五州之地,拱手还给李继迁。夏州拓跋政权从此进入了一个新的历史阶段。

继迁攻占灵州城
德明定都兴庆府

武士头俑

西夏鸱吻

宋太宗虽通过分化瓦解的手段，迫使李继捧献出银、夏、绥、宥、静五州之地，但这仅仅只解决了表面问题，党项民族与豪族大姓要求恢复和发展本民族政权的愿望非常强烈，也就是说，政治分化和军事打击并没有解决党项人的思想问题。李继迁顺应这种要求，乘势而起，在恢复"故土"后，继续向外扩张，他要在更大范围建立党项民族政权。

李继迁深深地认识到，党项族要想获得更大的发展，必须建立更稳固的地盘。李继迁恢复的银、夏"故土"地处陕北黄土高原，这里气候干旱，人口稀少，土地贫瘠，经济基础薄弱，并不是一块英雄称王称霸的理想之地。这里地理位置也并不乐观，东临黄河，渡过黄河是宋朝北方重镇太原府（今山西太原），南接防御党项重镇

延安府(今陕西延安)。李继迁要渡过黄河向河东发展,或向延安方向扩张,显然是很困难的,或者说是不可能的。银、夏的东北是大辽帝国,李继迁起兵后,采取"联辽抗宋"的战略,不但没有力量与辽朝抗衡,更不愿和他的盟主辽朝发生冲突。因此,向东北方向发展也不可能。摆在李继迁面前的难题是,要么困守在这里,要么向外发展,扩大地盘,增加国土和人口,只有这样,才能和辽、宋这样的大国相抗衡。可是北方有强大的辽朝,东部、南部有强大的宋朝,以党项人的实力是很难与之抗衡的,向东、向北、向南发展都受到很大的制约,银、夏等州处在三面临敌的危险状态。是坐以待毙,还是努力求生?李继迁把目光投向了西面的河套平原与河西走廊。河西的西凉吐蕃与甘州回鹘力量比较弱,河套地区的吐蕃、党项族长期处于不相统一的分散状态,李继迁兼并起来比较容易。最重要的是宋朝定都汴京开封,政治军事中心向东南转移,西面第一关是洛阳,第二关是潼关,第三关是唐代的首都长安,唐朝的内地灵州成了极边。宋人甚至认为灵州太远,粮草供给不上,不如弃去灵州,退守环(今甘肃环县)庆(今甘肃庆阳)。这种形势为李继迁攻占灵州创造了非常有利的条件。

灵州地区(今宁夏银川平原)是我国河套地区开发最早的绿洲,水草丰茂,生产发达,自秦汉以来就发展灌溉农业。北周时迁来大量江南人,从而"江左之风"大兴,始有"塞北江南"美誉。灵州历史最辉煌的一笔是"安史之乱"后,唐玄宗逃往四川,肃宗李亨在灵州登基。唐朝依托灵州的朔方军镇,召集天下兵马,平定了安禄山、史思明的叛乱。灵州因此享誉全国,党项大首领拓跋守寂也因功赐封为灵州刺史,从此,拓跋部与灵州难舍难分,结下了不解之缘。

李继迁下定决心要攻占灵州和河西走廊后,立即下令:"赶紧把各部落首领都召集前来,我要宣布重大的决定。"

李继迁的儿子李德明、弟弟李继冲以及汉族谋士张浦等人来到李继迁的大帐,都莫名其妙,不知道李继迁葫芦里卖的什么药。只听李继迁兴奋地对大家说:"今天,我们党项人复兴的机会到来了。我决定向西拓展党项人的疆土,我们的目标将是这里。"说着,李继迁把手指向了地图上西北的一座重镇,大家顺着他的指向一看,只见地图标明的那座城正是雄踞塞北的重镇灵州。大家都迷惑地看着李继迁。李德明问道:"父亲,灵州远在数百里之外,僻处西北,远离我们党项的祖居之地,况且那里现在有宋朝大军驻扎,我们为什么要舍弃自己的故乡,去攻打灵州呢?"

李继迁望着迷惑的众人,解释道:"大家不要小看灵州,灵州四塞险固,周围有贺兰山和黄河天险,是一块建都称霸的绝佳之地。灵州虽然距离银、夏等党项祖居之地比较遥远,但那里也有党项部落世代生活,我们正好可以联合灵、盐等州的党项人一起建立霸业。况且灵州是宋朝防御的薄弱环节,虽然有黄河灌溉之利,但宋朝官吏不知利用,每年要从关中等地运送大量粮食到灵州去,长途运输、路途艰难,宋朝早已不堪重负。灵州虽然地形险要,易守难攻,但是只要我们截断灵州粮道,把灵州周围的城池统统攻取,灵州就变成了一座孤城,城破指日可待。我党项族夺取灵州后,就不必困守在这沙漠贫瘠之地,而是获得了一块农牧兼宜、可攻可守的后方基地。灵州周边没有强大的敌人,只要我们固守灵州,东与银、夏等州互相呼应,就会游刃有余,进退自如了。灵州西面的河西之地,有不少弱小的割据势力,比如吐蕃、回鹘的甘州、凉州政权以及沙州、瓜州的曹氏政权,都不过是苟延残喘的无能之辈,只要我们党项以灵州为基地,向西拓展,西掠吐蕃之健马,北收回鹘之精兵,河西将尽入我党项囊中。到时候,我们党项以灵州为

西夏敕燃马牌

都城,以银、夏为东翼,河西为侧后,拓地千里,国土富饶,兵员充足,何愁党项不能复兴呢?"

大家听了李继迁的分析,都解开了疑惑,觉得非常有道理。统一了党项内部的意见后,李继迁开始了3次攻打灵州的艰难战争。

至道二年(996年),李继迁按照既定的计划,开始首次攻打灵州。这次灵州之战主要是为了截断灵州粮道,使灵州没办法从宋朝得到补给。这一年的年初,宋朝为了加强灵州防御,命令洛苑使白守荣等护送粮食40万石到灵州去,并且命白守荣将辎重分为三队,送粮的民夫自带弓箭防身,护卫的士卒列成方阵前进,遇到敌人攻打就各自为战,还命令会州观察使田绍斌率军进行支援。但是,当时任陕西转送副使的大臣卢之瀚却违抗命令,让白守荣把三队并为一队。宋军的运粮队从环州北上,经过灵州南面的浦洛河时,遭到埋伏的李继迁军队的突袭,结果宋军大败,40万石粮食全被李继迁夺去。这次截粮大战拉开了宋夏灵州大战的序幕。李继迁打败运粮宋军后,立即率师直捣灵州。宋太宗听说粮草被劫,灵州被围,连忙命令灵州周边的环、庆等州的军队前往救援。灵州守军将领窦神宝秘密派人到灵州周边购买粮食,暂时缓解了灵州缺粮的困境,又出兵击败了李继迁的围城大军,保全了灵州。李继迁首次攻灵之战并没有取得成功。

李继迁虽然没有攻下灵州,但却时刻威胁着宋朝由环、庆等州到灵州运送粮饷的通道。为了改变这种不利局面,宋太宗下令宋军五路出击,想一举消灭李继迁。至道二年九月,宋太宗命令李继隆、丁罕、范廷召、王超、张守恩五员大将分别从环州、庆州、延州、夏州、麟州出兵,攻打李继迁。但宋朝五路大军缺乏统一指挥和行动,盲目冒险进军,其中李继隆、丁罕两军连李继迁军队的影子都没见到就收兵回营了,张守恩遇到李继迁的军队后,不敢主动出击。只有范廷召、王超的军队打败了李继迁的小股部队,获得了小胜。这次军事行动失败后,宋朝君臣失去了保卫灵州的信心,对李继迁只能睁一只眼闭一只眼,一股放弃灵州、苟且偷安的思想弥漫开来。负责为灵州运送给养的陕西诸州军储、大臣张鉴居然给宋太宗上书说:"灵州这块地方,孤悬塞外,虽然名义上说是西北军事要地,但实际上是中原华夏的累赘,朝廷要守住这块无用之地,必须要竭尽中原的物力来供给,使防守灵州的军队疲于奔命。现在不如把灵州赐给李继迁,让他知道朝廷的恩德,也可以免除百姓繁重的劳役。"宋太宗虽然还想继续解灵州之围,但不久就病逝了。宋真宗继位后,朝野上下放弃灵州的呼声更加高涨。连宰相吕端等朝廷重臣也纷纷要求放弃灵州,招抚李继迁,只要李继迁肯称臣,什么条件都可以答应。

至道三年(997年),李继迁趁着宋太宗去世、宋真宗刚刚即位的时机,第二次率兵攻打灵州。十月,灵州守军校尉郑美因违背军令,害怕主将治罪,叛逃出城,投靠李继迁。急于攻占灵州的李继迁如获至宝,他从郑美口中得知,灵州城防务空虚,如果发大军,完全可以攻破,于是任命郑美为指挥使,让他做向导,发兵灵州,结果在合河镇北被灵庆路副都部署杨琼打败。李继迁不甘心失败,随后又以500骑奔袭灵州城,又被宋将打败,退走30余里,才摆脱宋兵追击。这是李继迁第二次攻灵州。

西夏红陶五角花冠迦陵频伽

两次攻打灵州的失败使李继迁看到了宋朝强大的国力,但他夺取灵州的决心并没有改变。李继迁认识到灵州之所以难以攻取,是因为灵州的兵力还比较强大,周围还有很多宋军的重要堡垒,要想夺取灵州,只能循序渐进,一步步地进行蚕食,先把灵州周围的宋军所点全部拔去,再断绝灵州通向外界的一切退路,到那时候,灵州就变成了一座孤城,就算再坚固,也会有攻破的一天。

咸平三年(1000年)九月,宋朝新任命的灵州知州、陇州刺史李守恩,度支郎中陈纬等押送粮饷到灵州,路过环州北面的荒原时,遭到李继迁大军的伏击,李守恩、陈纬战死,而负责援助粮运的宋将王荣也被击败。宋朝运往灵州的粮饷再次被李继迁夺取,使得运粮之道再次断绝,灵州的处境更加险恶。咸平四年(1001年)九月,李继迁向灵州河外的怀远镇、定州等地发动进攻,定州、保静等灵州河外五城,以及清远军等宋军重要据点全被攻占,灵州成了一座孤城。

紧接着李继迁发兵5万,第三次围攻灵州。在危难之际,宋真宗任命自己的得力大臣裴济到灵州担任知州,同时派兵部尚书张齐贤为泾、原、环、庆等州安抚经略使,准备对李继迁采取强硬的军事手段,但为时已晚。新任命的灵州知州裴济,字仲溥,祖籍山西闻喜,是唐朝宰相裴耀卿的第八世孙。裴济因为性格刚毅,作战勇猛,深受宋太宗赵光义的宠爱。在太宗征伐北汉和辽的战役中,裴济都身先士卒,表现出众,被太宗寄予重任。裴济被任命为灵州知州后,率领军民进行屯田,利用黄河水进行农业灌溉,得到了灵州百姓的信赖。但裴济的任命还是没能改变灵州被攻陷的命运。

咸平四年年底,宋朝君臣商量怎样解决灵州危难的处境,在大敌当前,灵州城危在旦夕的情况下,宋朝内部出现了两种截然不同的意见:一是宰相张齐贤、李沆,副宰相李至,知制诰杨亿等顾命大臣主张放弃灵州。李至认为:灵州虽地处西北要冲,但援绝势孤,不能不弃。不如把朔方军移到环州(今甘肃环县),保境息民,不失为一时的权宜之计。张齐贤说:"灵武孤城必难固守,徒使军民六七万陷于危亡之地。"也就是说,灵州是守不住的,守也白守,最终要把六七万军民搭上。

西夏王陵碑座

上海博物馆藏黑釉划刻西夏字瓶

李沆认为:"继迁不死,灵武终非朝廷有。"因此他提出,不如遣密使到灵州,让州将悄悄带上灵州军民南撤,李继迁得到的只是一座空城。如果这样的话,"关右之民息肩矣"。杨亿也提出"废弃灵州,退保环庆",然后设计来围困李继迁。二是主张固守灵州,理由有四:一是"灵州乃必争之地,苟失之,则缘边诸郡皆不可保",后果不堪设想。二是灵州地方千里,自古是放牧耕战的好地方,一旦被李继迁占领,必酿大患。三是灵州界于鄂尔多斯高原与河西走廊中间,将夷狄(凉州吐蕃、甘州回鹘与鄂尔多斯党项)一分为二,如果灵州失守,夷狄合二为一,宋朝就无法控制了。四是宋朝的军用马匹主要从河西地区购买,李继迁攻占灵州,控制河西吐蕃与回鹘后,就截断了宋朝买马的后路。

在一番争议之后,犹豫不定的宋真宗最后拍板,决定守灵州。宋真宗决定守灵州,除了上述原因外,还有一个不可告人的原因,那就是大宋皇朝的面子。堂堂大国竟然放弃边疆重镇,是无法向祖宗交代的,更无法向国人交代。于是宋真宗任命马步军都虞侯王超为四面行营总管,统兵 6 万增援灵州。

一个犹豫不定、弃守难决的朝廷,它所派出的援军,自然不会是气吞山河的必胜之师。因此大军出发后,一路虚虚掩掩,磨磨蹭蹭。如果宋朝真正认识到灵州的重要性,真正想守灵州,即使被李继迁攻占,也会派大军夺回的。遗憾的是它没有这样做，从这个意义上讲，灵州的失守与其说是李继迁的攻占，倒不如说是宋朝自己拱手相让。

灵州知州裴济见李继迁率大军把灵州围得水泄不通，连忙率领全城军民日夜坚守。城外，党项大军好像大海一般，把灵州这座孤城围得像惊涛骇浪中的孤岛，时刻都要沉没。裴济望着灵州城外敌军连绵不绝的营帐，不禁连声叹息，知道灵州已经守不住了。连续多日坚守在城墙上，裴济面色惨白，形容枯槁，但他仍以顽强的毅力坚持着。

一旁的将校们劝道："大人，请下城休息一会吧，这里我们守着就好。"裴济长叹道："朝中诸臣无能，文臣误国，武官怕死，可惜我看不见大宋收复灵州的一天了。灵州四塞险固，土地富饶，朝廷不能遣将守之，将它拱手送给李继迁这个贼寇，党项据有此地，就像猛虎插上双翅，蛟龙潜入深渊，必然会成为大宋的心腹大患，从今以后，西北一带再也不是大宋的国土了。"众人劝道："大人，事已至此，唯有尽快请朝廷发兵救援才是，或许还有一线生机。"裴济叹了一口气说："现在只能死马当活马医了。"说着，他抽出佩刀，往袍子下摆一划，只听"嘶"的一声，袍子被扯下一块。裴济又用刀刺破手指，在袍上写了8个血红的大字："灵州急矣，请速救援！"写完后，把血书交给一个心腹将校，说道："你速速乔装出城，把此信送到朝廷。告诉皇上，我裴济生是大宋人，死是大宋鬼，誓与灵州共存亡！"

就在裴济日夜盼望朝廷救兵的时候，宋真宗派遣的王超率领的救援大军却行动迟缓，到了环州就徘徊不进，离灵州还有数百里之遥。裴济在党项军的日夜围攻中，又坚守了数天之久，但救援大军连影子也看不到。李继迁的大军在震天的呐喊声中，终于突破了灵州的城防，像潮水般地涌入了灵州城。城里火光四起，杀声震天，裴济镇定地穿戴好自己的官服，率领仅有的几名随从，英勇地冲向敌阵，战死在灵州的土地上。

正如裴济所预料的那样，李继迁占领灵州后，立即把灵州改名为西平府，开始大建宫室，设立百官，强迫银、夏一带衣食稍丰的居民迁至西平府一带，作为党项建国的都城一样经营。从此，夏州李氏由唐末以来名义上属内地王朝的藩镇割据势力，正式向自立的地方割据政权转化，宁夏这块土地也由此翻开了西夏王朝辉煌的一页。

咸平五年（1002年）十一月，李继迁亲率大军向河西进攻，攻陷凉州，吐蕃六

贺兰县西夏宏佛塔

继迁攻占灵州城
德明定都兴庆府

谷部首领潘罗支假装投降李继迁，暗中却乘其不备，集合吐蕃各部数万人，向李继迁发动了突然突击。李继迁仓促应战，身中流矢，兵败逃回灵州。宋景德元年（1004年）正月，旧伤复发的李继迁卒，其子李德明继位。

李德明，小字阿移，母亲是党项大族野利氏，生于宋太平兴国六年（981年）。据说李继迁死前流着眼泪对儿子德明说："宋朝强大，你继位后，千万不要夜郎自大，与宋朝轻启战端，党项所占的灵、夏诸州土地贫弱，没有能力与中原抗衡，你一定要向大宋称臣，以获得朝廷的封赏。这样我们就可以腾出手来，攻打西边的吐蕃与回鹘，吐蕃、回鹘势力分散，各自为政，正是我党项健儿用武之地。你应该真心诚意地向大宋称臣，如果一次上表朝廷不同意，那就连续多次上表，直到朝廷答应和议为止。"李继迁临终时一反常态，要儿子德明依附宋朝，是因为他清楚地看到自己死后西夏将面临着"国危子弱"的局面，如果处理不好，他确立的向西发展攻取河西的战略不但不能实现，而且有可能被宋朝利用吐蕃夹击西夏的"以夷制夷"方略打败。因此，德明的首要任务是和好宋朝，全力用兵西凉吐蕃和甘州回鹘，打破宋朝"以夷制夷"方略。

驻守在西北边境的大将曹玮得到李继迁死亡的消息后，认为这是铲除西夏势力的大好机会。他上书给宋真宗，提出乘西夏国危子弱，出其不意，发兵生擒李德明，送到阙下。河西吐蕃大首领潘罗支听到李继迁的死讯欣喜若狂，他邀约回鹘部族首领，预备集结精兵，直抵贺兰山下，征讨西夏。潘罗支还让自己的哥哥邦逋支到开封，向宋朝搬兵。即位不久的宋真宗"姑务宁静"，在接到各方来报之后，既没有采纳曹玮的主张，也没有理睬潘罗支的请求，反而派人去通知驻守延州（今陕西延安市）的张崇贵，让他赶快设法与西夏联系，提出了议和的愿望。

史载党项人好勇尚武，"尤重复仇，若仇人未得，必蓬头垢面，跣足蔬食，要斩仇人而后复常"。即使是那些没有能力报仇的人，也要召集妇女，吃饱喝足后，成群结伙地赶往仇家，放火烧毁仇家的房屋。如果双方的怨仇得到了和解，便要举行一个盟誓仪式，将鸡、猪、狗血和酒掺在一起，倒入髑髅杯中共饮，发誓说："若复报仇，男女秃癞，六畜死，蛇入帐。"

如今父亲李继迁被潘罗支杀害，这不仅是儿子李德明的仇，也是党项族人的仇。因而，李德明在国难当头决定攻打潘罗支。他派人说服潘罗支属下的党项部落首领，让他们做内应，在暗中协助自己；然后在潘罗支毫无防备的情况下，率精兵突然攻入西凉，杀死潘罗支，占领了西凉府。报了杀父之仇后，李德明才将父亲安葬在贺兰山下。

宋景德元年（1004年），辽朝向宋朝发起规模最大的攻势，边报十万火急。王钦若提出迁都江南，陈尧叟主张皇帝入蜀避难，宰相寇准力主御驾亲征，宋军士气大振，辽朝主帅萧达凛被冷箭射死，辽不敢恋战，和宋朝签订"澶渊之盟"。宋、辽"澶渊之盟"的订立，给宋、辽、夏三角关系带来了深刻的影响。李德明和谋士张浦见请和的时机成熟，于是派牙将王旻捧着和表，携带贡品，赴阙求和。宋真宗见到西夏的使臣，心中很是高兴。他赐给王旻锦袍、银带，好好地招待了一番，随后又派使臣带着诏书，前往西夏答礼。

也就在此时，辽朝的使臣萧承德正手持节杖，带着封册、钱物来到西夏，册封李德明为西平王。辽对李德明的册封壮大了李德明的声势，加重了李德明与宋朝讨价还价的砝码，双方在具体细节上讨价还价，经过一年多的你来我往，最终于1006年（宋景德三年）九月，正式签订了和约。宋朝任命李德明为定难军节度使，封爵西平王，食邑六千户，实封一千户；赐袭衣、金带、金勒鞍马，并赐银万两、绢万匹、钱二万贯、茶二万斤；发给李德明与内地节度使相同的薪水。与此同时，西夏答应释放被俘的宋朝官吏兵民；解散蕃汉军队；如果边境发生纠纷，要服从宋朝政府的处理。当然，西夏仅是原则上答应而已，不可能落到实处。

宋夏景德和议后，李德明通过与宋朝的贸易，获得了很多经济利益，积累了财富，为西夏的建国打下了基础。李德明还用20多年时间，先后多次进攻甘州回鹘和西凉府吐蕃六谷诸部，终于将势力伸入到河西一带，拓疆数千里。这对于党项李氏割据政权来说，具有重大的意义。

李德明是个很有能力的守成之主，他继承了父亲李继迁的政策，进一步巩固了西夏建国的基础，把国家治理得井井有条。但还有一块心病萦绕在李德明心中，那就是西夏还缺少一个真正的国都，西平府虽然地势险要、土地肥沃，但东距宋夏边境不过数百里，极易受到战争的威胁，且西平府西距河西瓜、沙诸州非常遥远，交通不便，不适合成为国都。因此李德明迫切地想要寻找一块党项族的"龙兴之地"，作为未来的党项国家真正的都城。

一天，李德明离开西平府，到西边贺兰山脚下的怀远镇一带打猎消遣，李德明抬眼望去，只见贺兰山像一条巨龙般横亘在怀远镇西侧，黄河则像一条玉带般

继迁攻占灵州城
德明定都兴庆府

围绕着怀远镇城缓缓东流,正是一块阻山带河、依山傍水的绝佳胜地。李德明不禁被这块土地深深地吸引住了,他纵马奔驰在这片广阔的田野上,怀远镇西有贺兰山固,东有黄河天险,北有大漠,南有萧关,这里不正是自己梦寐以求的建都之所吗?可是跟随父亲李继迁和他从夏州、银州等地迁到灵州的党项各部对迁都的想法不太理解。他们认为:银夏诸州是党项族祖祖辈辈生活的土地,是他们的故乡,灵州及怀远镇只是临时居住的地方罢了。当初从银夏诸州迁都到西平府就费了很大力气,很多党项部落不愿意迁离家乡,甚至还有部落叛逃到宋朝国境。如果贸然迁都一定会遭到党项贵族及各部的反对。李德明想来想去,想了一个好办法。他悄悄叫来一个随从,对他耳语一番,随从心领神会地走了。

过了几天,西平府城内百姓们都在议论着一个传闻,那就是怀远镇北的温泉山居然有人看到了龙在天上飞舞。这传闻越传越厉害,闹得满城风雨,每个人都猜测着龙出现在怀远镇到底是什么征兆。李德明见传闻已经达到效果,就召集了党项各部首领和贵族们齐集一堂,对他们说:"龙是上天降下的吉祥征兆啊!看来

隆德县文物管理所藏西夏文"内宿侍命"铜牌

我们党项族将要兴旺了,怀远镇出现的龙,预示着那里是我们党项族的龙兴之地,我决定按照上天的启示,在怀远镇建筑新的都城。现在的首都西平府虽然民风淳厚,但是地势平坦、没有屏障,我们可以去占领,敌人也可以来偷袭。这不像怀远,西北有贺兰之固,黄河绕其东南,西平为其障蔽,经济富裕且便于防守,是个建立万世基业的好地方。何况这里屡次出现吉祥的征兆,显示出神人一致的意愿,应该及时迁

永宁县闽宁村西夏墓出土木俑头

都怀远,才能不违背上天的命令。大家都同意吗?"各部首领和贵族们面面相觑,都觉得既然上天都降下祥瑞,那么迁都怀远一定是正确的,大家都异口同声地说:"我们愿追随国主迁都怀远。"就这样,迁都怀远的计划顺利完成了。

李德明任命了一个叫贺承珍的大臣负责修筑新都城。经过十几年的艰辛修建,到1020年,新的都城终于修筑好了,李德明将新都城改称兴州,寓意着兴旺发达。

定都怀远镇、重修兴州城是西夏开国初期的一件大事,城市建设工程是相当庞大的。经过十余年,城池宫室才初具规模。李德明的儿子元昊继位后,又大兴土木,在原来宫室的基础上,进一步扩建,并改兴州为兴庆府,在贺兰山滚钟口等地修建避暑宫殿,逶迤数里,亭榭台池都非常豪华壮丽。城内外各项设施进一步充实完备了。

西夏建都兴庆府不是一时的权宜之计,而是有着深谋远虑的考量。我国古代对都城的选择既要考虑经济状况,又要考虑军事防御。汉、唐定都长安就是考虑到关中是全国的经济中心,地理形胜又易守难攻,东有潼关,西有萧关,南有秦岭,北为渭北高原。北宋定都开封,虽然考虑到这里是汴河与运河的交汇处,可以吸纳江南的粮食与财物。但不足的是无险可守,不具备军事防御功能,面对女真

的进攻,统治集团举手无措,只好南迁杭州,偏安江南。

西夏定都兴庆府,比较好地照顾到了军事防御和经济保障,这应该说是西夏国立国长久的重要原因。

从军事防御的角度来看,都城是国防保卫的最终对象。兴庆府西北有贺兰山天险,"黄河绕其东南,西平为其障蔽",有着优越的军事地理形势。1081年,宋朝发动了规模空前的五路大进攻,计划经灵州渡过黄河,直捣兴庆府,一举消灭西夏,但被挡在灵州城下,没能再前进一步。由于兴庆府易守难攻,安全有一定的保障,这样就使得西夏将更多的兵力投入到边防。在全国50多万军队中,都城兴庆府只驻,7万人,占七分之一,如果加上驻守灵州与贺兰山的十万人,也只有三分之一。打仗的时

贺兰山拜寺口双塔东塔贴塑兽面、流苏

候,兴、灵地区的守军还随时调往前线,保证了前线作战的需要。

　　从经济保障的角度看,历朝历代的都城都要考虑经济保障能力。隋唐以前,经济重心在关中,因而汉、唐等朝建都长安。以后随着经济重心的东南移,五代的梁、晋、汉、周以及北宋只好把都城建在汴京开封。宋初曾讨论过迁都长安或洛阳,但因经济保障问题,不了了之。兴灵地区(今宁夏平原)地处黄河冲积平原,滔滔河水灌溉着两岸万顷良田,西夏立国后,继承了历代人民开发水利、引黄灌溉的优良传统,疏浚灌溉渠道,制定水利法规,使灌区农业生产快速稳步发展,保证了都城兴庆府的粮食供给。

李元昊登基称帝
宋辽夏鼎足而立

持花女供养人像

党项首领李元昊

公元1032年的深秋,兴庆府的王宫里,西夏国王李德明就要走到生命的尽头。在他的统治下,西夏获得了巨大的发展,特别是把都城从四面受敌的灵州搬迁到背依贺兰山、面对黄河天险的兴庆府,是他这一生最大的成就,西夏的帝国气象开始形成了,兴庆府也成了西夏帝王的龙兴之地。在完成了他的历史使命后,这个在位29年,和宋朝友好相处的国君就要离开人世了,但像所有的父亲一样,他仍然放心不下他的江山和他的儿子李元昊。

李德明在病榻上,眼睛里透着最后一丝光亮,他的"接班人"——太子李元昊正坐在他的榻旁,接受他的最后嘱托。

"儿呀,我不行了,我把整个国家和百姓交给你,你一定要好好治理国家,爱护百姓,做一个仁慈宽厚的国君。我死之后,你要继续向宋朝称藩称臣,我们党项人受宋朝的恩惠已经好几代了,宋朝赐给我们绫罗绸缎,用粮食交换我们的牛羊马匹,我们西夏人才能过上好日子。你一定要记住,千万不要辜负宋朝的恩惠。"

李元昊不以为然地回答:"父王,我们是来自草原的民族,穿兽皮缝制的衣服,吃牛羊肉是我们的天性,干吗非要为了享受,去接受宋朝送来的绸缎、粮食?大丈夫在世,就应该做出一番轰轰烈烈的事业,为什么要给别人下跪称臣呢?这难道是英雄所为吗?"

李德明颤抖的手紧紧拉住李元昊的胳膊:"儿呀,你想成就一番王霸之业,想法是好的。可是和宋朝开战,我们不见得会得到好处,宋朝人口是我们的百倍,财力物力更是多得难以想象,宋朝的君臣看似昏庸无能,但国内英才济济,我们不是他们的对手,只有称臣,才能保证两国百姓安居乐业,共享太平。如果你不顾后果,擅启战端,那么我们西夏就要陷入水火之中了啊!"

李德明说到这里,不禁激动起来,咳咳地大声咳嗽起来,突然他的脸涨得通红,呼吸也急促起来,抓着李元昊手臂的手也渐渐松了。

"父王!父王!"李元昊大声呼唤着。

"记……记住,千万……不要……和宋朝……开战。"

说完最后一句话后,李德明身子一歪,再也没有睁开眼睛,一代西夏国君带着对人生的眷恋,带着对自己国家的担忧,离开了人世。

李德明去世后,他的儿子李元昊不甘心俯首称臣,雄心壮志地想大干一番事业。李元昊出生于宋真宗景德元年(1004年),小字嵬理,党项语就是"珍惜富贵"的意思。母亲是李德明的第一任妻子卫慕氏。李元昊从小就表现得非同一般,他身高五尺有余,性格沉稳刚毅,聪慧多谋。李元昊从小就喜欢标新立异,年少时喜欢穿白色长袖衣,头戴黑冠,身佩弓箭。外出时喜欢骑高头大马,用青伞盖遮阳,前有大旗两杆引道,百余步卒跟随左右,十分威武。元昊从小就喜欢读书,多才多艺,既懂得佛学,又通晓汉、藏文字;既懂得法律,又善于绘画,是党项族难得的英才。宋朝边防大将曹玮早就听说元昊非等闲人物,很想一睹元昊的风采,便派人偷偷潜入兴庆府,暗中画了一幅元昊的画像带回宋境,曹玮见到元昊画像后,不禁连声称赞:"此人真是天生的英雄啊!"元昊青年时就表现出杰出的军事才能,甘州地处凉州西北,东据黄河,西阻弱水,李元昊的祖父李继迁、父亲李德明都曾多次率兵攻打,都以失败告终。宋仁宗天圣六年(1028年)五月,年仅24岁的李

西夏后妃供养像

元昊独自率兵突袭甘州,甘州回鹘夜落纥可汗猝不及防,仓皇败走,元昊一战成名,威震河西。这样的英雄人物自然不甘心受制于人,给别人当臣子。

宋明道元年(1032年),得知夏国主李德明去世的消息后,宋仁宗派遣工部郎中杨告为旌节官告使前往兴庆府颁布诏书,准备封元昊为继任的定难军节度使、西平王。但元昊对来自宋朝的使臣根本不屑一顾,想要称帝的他不愿意放下架子去给宋朝的使臣下拜叩首。他故意拖延时间,不肯出去接见宋朝使者,经左右大臣再三劝说,才勉强出来见了下宋使,并接受了诏书。

使臣杨告等人刚出大殿,李元昊就轻蔑地把诏书扔到一边,狠狠地说:"先王也太小看自己了,我们党项疆域千里,雄兵千万,有如此王霸之基业,却还要给别人下跪当臣子,真是愧对祖宗啊!"为了实现自己立国称帝的愿望,李元昊加紧了各方面的准备工作。

一天,李元昊在宫中大宴群臣,众人早早就等候在殿外,由于接受了宋朝的封赏,众大臣们都穿着锦缎织成的华美汉服,可是元昊今天的穿着格外独特,只见他穿着兽皮缝成的短衫,腰间佩着短剑,一副党项原始服装打扮。最独特的是元昊的发饰,只见他剃光了头顶的头发,只留下了两鬓的头发。这是党项祖先的发式啊,今天国主怎么又重新留起来了呢?众人面露不解之色,只听元昊说道:

昊王渠遗址

"从今日起,我们不要再穿宋朝赐给的绸缎衣服了,我们应该穿回我们党项人原来的服装。唐、宋皇帝赐给我们的什么李姓、赵姓,我们不稀罕,我们是党项健儿,我元昊从今天起,改姓嵬名,你们要称呼我为'吾祖',意思就是皇帝,我们党项人也要自己称帝,再也不要给别人跪拜称臣了。我们要恢复祖先的发式,从今天起颁布秃发令,三天以内国中所有人一律秃发,敢有不从者,全部杀头!"众大臣这才明白过来,原来元昊要准备称帝建国了。

宋明道二年(1033年),元昊以避讳其父德明的名讳为由,改宋明道年号为显道,开始使用自己的年号。同年五月,元昊改兴州为兴庆府,定为首都,大兴土木修建宫城和殿宇,同时在朝中设立一套完整的官制,分文武两班,设中书省、枢密院、三司、御史台等,这些机构都是参照唐、宋官制而定的。党项族原来在服饰上没有贫富贵贱的区别,为了确定等级关系,元昊用法律的形式规定了官民的服饰。规定文官头戴幞头,穿靴,执笏板,身穿紫色或红色官服。武官则按其品级分戴不同的冠饰。一般平民只准穿青色或墨绿色衣服。

为了在文化上和宋、辽一较高下,元昊还让主要谋士、担任谟宁令的野利仁荣创制了蕃书,即党项人自己的文字。野利仁荣把自己锁在一间小楼上,经过一年的艰辛创制,终于创造了西夏文字。元昊非常高兴,立即下令全国学习这种文字,以后的诏令、法律、佛经等都用这种新创制的西夏文字书写。从形体上看,西夏字方正刚劲,很能体现党项民族纯朴厚重的文化心态。为了表彰野利仁荣的杰出贡献,元昊封他为广惠王。元昊还下令把汉文的《孝经》《尔雅》《四言杂字》等译成西夏文,建立汉学和蕃学,大力发展文化教育。元昊还在国内大力推行佛教,他自己就是个通晓佛学的皇帝,继承父位后,于夏广运元年(1034年)十二月,向宋朝献马50匹,请求宋朝颁赐佛经。夏大庆二年(1037年),元昊又请求允许他派使臣到五台山供佛。此外,他还规定每年的4个孟朔日为"圣节",要求所有官员百姓必须拜佛,诵经求福。

元昊还对西夏国内的军事制度进行了改革。西夏建国前,其军事制度带有明显的部落全民制和氏族民主制。每次准备起兵打仗,都必须先率领各部落的首领们打猎,打到猎物后就下马环坐饮酒,询问大家的意见,选择其中最好的建议来执行。元昊废除了这种部落军事民主制,开始用兵法管理党项诸部,还从豪族子弟中选取武艺高强、弓马娴熟的年轻士兵,组成五千人的护卫亲军,由元昊亲自指挥。元昊在自己统治辖境内设立了12个监军司,以黄河为界,分左、右两厢。各监军司设都统军、副统军、监军使各一员,由党项贵族担任。下设指挥使、教练使、左右侍禁官等数十人,分别由党项人和汉人担任。

在做好了充分的准备之后,大庆三年(1038年)冬十月,西夏都城兴庆府南郊,修建起一座高坛,这就是为元昊登基称帝特意修筑的。在威严的鼓乐声中,元昊头戴金冠,身着帝袍,缓缓走上了坛顶,在祭祀了天地和祖先,并接受了群臣的敬贺后,正式宣布建立大夏国,自号大夏世祖始文本武兴法建礼仁孝皇帝,简称大夏皇帝,改大庆三年为天授礼法延祚元年。从此,一个雄踞西北近二百年,先后与北宋、辽及南宋、金三足鼎立的地方政权正式建立了。

元昊还向宋朝公然挑战,派使臣送还以前宋朝皇帝颁给他的旌节敕告。还上表曰:臣元昊,本是帝王后裔,当年东晋末年,我的祖先鲜卑拓跋部,历尽艰险,开创了北魏的宏伟帝业。我的远祖拓跋思恭,在唐王朝行将灭亡之际,率领义军,剿灭叛匪,清除乱党,立下了赫赫战功,被唐朝赐为李姓。我的祖父继迁,知人善任,善于用兵,在他的率领下,西夏国势蒸蒸日上,西北各部落纷纷前来归顺,周围的郡县都望风而降。我的父亲德明,秉承着祖先的伟业,不愿意和大宋兵戎相见,才委曲求全,勉强接受了宋朝的册封。臣元昊继承大统以来,创制了党项人自己的文字,又换掉了汉族的服饰冠冕,恢复了党项族祖先的传统服装,制定了自己的礼义规章。西夏周围的吐蕃、西鹘等民族,都降服于西夏。从河西走廊到河套一带,都成为西夏的国土。我请求陛下同意我在这片广袤的土地上建立自己的国家,因为众望所归,时间紧迫,我来不及向陛下请示,就擅自于十月十一日在兴庆府郊设坛,祭拜天地,正式登基称帝,帝号为世祖始文本武兴法建礼仁孝皇帝,国号大夏,年号天授礼法延祚。希望宽厚仁慈的皇帝陛下您能够把西边的土地让给我统辖,让我成为受子民拥戴的皇帝。如果这样,我国一定会和大宋保持良好的关系,让我们两国永世成为友好邻邦。特派遣使者奉表来通报,请陛下能尽快回复。"

元昊称帝建国的消息传到宋朝后,朝野上下,议论纷纷,群臣都认为元昊此举无异于跳梁小丑,不自量力,主张对西夏宣战,武力解决。在一片讨伐声中,宋仁宗下诏削去李元昊的官爵,禁止沿边贸易,揭榜于边,募能人擒元昊,若斩首献者,即为定难军节度使。宋朝边帅夏竦还在边境上张贴榜文悬赏:"有得元昊首

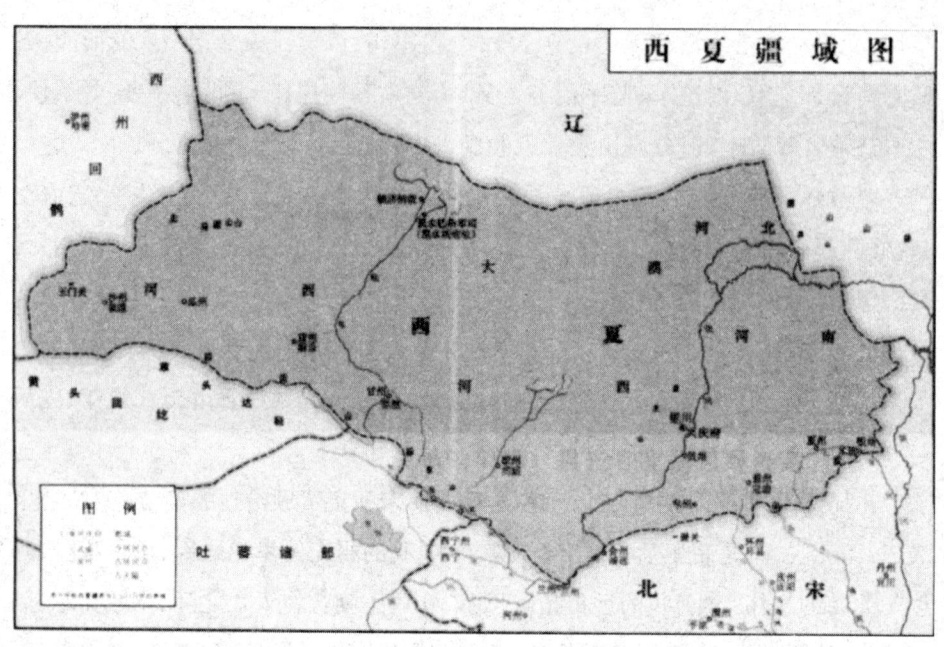

西夏疆域图

者,赏钱五百万贯,封爵西平王。"

李元昊也不甘示弱,针锋相对,给宋朝写了一张榜文:"有得夏竦头者,赏钱两贯。"派奸细装扮成卖荻箔(编席子用)的山民,悄悄地带到宋朝。西夏奸细背着荻箔,装模作样地在宋朝边界市场绕了一圈,然后找了一个酒馆,将荻箔立在酒馆门外,叫了酒菜,吃喝起来。酒足饭饱后,故意把荻箔落在酒馆门口,扬长而去。到了晚上,食客全部走光了,酒馆老板偷着乐,以为发了财,让店小二把荻箔搬到后院,打开捆绳,发现里面夹着李元昊榜文"有得夏竦头者,赏钱两贯"。夏竦听说后,赶快派人遮掩,但消息早传遍边地,成为民间笑谈。

做好战争准备后,公元1040—1042年,元昊连续向宋朝主动出击,取得三川口、好水川、定川砦三大战役的胜利。三大战役的战略目的是打破宋朝的进攻,迫使宋朝承认西夏称帝建国。在这一战略目标指导下,西夏对宋的进攻主要限于沿边堡寨,对防御比较坚固的延州、镇戎军三川寨等州城的围攻,仅限于诱敌需要,并没有真正强攻强占。李元昊虽取得了三次大战的胜利,但战争给西夏带来的后

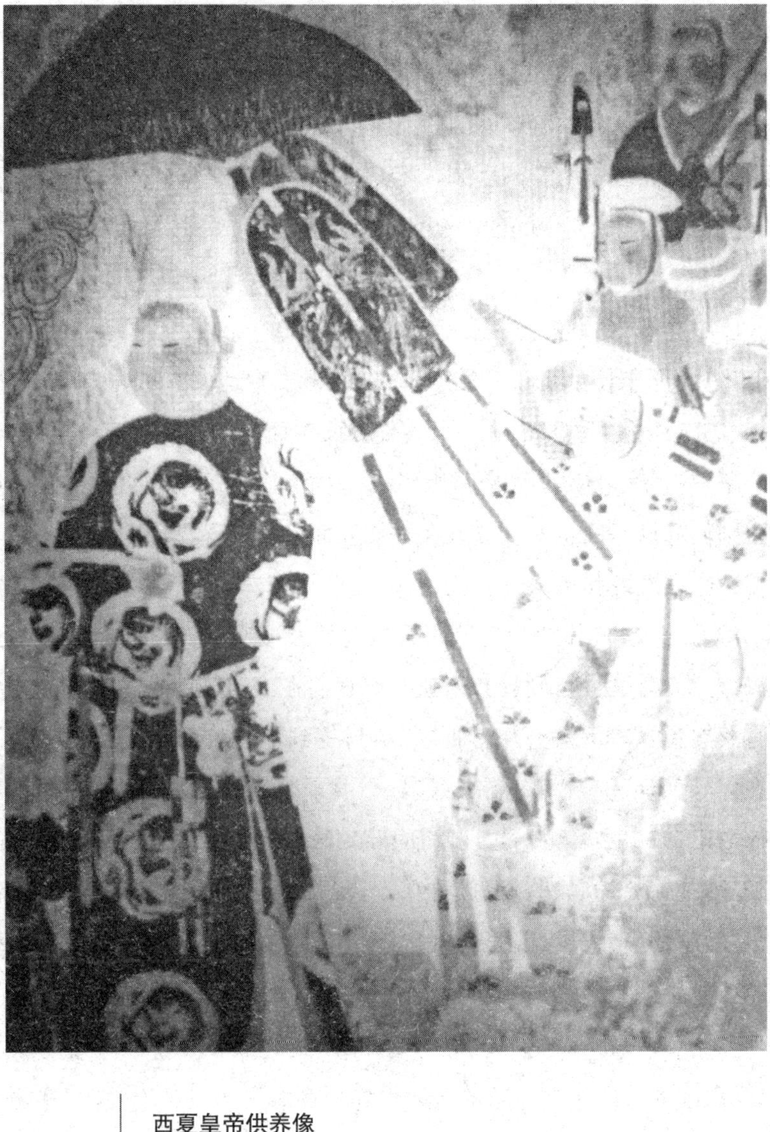

西夏皇帝供养像

李元昊登基称帝
宋辽夏鼎足而立

果是严重的。其一,战争加重了西夏百姓负担,引起了人民的不满。无休止的出征,农业生产荒废,"人困于点集,财力不足"。广大人民以"十不如"的歌谣表达对这场战争的不满。其二,战争使西夏的经济受到很大损失。宋朝关闭榷场,断绝和市,影响到西夏丝绸、茶叶等生活日用品供应,物价上涨。对宋朝而言,原以为元昊是跳梁小丑,可一举歼灭,没想到陷入一场旷日持久的战争,而且屡战屡败。沿边生产荒废,政府财政困难,出现了开国以来不曾有的社会危机。需要与西夏讲和,以集中精力解决内部矛盾。其三,从第三方辽朝来看,它不希望西夏的势力过于强大,打破辽、宋、夏之间的平衡关系。加上辽朝收到宋朝增加的"岁币",答应从中斡旋。

在这种情况下,夏宋开始了长达一年多的议和。1043年6月,西夏派如定聿舍、张延寿等人同宋使邵良佐到汴京,向宋朝提出割地、赔款(岁赐)、不称臣、自立年号、改"兀卒"为"吾祖"等十一项条件。面对西夏的强硬态度,宋朝内部展开了激烈的争辩。宰相晏殊等两府重臣厌战,主张答应。刚从陕西前线调回朝廷的新任枢密副使韩琦坚决反对。二人在宋仁宗面前各抒己见,相持不下。

李元昊这次提讲和条件时,玩了一个文字游戏。他原和宋朝交聘时称"兀卒"(青天子)称号,这次偏偏把"兀卒"改成"吾祖",以刺激宋人的神经,作为讨价还价的砝码。正如李元昊所预料的,宋朝的谏官们在"兀卒"改"吾祖"问题上大做文章。谏官蔡襄说:"李元昊开始号称'兀卒',等到邵良佐回来,又改称'吾祖',这是夏人在侮辱朝廷。'吾祖'就是'我翁','我翁'就是'我父',即使李元昊称臣,朝廷给他赐诏书时称'吾祖',这叫啥话!"谏官余靖也认为李元昊改称"吾祖"是在玩弄朝廷,他说古时候边疆民族称单于、可汗,中外共知,如果称这类名号,当然没有嫌疑,现在李元昊无端编撰出个"吾祖"。他称陛下为父,却让陛下称他为"我祖",这不是明明在玩弄朝廷吗?以文学著称的欧阳修也分析说:"'吾',就是'我'的意思,'祖',就是'翁'('父')的意思,现今贩夫走卒都不肯随便呼人为父,何况是贵为天子的皇上。如果答应李元昊称这个名号,今后朝廷赐诏书时就得写上'吾祖',这不是让皇上呼李元昊为'我父'吗?不知何人敢开口!"既然宋人理解元昊改"兀卒"为"吾祖"有这样的意图,当然不能答应了。一个多月后,宋朝又派张子奭、王正伦出使西夏。经过激烈的斗争和讨价还价,双方都有一些让步,元昊基本上同意称臣和去掉"吾祖"名号,张子奭原则上答应每年赔款20万。

虽说双方都妥协了，但离正式签约还有很大的距离，因为张子奭回来一个多月后，即1043年12月，元昊又派张延寿出使宋朝，把赔款提高到30万。

正当夏宋议和陷入僵局的时候，夏辽关系发生了重大变化。两国因边界民族问题，矛盾越来越尖锐，以致发展到战争，李元昊既然得罪了辽朝，就不敢再同宋朝闹翻。1044年6月，李元昊为了全力对付辽朝，遣使向宋朝上誓表（西夏议和保证书），同意向宋称臣，同时请宋朝赐颁"誓诏"（宋朝议和保证书）。

这时辽兴宗遣使照会宋朝，说辽朝将出兵伐夏，希望宋朝不要理睬西夏。一直受辽夏联合牵制的宋朝想来个坐山观虎斗，决定暂不册封元昊，派余靖出使辽朝，打探消息。9月，李元昊再次遣使来请颁"誓诏"，同时，余靖从辽朝传回消息，说辽朝并不坚决反对册封李元昊，同时他透露辽朝不一定能打败元昊，提出应该在战争结束前册封李元昊，一方面使元昊感激宋朝的恩德，另一方面也使元昊无后顾之忧，专心对付辽朝。为此，宋朝很快颁赐"誓诏"，12月宋朝遣张子奭等前往兴庆府，册封李元昊为夏国主，每年赐赠西夏绸缎15.3万匹、银7.2万两、茶3万斤，总计25.5万。夏国主和夏国王虽然一字之差，但元昊认为这是取得自主地位的标志，此后西夏只在外交名义上对辽、宋称臣，在国内依然自称为帝。

在宋、辽、夏三角关系中，辽、夏关系微妙，他们之间也有矛盾和冲突，以致爆发战争。就辽朝来说，既要护着西夏，不让宋朝消灭，从而打破三国之间的平衡关系，同时又不愿看到西夏过于强大而失去控制。

元昊即位时，西夏已是地方二万里，成为可以和辽宋抗衡的"强国"，这时的辽朝对它心存芥蒂，不像过去那样亲近。1033年12月，辽兴宗下令禁止西夏在辽朝境内购买金铁。这对缺乏铁矿而又急于锻造兵器的西夏来说，无疑是严重警告。要说夏辽之间的裂痕从辽朝禁止向西夏出口铁器开始，那么兴平公主的早死则在这道裂痕上又划了一刀。兴平公主1031年和元昊结婚，1038年病逝，在西夏只生活了7年。这桩由李德明和辽兴宗为加强两国关系而包办的婚姻，一开始就是苦涩的，二人婚后感情不好，元昊待之甚薄，公主很难见他一面，以致病危时元昊也不去探望。对于兴平公主的死，辽兴宗很是怀疑，专门派北院承旨耶律庶成持诏诘责。

这一时期促使夏辽交恶并爆发战争的导火线是1042年辽朝不许西夏派人到附属辽朝的吐谷浑、党项等部族买马，西夏也不甘示弱，乘机招诱辽朝境内的

党项部落。在夏辽两国关系中,一直潜藏着一个不安定的因素,即毗邻西夏的辽朝西部边境内居住着众多的党项及其他部族,随着西夏的崛起与强盛,他们经常举族投附西夏。在夏辽关系恶化前,西夏对此非常慎重,基本上不予接纳。两国关系恶化后,辽朝境内的党项族投附西夏时,李元昊不但不送还,反而主动派人接收,这下惹怒了大辽皇帝。

1044年10月,辽兴宗亲率10万大军,兵分三路,浩浩荡荡,渡过黄河,直入河曲,大有踏平贺兰山、活捉李元昊之势。面对来势凶猛的辽军,李元昊感到若要硬拼,无疑是自找苦吃,于是以退为进,使用缓兵之计,以没有得到辽朝的宣战书为由,提出后退30里等待战书。这样一连退了3次近百里地,每次退却就把当地的粮草房舍全部烧个精光,让辽军兵无粮、马无草,在这种情况下,辽兴宗只好许和。

西夏王陵

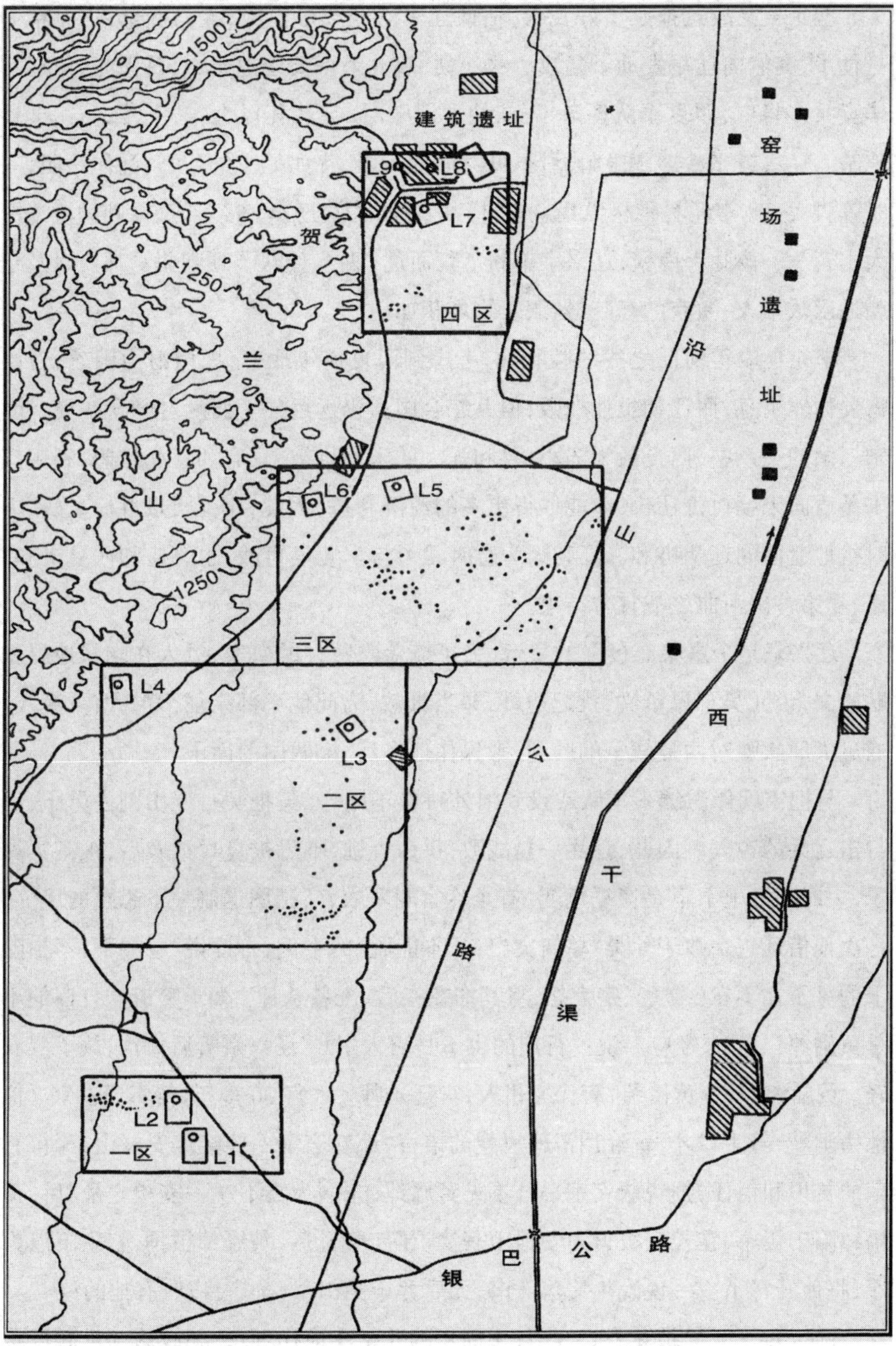
1500
建筑遗址
L9
L8
L7
贺
1250
四区
兰
窑
场
遗
址
沿
山
L6
L5
山
1250
三区
L4
西
L3
公
二区
干
路
渠
L2
一区
L1
银
巴
公
路

西夏王陵分布示意图

李元昊又故意拖延了好几天,估计辽军已经草尽粮绝,人马疲惫,再无精力打仗了,突然向辽军发动了猛攻。这一仗,双方杀得天昏地暗,日月无光,但辽军毕竟兵多将广,西夏军队逐渐不支,快要溃败时,突然狂风大作,飞沙走石,天昏地暗。辽兵被飞沙迷了眼睛,看不见对面的人影,犹如无头的苍蝇,乱作一团,一时阵脚大乱。李元昊乘机纵兵急攻,横冲直撞,大败辽军。接着,又乘胜进攻辽军大本营——德胜寺南壁,辽兴宗单骑落荒而逃。西夏俘获了辽朝驸马都尉以及辽朝近臣数十人,缴获的车骑、器服等物堆积如山。

李元昊取得河曲之战的胜利后,考虑到西夏连年战事,国内财力困乏,百姓需要休养生息,而辽朝虽然战败,但其综合国力仍远远强于西夏。同时,在夏、辽、宋三国的关系中,西夏最为弱小,要和强大的宋朝抗衡,只有和辽朝结盟,利用辽宋矛盾向宋朝讨价还价,才能取得更多的经济利益。因此,李元昊取胜后,又不失时机地遣使同辽朝讲和。辽朝因为暂时无力与李元昊再战,也答应和西夏讲和,辽、夏第一次河曲之战宣告结束。

辽兴宗是个虚荣心极强的皇帝,为了掩盖吃败仗的事实,派人在幽州地界张贴榜文,说元昊忘恩负义,挑起边衅,罪当难赦,为此他率部亲征,直捣西夏巢穴。通过大肆吹嘘对西夏战争的胜利,来保住他在辽、宋两国的面子。

与把宋朝俘虏编入军队或投到河外耕作不同,元昊把契丹俘虏割去鼻子,以打击辽兵的锐气。因此,辽兵一旦战败,拼命奔逃,唯恐被夏兵追及后,被割去鼻子,一时间上上下下是谈夏色变。有个伶官叫罗衣轻,试图遏制一下恐夏的风气,一次他借辽兴宗败于元昊"单骑突出,几不能脱"的事例,打诨说"看一下,不知陛下的鼻子在不在?"辽兴宗大怒,将其捆在帐后,准备杀掉。太子笑道:"打诨的不是黄幡绰!"罗衣轻应声说:"行刑的也不是唐太宗!"辽兴宗听后悔悟,放了罗衣轻。黄幡绰,一作黄幡绰,唐代凉州人,宫廷乐师。入宫30多年,侍奉唐玄宗。他性格幽默,善于口才,曾经用滑稽风趣的语言,谏劝玄宗不要轻信安禄山,深得玄宗的赏识和信任,据说唐玄宗一日不见黄幡绰,龙颜为之不悦。"安史之乱"后,黄幡绰陷于叛军,在长安被迫为安禄山表演。平定叛乱后,黄幡绰被拘,玄宗不以为罪,将他开释了。一说晚年流落江南,死后葬于昆山。《全唐诗》收有他的诗。

1049年李元昊被弑身亡,年仅1周岁的儿子李谅祚继位,朝政落到母后没藏氏及李谅祚的舅舅没藏讹庞的手中。一直准备对西夏用兵的辽兴宗认为机会来了,再次兵分三路向西夏杀来。南路由韩王萧惠统领,北路由敌鲁古统领,中路由辽兴宗亲自率领。

南路大军遭到西夏伏击,损失惨重。中路大军渡过黄河,攻克西夏东部要塞唐隆镇。北路辽军经凉州直趋贺兰山,与扼守贺兰山险要的三千西夏军队相遇,俘虏了西夏国母没移氏及一部分臣僚的家眷。

1050年5月,辽兴宗再次发兵西夏,这次辽军长驱直入,将西夏首都兴庆府团团围住,没藏氏不敢出城迎战,只下令诸将闭城坚守。六月,辽军攻破了贺兰山西北的摊粮城。

在辽国接连不断的打击下,没藏氏深感国力衰减,无法与辽国抗衡,只好接连派人向辽朝求和。而辽国也因与西夏的几次战争,国力消耗不少。辽兴宗心里明白,两国再打下去,得利的只能是宋朝,因此也就答应了西夏的求和。公元1053年辽朝接受西夏国主李谅祚的"降表",两国恢复了和平。

李元昊登基称帝
宋辽夏鼎足而立

造文字标新立异
尊儒学崇尚佛教

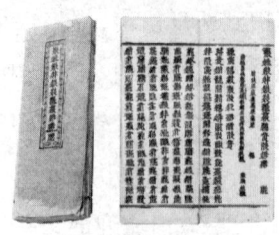

大方广佛华严经

清朝有个著名学者,名叫张澍(1776—1847),号介侯,凉州府武威县(今武威市)人。清朝嘉庆九年(1804年),在朝为官的张澍突发疾病,只好返回老家静心养病。一天,久病初愈的张澍陪一友人出门散心,二人结伴而行,无意间便来到武威城外的一座寺庙前,这座寺庙名为清应寺。尽管张澍本人就是凉州人,却因常年在外,不曾游览过清应寺,便趁机提出进寺一游。两人在一小和尚引导下进入寺内。只见寺院建筑古朴而不失典雅,富丽堂皇而更显庄严。寺内松柏林立,古槐参天。走着走着,张澍与好友不约而同在一碑亭前停了下来。只见那碑亭高大雄浑,但前前后后却都被人用青砖砌裹得严严实实。张澍一时好奇心起,就问身旁的小和尚:"小师父,敢问此碑亭,何以封砌得如此严实?"小和尚解释说:当地久有传闻,说清应寺内的这座碑亭万万不可拆封,若拆封当有风雹之灾。这个神秘的传闻更加勾起了张澍的好奇心,张澍要求小和尚除去碑亭封砖,想要一探究竟。岂料,小和尚面生惧色,连连推却。他告诉张澍,住持一再强调,寺内僧众谁也不能拆封碑亭,违者将会被责以重罚。但张澍不信有什么灾异,仍然坚持要拆封。小和尚无奈,只得去后殿请住持前来解决此事。清应寺住持听说张澍要拆封碑亭,顿时惊慌失色,一再强调,此碑亭自立于本寺,几百年来都不曾拆封,且不说那拆封会招来灾异的传说,便是谨遵千年寺规,也不容拆封。张澍见好说歹说都不能奏效,便摆出官架子,喝道:"本官今日一定要拆除此碑亭封砖,破除此荒诞无稽之说!"住持见对方来头不小,气势压人,只好招呼几个和尚开始拆封碑亭。寺僧拆去碑亭正面砌封砖后,所有人都惊呆了,好一座高大而不失威严的石碑,上面还密密麻麻刻满了文字，方方正正，甚是美观。可是令张澍纳闷的是，碑上的字他一个都认不出来。但张澍很快意识到，碑后一定会另有文字。张澍要求继续拆封，待拆去碑亭后面封砖后，张澍迫不及待凑到碑前，拭去尘土，脸上露出喜色，果然碑后有汉字，其中建碑年款题为"天祐民安五年岁次甲戌正月甲戌朔十五日戊子建"。张澍敏锐地发现，"天祐民安"乃是西夏崇宗乾顺年号，并以此判定，碑前所刻无法释读之"天书"极有可能就是史书上记载的西夏国蕃文。张澍后来把这一重大发现记在了《书西夏天祐民安碑后》一文中。因此，学界明确识别出西夏文字者，张澍当为第一人。

凉州清应寺石碑上所镌刻之西夏"天书"究竟是一种什么样的文字呢？又是如何被创造出来的呢？

其实，西夏文字是李元昊在称帝前夕，授意西夏著名学者野利仁荣借鉴汉字笔画、构造，总结党项民间用语习惯，创制的一套专门用来记录党项民族语言的文字。这套文字在当时的西夏被称为"国字"或"蕃书"，现在的中国学术界称之为"西夏文"，部分外国学者称之为"唐古特文"。西夏政权灭亡后，随着时间的推移，党项族逐渐同化于邻近的民族中，作为一个民族，在明清之际慢慢地消失了。被党项人使用的西夏文字也渐渐成为了无人可识的死文字，向来有"天书"之称。

在西夏立国前，党项族长期没有记录本民族语言的文字，因为长期受到中原汉地文化的熏陶，他们日常和书面交际都使用汉字。李元昊继位后，西夏已经囊括了整个河西走廊，俨然成为一个西北大国。于是，李元昊不再满足于像其父辈那样关起门来偷偷摸摸地做皇帝，而决意公然称帝。但既要与宋、辽平起平坐，三分天下，在各国之间表奏往来时若没有自己的文字，岂不是显得要低人一等？于是乎，创制出一种作为党项族象征的独特文字就势在必行，成为当务之急。然而对整日忙于建国大业和军事征讨的李元昊来说，哪有时间去亲自创造这样的文字呢？于是，他想到了学贯蕃、汉，堪称西夏第一文士的野利仁荣。此人对中原汉地文化典籍非常精通，是西夏王朝建立初期各种典章制度创立的参与者和谋划者，李元昊一向视其为知己，与之无话不谈。很快，李元昊便找来野利仁荣，一番酝酿后君臣二人很快达成了关于创制新文字的设想与规划，决定在借鉴汉字笔画、构造的基础上，创制出新的属于党项族自己的文字，这种文字一定要区别于汉字，借鉴不是简单地借用，尽量避免与汉字雷同。最后，李元昊还对野利仁荣叮

造文字标新立异
尊儒学崇尚佛教

俄藏黑水城出土西夏双头佛像

嘱道:"创制新的文字,事关重大,意义非凡,这是我大夏立国的一个基本条件,这样的重担只有先生才能承担,希望先生能够竭心竭力,不负众望,早日成书。"

野利仁荣接到这个艰巨的任务后,独处高楼,闭门谢客,潜心造字,寒来暑往,多少个日日夜夜的呕心沥血,终于在西夏大庆元年(1036年)创制出了12卷西夏文字。新文字颁布时,李元昊下令尊为"国字",谕示今后所有公文一律使用西夏字书写,群臣上表敬献颂词,举国欢腾,并改广运三年为大庆元年以示庆贺。

为了尽快在全国范围内推广西夏文字,野利仁荣派弟子到民间教习传授,帮助老百姓使用西夏文字记事。野利仁荣自己更是以身作则,不辞劳苦,深入民间许多重要场所传授、解惑。野利仁荣为西夏文字的创立和西夏文化事业的开创与发展作出了不朽的贡献。西夏天授礼法延祚五年(1042年),野利仁荣因辛劳过度而不幸离世,李元昊曾三次前往吊祭,给予厚葬,每次都不禁动情大哭,说道:"老天哪,你为什么要这么快就夺走我的股肱之臣?"他下令厚葬野利仁荣,赠赐为富平侯。西夏天盛十四年(1162年)八月,西夏的第五位皇帝夏仁宗李仁孝又追封野利仁荣为广惠王。

西夏文字创制成功以后,官府和民间都非常重视西夏文字的研究、传播和学习。在西夏政府机构的主持之下,西夏人相继编纂出版了《文海》《同音》等西夏文辞书,还有夏汉对音对义词典《蕃汉合时掌中珠》,令人兴奋的是,历经近千年的风雨洗礼,这些工具书都被比较好地保留了下来,成为今天解开西夏文字之谜的宝贵钥匙。

西夏文是仿照汉字创造的,在形体上借用了汉字的基本笔画,如点、横、竖、撇、捺、拐等,将它们组合成一些类似汉字偏旁、部首的"文字构成要素",再把这些"文字构成要素"拼合成结构功能、形体特征都类似于汉字的方块字。其偏旁、部件都是利用汉字笔画缀合而成,虽然形体酷似汉字,但目前所知6000多个西夏字中没有一个与汉字是相同的。西夏文在结构功能方面主要是吸收了汉字"六

吉祥遍至口和本续

书"的某些原理,但因其是"半路出家",一次性成字,因此以类似汉字的会意字、形声字为主体,这两类字约占所有西夏字的百分之八十,而象形字、指事字却极少。西夏文字创制成功以后,西夏再没有另造其他文字,不像契丹、女真那样造出大字后又造小字,说明西夏文在当时的使用过程中没有出现大的困境,由此观之,西夏字应该说是当时创制得比较成功的一种文字。西夏文在历史的长河中表现出异乎寻常的生命力。从传播区域上看,在西夏版图内,东起陕西北部,西至甘肃敦煌,北到内蒙古额济纳旗,南到宁夏固原一带,都曾发现过纸质或题刻的西夏文字。除此之外,西夏文字的使用和流布范围甚至超出西夏故地,远播到汉人居住的中原腹心地带,如北京、保定、杭州等地。

从使用时间上来看,西夏文不仅在西夏时期使用,而且在西夏灭亡之后仍在流传,直到明朝中期还有党项遗民在今保定修造西夏文石经幢,前后至少持续了460余年。从应用范围上来讲,西夏文记载涉及西夏社会生活的方方面面,有西夏国与其他王朝、民族政权往来公文;有译自中原的汉文典籍,如《论语》《孟子》《孝经》《孙子兵法》《黄石公三略》《六韬》《贞观政要》《类林》等,也有西夏人自撰的作品《文海》《同音》《三才杂字》等西夏文字辞书,还有夏汉对音对义词典《蕃汉合时掌中珠》以及百科性辞书《圣立义海》等;有《天盛改旧新定律令》《亥年新法》等法律著作;也有反映西夏党项民族生活生产的《新集锦成对谚语》《月月乐诗》等文学作品;还有大量译自汉文、藏文的佛教经籍;等等。此外,还有用西夏文书写的审案记录、契约账目、医方历书,以及西夏文碑刻、印章、符牌、钱币等。

明代中叶以后,西夏文逐渐成为一种无人使用和识读的死文字。20世纪初期,大批西夏文献陆续出土,许多中外学者对其进行了卓有成就的研究,目前解读工作已经取得了长足的进展,被世人遗忘达数百年之久的西夏文字重新焕发了青春。

我国古代自汉武帝"罢黜百家,独尊儒术"后,儒家的三纲五常伦理道德准则、君君臣臣的尊卑关系和封建等级制度,君权神授、仁王天下、以德治国、民本思想以及"大一统"的国家观念等,一直被历代统治者奉为治国理政的政治思想。西夏统治者亦不例外,在其立国前后,面临着如何摆脱部落制的约束,强化王权统治;如何有效统治文化习俗迥异的众多民族,特别是汉族及其他汉化程度较深的民族;如何对抗中原王朝与周边政权,实现政治、文化、军事上的全面发展,所

俄藏黑水城出土唐卡《玄武大帝图》武官施主

287

造文字标新立异
尊儒学崇尚佛教

有这些都离不开儒学这条主线。

随着西夏王朝封建经济的繁荣发展和政治制度的完善,在统治者的倡导下,西夏儒学得到了前所未有的发展,无论学校教育,还是政治、法律制度,无不深深打上儒家思想的烙印。1101年,夏崇宗乾顺"命于蕃学之外特设国学,置弟子三百,立养贤务以廪食之"。这里的"国学"就是"汉学",主要是学习儒家思想。设立"国学"是乾顺转变教育政策的重大举措,对西夏以后教育的进一步繁荣具有重大意义。夏仁宗仁孝进一步扩大教育规模,1144年下令各州、县设立学校。同年,又在皇宫内建立小学,凡宗室子孙七岁至十五岁都可以入学,仁宗不时前去调教训导。1145年摹仿中原制度,设立太学,仁孝又亲临太学"释典礼",向先圣先师举行隆重的祭祀,对教师、学生分别给予赏赐。公元1148年,建立内学,仁孝亲自选拔名儒主持讲授。公元1161年,立翰林学士院,以大学者王佥、焦景颜等为学士。翰林学士院的设立,表明西夏已经有了储备高级知识人才的场所。

西夏还模仿中原王朝进行科举取士。《宋史》卷四八六《夏国传下》记载:1147年,仁宗仁孝"改元天盛,策举人,始立唱名法"。同时"复设童子科。于是,取士日甚"。这是西夏开科取士之始,更是西夏儒学教育走向空前昌盛的重要标志,通过科举为西夏选拔了一批才俊,其中就有中国历史上唯一的一位"状元皇帝"——神宗遵顼。遵顼本是西夏皇室齐王李彦宗之子。史书记载他"端重明粹,少力学,长博通群书,工隶篆",是个博学多才之人。1203年(天庆十年)三月,李遵顼参加西夏科举考试,结果"廷试进士,唱名第一",被点为状元。不久就被封为齐王,后又擢升为大都督府主,统领军兵,成为当时西夏皇族中颇有威望的人。西夏皇建二年(1211年)七月,遵顼发动了蓄谋已久的宫廷政变,废黜襄宗安全,自立为帝。

西夏王朝在中国历史上首次尊孔为帝。1146年(人庆三年),西夏"尊孔子为文宣帝"。夏仁宗仁孝下令各州郡修建孔庙,要像皇家太庙的规模一样宏伟高大,谓之帝庙。西夏不仅封孔子为帝,1162年(天盛十四年),又"始封制蕃字师野利仁荣为广惠王"。1183年(乾祐十四年)秋八月,国相斡道冲卒,"仁孝图其像,从祀学宫,俾郡县遵行之。"可见,西夏封孔子为帝,绝非一时兴起,而是仁宗经过多年的积累和推行儒学的结果,对所有的儒学大师都崇敬有加,只是层次有别,这一切也正是西夏"儒学热"的一个表现。

西夏统治者还大量购买汉文儒学典籍。随着儒学的推广和西夏教育的发展,原有的典籍已经不能满足西夏儒学的需要,公元1154年(天盛六年),"秋九月,请市儒、释诸书于金。金主许之。"大量的儒家经典被译成西夏文,作为学校教材,这种书籍有的流传至今,成为中华民族文化宝库中的瑰宝。根据史料记载和考古发现,流入西夏的汉文典籍有《论语》《孟子》《孝经》《贞观政要》《六韬》《类林》《黄石公三略》《孙子传》《十二国》《德行集》《慈孝集》《尔雅》《易经》《吕观文进庄子外篇义》《刘知远传》《本草》《千金方》等。其中相当部分被翻译成西夏文,在全国推广学习。

从李继迁"潜设中官,全异羌夷之体;曲延儒士,渐行'中国'之风"开始,西夏儒学发展二百多年,若从"虽未称国而王其土"的拓跋思恭建立的夏州政权算起,更长达347年(881—1227年),经过几百年儒家文化的熏陶和儒学教育,西夏的儒家思想无处不在,渗透到西夏人的政治制度、法律条文、社会观念、行为准则中。

西夏是一个佛的国度,上至帝王将相,下到平民百姓,都深深信仰着佛教。西夏人不仅崇佛、信佛,还能够对佛教的各个流派有所包容,西夏积极吸收中原地区、西藏地区、回鹘地区与本土河西地区的佛教文化,兼容并蓄,一时间,汉藏佛教盛行西夏。

宋景德四年(1007年)十月,李德明的母亲罔氏亡故,德明为祭奠亡母在天之灵,决定举行一个特别活动。那就是,前去千里之外的五台山供佛。五台山是宋朝境内自汉唐以来传承下来的著名佛教圣地,党项人早已耳闻这里"圆光""圣灯""金桥""菩萨仗对"等灵迹与奇观,对那千万僧众聚集于文殊菩萨道场,在袅袅的梵音中诵经礼佛的场景更是仰慕已久。于是德明在为其母下葬时,向宋朝提出请求,想要在宋佛教中心五台山修建10座寺庙,并派致祭使护送供物加以祭祀。这一次五台山祭祀是史书记载西夏最早的一次佛事活动,由此开启西夏佛教近200年的发展历程。在李德明五台山供佛的31年后,1038年(宋宝元元年),李德明已经过世,准备称帝建国的李元昊再一次向宋提出至五台山供佛的要求,这一次,宋朝也答应了他的请求。

西夏人没有满足区区两次至五台山的供佛,而是在西夏的"圣山"——贺兰山中,打造了自己的"五台山",也就是传说中的"贺兰山五台山寺"。可见,西夏人对汉地佛教和中原佛教名胜是何等的追慕与向往。

事实上,自西夏建国前的太宗李德明至崇宗乾顺是西夏佛教发展的前期,这

造文字标新立异
尊儒学崇尚佛教

俄藏黑水城出土西夏国王像

时西夏本土的佛教尚不成熟,西夏人极为仰慕汉地佛教,积极地吸取汉地佛教的营养。西夏政府通过外交手段从宋朝求得佛经,再组织人力将汉文佛经翻译成为西夏文。赎经和译经成为西夏从建国前至崇宗李乾顺这一时期官方佛教活动的主要内容。

西夏非常重视佛教经典,无时无刻不想方设法搜罗佛经。西夏良马名闻天下,而西夏就常以马匹为资本,向宋朝贡献,求取佛经。天圣八年(1030年)十二月,李德明派使臣出使宋朝,献马70匹,请求赐予佛经一藏,宋朝答应了他的请求。这是西夏第一次向宋求赐佛经。西夏开国皇帝李元昊于宋景祐元年(1034

俄藏西夏木版画中的男发愿人

年)十二月,又向宋贡献良马50匹,再次求赐佛经一藏。宋朝颇为重视,下诏专门赐予。西夏第二代皇帝毅宗谅祚幼年继位,母后没藏氏专权,这个曾经一度出家为尼的皇太后十分好佛,她主政的短短7年就先后两次从宋朝求得大藏经。没藏氏与宋交善,多次向宋朝进贡方物,西夏福圣承道三年(1055年),没藏氏派遣使臣到宋朝,得到宋朝一部大藏经,这是西夏第三次从宋朝得到大藏经,不久西夏又得到宋朝赐予的第四部大藏经。西夏奲都六年(1062年),也就是西夏毅宗谅祚亲政后第二年,他即向宋朝赎经,宋朝非常重视,特地命印经院印造,印经院不敢怠慢,立即组织人力印经,在繁忙地印制了4年后,经书印成,送给了西夏。西夏的最后一次赎经活动是在惠宗初期,天赐礼盛国庆四年(1072年),西夏"遣使进马赎大藏经",宋朝赐予了大藏经,但谢绝了西夏所贡马匹。西夏对宋朝所赐经书视若珍宝,常常在获得经书后,延请回鹘僧人"演绎经文,易为蕃字"。西夏人组

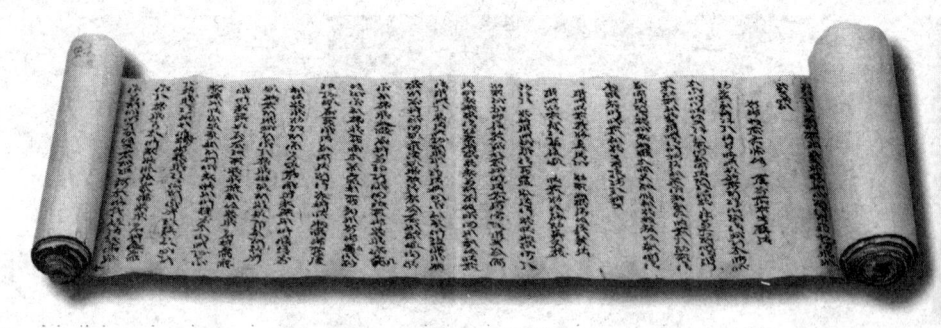

手抄草书西夏文佛经长卷

织大量的译经活动,将从宋朝获得的佛经消化、吸收,使之成为自己的精神财富。福圣承道三年(1055年),建设历时近6年的一座巨大寺庙竣工,没藏太后非常高兴,而更加令她感到兴奋的是,她连年对宋朝进贡方物的行动终于有了回报,宋朝赐了她第三部大藏经。没藏太后便将这数十车的经书藏于这座新建的寺院之中,"赐额'承天'"。在接下来的一个月内,承天寺内通宵达旦,僧众聚集,诸多的回鹘僧人在台上演经、译经,将刚刚从宋求得的佛经形象地传递给了西夏的统治者们。而就在演译活动进行得热火朝天之时,没藏太后带着小皇帝前来听讲,一时间,僧众们的热情更加高涨,纷纷合双掌念经,称颂西夏太后功德无量。

翻译佛经是西夏佛教历史上的一件大事,时至今日,我们还能看到许多西夏翻译的作品。现存西夏文佛经中,宝积、般若、华严、涅槃、阿含等部类的佛经都有,不少还是该部类的主要经典。如宝积部的《大宝积经》已全数由汉文译为西夏文,这一部类中,还有《佛说宝雨经》《维摩诘所说经》等西夏文言译本存世。而般若部的《大般若波罗蜜多经》也在黑水城存有部分卷的西夏文残本,并有西夏文《摩诃般若波罗蜜多经》《金刚般若波罗蜜经》等存世。华严部的《大方广佛华严经》,不仅现存有西夏译本,且版本众多,有80卷本,也有40卷本。华严部的其他经典如《悲华经》《现在贤劫千佛名经》《过去庄严劫千佛名经》,也有西夏译本存世。西夏还曾译过涅槃部的《大般涅槃经》。现存的西夏文佛经是西夏译经活动的一个实证,但现在能够看到的只是沧海一粟,截止到崇宗乾顺时期,西夏译成的大藏经共820部3579卷。这与著名的汉文大藏经最终结集6000余卷、大约花费了一千年的时间的情况相比,在中国翻译史上乃至于世界翻译史上都是一个惊人的创举。

在进行过多次演绎、翻译经文的活动之后,西夏人终于有了一定的积累。毅宗拱化五年(1067年)冬十一月壬辰,西夏派使者至辽,西夏使者献上了一份大礼,这使辽国上下大为吃惊。原来,在辽国眼中文化落后的西夏竟然献上了他们没有见过的《梵觉经》,还将饱读经书的回鹘僧人及做工精美的金佛一尊作为贺礼献上。崇宗天祐民安六年(1095年),西夏又一次向辽进贡贝多叶佛经。宋朝汉地的佛教滋润着西夏佛教的成长,而当西夏佛教发展壮大之后,也开始向外输出自己的佛教文化了。

西夏译经图

这一时期，西夏统治者还大兴土木，修建了许多大型寺庙，这些寺庙成为贮藏佛经、讲经、译经的重要场所。元昊立国之初，广泛搜集舍利，并大兴土木，建佛舍利塔。他还兴建了规模宏大的高台寺，史书记载，高台寺建成后"贮中国所赐大藏经，广延回鹘僧居之，演绎经文，易为蕃字"。不仅如此，元昊之后，高台寺也一直是西夏佛事活动的重要场所。

没藏氏"役兵民数万"，历时5年建成著名的承天寺塔。承天寺建造的初衷本与佛经无关，但福圣承道三年（1055年），佛寺建成后，西夏正好于此时获得了宋朝赐予的第三部经书。承天寺便自然而然地成为了贮存与演、译这部佛经的最佳场所。毅宗亲政后，又在鸣沙州（今中卫县）修建了安庆寺。

崇宗继位后，天祐民安四年（1093年），其母梁太后动用了大量人力、物力和财力，重修凉州感通塔及寺庙，第二年完工后立碑赞庆。此碑即著名的重修护国寺感通塔碑。甘州卧佛寺也是崇宗时期修建的一座大型寺庙，寺内的卧佛身躯伟岸，寺庙规模宏大，为河西所仅见。

赎经、译经、修筑大型寺庙三者相辅相成，求取汉文大藏经是传播佛教翻译经典的基础。佛经的翻译为佛教在西夏广泛传播创造了有利条件，而这些大

现存甘肃武威博物馆的重修护国寺感通塔碑

型寺庙的修建虽然耗费了民力,但为西夏所赎佛经提供了保存、翻译的场所,同时对弘扬佛教也有积极的意义。这样,在西夏统治阶级的大力提倡下,西夏佛教得到了迅速发展,地位不断提高。

仁宗时期,除汉传佛教得到广泛推广外,藏传佛教也在此时流行于西夏。仁宗天盛年间颁布法典《天盛旧改新定律令》规定:番、汉、西蕃僧人可以担任僧官,但其人必须会背诵十多种经咒,其中藏文经咒占半数以上,并由西蕃僧人主持考试。前述仁宗乾祐二十年(1189年)举行的盛大法会,念佛诵经,读西蕃、番、汉藏经,竟把藏传佛经列于首位。

党项与吐蕃有着密切的文化交流,西夏统治境内还存在着大量的吐蕃民众,这些客观条件使得藏传佛教在西夏的传播发展非常顺利。仁宗皇帝曾经遣使入藏专程迎请西藏噶玛噶举派的初祖法王都松钦巴。都松钦巴未能前来,派遣弟子藏索格西来到西夏,被尊为"上师"。藏索格西开始在西夏广泛传播藏传佛教的经义和仪轨,并组织力量大规模翻译佛经,很受宠信。后来,都松钦巴所创有名的楚布寺建白登哲蚌宝塔时,西夏仁宗献赤金璎珞及幢盖诸种饰物。都松钦巴圆寂后,在其焚化处建造吉祥聚米塔,藏索又自西夏做贡献,以金铜包饰此塔。

佛教是西夏民众的精神寄托,佛教在西夏有着深厚的民众基础。党项族自公元7世纪中期以后200多年的时间里,经历了长途迁徙,唐末的动荡、藩镇割据的战乱,加上本民族上层统治者的压迫剥削,可谓饱经患难。西夏民众渴望安定的生活,向往美好的未来,他们找不到解脱苦难的出路。佛教关于人生苦、空、无常的基本说教引起了人们的共鸣。佛教因果报应的理论,以及经过信佛行善可以解脱轮回、往生极乐世界的说教,为在现实生活中的劳动人民提供了精神上的慰藉。在现存诸多的西夏艺术品中,我们都可以看到西夏民众对佛教虔诚的信仰。

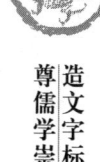

蒙古军势不可挡
西夏国灰飞烟灭

西夏王陵遗址

1965年5月和1966年,宁夏博物馆工作人员对石嘴山市庙台公社南约一公里的一座古城进行了两次发掘。古城垣呈方形,城墙为夯土筑成,东、南两城墙保存较差,唯西、北两城墙保存较好,高达一米不等。考古工作者对南城门址进行了清理,在门的两侧发现有斜立着的经火烧过的木柱,在门道的填土中发现了木炭和烧结块,古城遗址中又有大量的木炭以及骆驼、马、牛、羊的骨骸。据推测,这座极有可能毁于战火的城池,就是李元昊之父李德明在位时修建的省嵬城。古城的残垣断壁似乎至今犹在向人们诉说当年城破国灭的悲剧。那么,究竟是谁烧毁了省嵬城,消灭了西夏这个曾经创造了辉煌文明的繁荣王国呢?

公元13世纪时,在辽阔寒冷的蒙古高原上,一个强悍无敌的民族——蒙古人开始兴起,蒙古高原逐渐由分裂走向统一。鼎鼎大名的"一代天骄"成吉思汗铁木真统一蒙古各部后,蒙古草原全部置于"黄金家族"的统治之下,建立了空前强大的蒙古汗国。公元1206年春,铁木真在斡难河源召开库里台大会,加尊号成吉思汗。当时在蒙古四周强敌环伺,有女真人建立的金朝强盛一时,有党项人建立的西夏雄踞西北,西方还有信仰伊斯兰教的花剌子模国。成吉思汗在打败了西方强大的花剌子模后,开始把目光聚焦到了长城内的富庶之地,那里人口众多,物产丰富,远非荒凉落后的漠北草原可以相比。此时的中国正并立着南宋、西夏、金朝等割据政权。蒙古如要想统一中原,就必须要先击败位于北方的西夏和金朝。可是金朝实在是太大了,人口是蒙古的百倍,虽然贪官横行,民不聊生,但"百足之虫,死而不僵",要想消灭金朝不是一朝一夕能做到的,况且还有一个强大的西

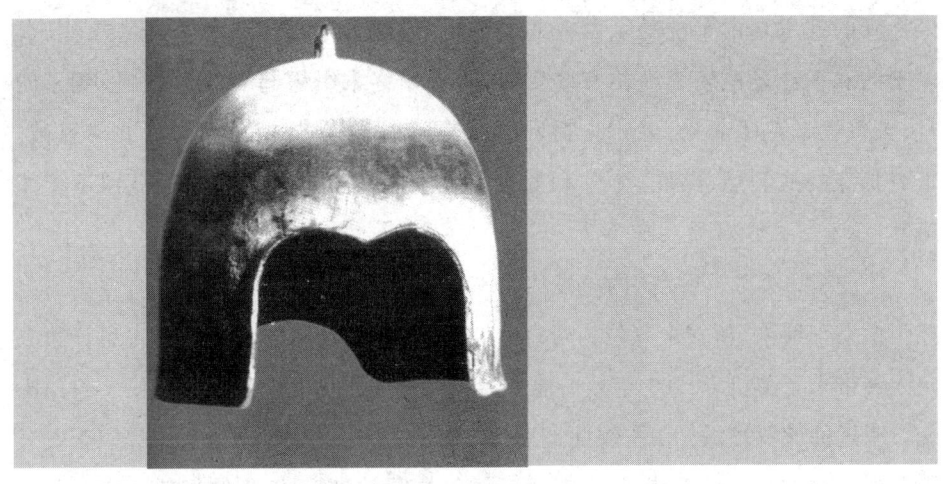

西夏头盔

夏横亘其间，一旦蒙古大军南征金朝，西夏乘机从侧翼进攻蒙古后方，那么后果不堪设想。于是雄才大略的成吉思汗理所当然要想先拔掉西夏这个让他寝食难安的眼中钉，好放心地攻打金国。攻取西夏对于蒙古的统一战争有着重要的战略意义，所以蒙古将消灭西夏作为统一战争的第一步。

一代天骄成吉思汗的军事才能不仅仅停留于对中原局势的分析，还表现在他对西夏的战略战术上。诚然，蒙古骑兵勇猛善战，但有战斗就有死伤的风险，以巨大的死伤作为代价换取西夏灭亡，对兵源较少的蒙古帝国来说是不能接受的。因此在攻坚战的同时，成吉思汗不忘对西夏进行诱降，让西夏在蒙古的武力胁迫下屈服，仆从蒙古讨伐金朝，借以消耗其军事实力。待西夏在征伐中被消耗的精疲力竭时，再予以致命一击，就能以最小的代价换取胜利果实。在此战略思想指导下，蒙夏之间先后发生了6次战争。

蒙古首次讨伐西夏还得从统一各部的战争说起。1203年，成吉思汗击破了自己昔日的盟友克烈部，克烈首领王罕投奔乃蛮，王罕之子桑昆向南逃亡，进入西夏的领地内。蒙古人非常忌讳别的部落收纳和包庇自己的仇人，如果有人敢这么做，那么就相当于对自己宣战。虽然桑昆以抢劫为生，很快就引起了西夏的不满，将其驱逐出境，后来在流亡龟兹国时被杀。可是欲加之罪，何患无辞？1205年，尚

未称汗的铁木真率军洗劫了西夏的力吉里寨，他下令将寨墙和城市尽毁。长久以来的和平让夏桓宗李纯祐有些反应迟钝，始终未组织起有效的防御。到了四月，天气逐渐热了起来，蒙古人撤回高原避暑，并顺路劫掠了河套之北落思城，带着掠夺的战利品、骆驼、牛羊和奴隶，他们心满意足地走了，给西夏留下了残垣断壁。

蒙古撤兵不久，西夏国内就发生了一场政变，镇夷郡王李安全联合罗太后废掉了桓宗李纯祐，李安全篡位为帝，庙号襄宗。西夏政局的动荡给成吉思汗第二次入侵带来了契机。1207年秋，他率兵长途奔袭西夏北境重镇——位于狼山隘北口附近的斡罗孩城。在占领此地后，成吉思汗分遣骑兵四处掳掠。襄宗李安全没有像李纯祐一样坐以待毙，而是迅速调集右厢各路人马，集结优势兵力与蒙古军会战。成吉思汗见夏兵势大，天气也越来越热，并未深入西夏国境，掳掠一番后撤回。

1209年，金臣李藻、田广明等前来归附蒙古，并极力劝说成吉思汗伐金。为了避免日后蒙金相持时西夏出兵攻击蒙古侧翼，成吉思汗遂将拆散夏、金联盟作为战略目标，第三次亲征西夏。西夏方面，李安全以世子李承祯为主帅，大都督府主高逸为副元帅，派兵5万出中兴府北上迎击。双方激战于兀剌海城（即斡罗孩）北，西夏军队全面溃败，高逸被俘后不屈而死。蒙古军再度攻入兀剌海城，驻守城内的西夏太傅西壁讹答虽然是文官，但并不惧怕刀光剑影，他率领着为数不多的将士利用城内的民居做掩护，与蒙古骑士进行白刃巷战。然而因寡不敌众而兵败被俘，西壁讹答也被俘了。战败的消息使李安全感到震惊，他终于意识到，原来蒙古人这次的进攻不再是试探性的。李安全左拼右凑，又组织了5万人马，打出了自己的最后一张王牌——名将嵬名令公。从姓氏来看，嵬名令公极有可能是西夏皇族，被西夏末期的历代君主所信任。李安全拜嵬名令公为统帅，出师迎击成吉思汗。

令公久经沙场，尤其熟悉中兴府（今宁夏银川）周边的地形，他知道：城北贺兰山中的克夷门关口是北方来敌进攻中兴府的必经之路。于是，他让大军屯驻在较为平缓的山坡上，以逸待劳。不久之后，成吉思汗的大军也赶到了克夷门，他放眼望去，只见两山对峙，高不可攀，中间只有一条小径可以通过。蒙古骑兵小心翼翼地进入了狭道，但还是被地形打乱了原本应有的阵型。这时，只见埋伏已久的西夏军队从山坡上冲驰而下,嵬名令公一马当先,锐不可当。蒙古军准备不足,手忙脚乱,连忙撤退,夏军乘势掩杀,获得了一场大胜。

成吉思汗见嵬名令公善于用兵,西夏军队士气旺盛,决定暂避其锋芒,不再组织大规模的攻势,两军在克夷门相持两月有余,夏军的警惕性和斗志慢慢得松弛了。一日,探马回报嵬名令公,说蒙古军有少数人马正往北移动,令公大喜,以为蒙古这次又将撤退,急忙点齐人马进行追杀。不料未追数里,恰好掉入成吉思汗所部署的包围圈,夏军溃败,嵬名令公也成了蒙古人的阶下囚。

成吉思汗爱惜嵬名令公的军事才能,多次派人去劝降,许以高官厚禄,令公严词拒绝。成吉思汗便将他囚禁在土屋中,只给粗粝食物,想迫使他屈服,嵬名令公吃不饱,穿不暖,每日蓬首垢面,意志丝毫没有动摇。成吉思汗佩服令公的坚强意志,不再劝降。蒙夏议和后,嵬名令公终于被释放回国。

贺兰山苏峪口

克夷门既失,中兴府再无险可守,成吉思汗遂率兵包围西夏都城。李安全亲自披挂,登上城楼指挥防守,双方相持两月有余。九月,正当成吉思汗陷于攻坚不利的困境时,一场持续数日的大雨从天而降,成吉思汗见黄河暴涨,心生一计,便调集将士在中兴府下游筑堤修坝,拦截黄河,意欲使回流的河水淹没中兴府。李安全见城墙外水位渐高,城基已快坚持不住,急忙派出使者前往金国求援。哪知昏庸的金主完颜永济不顾唇亡齿寒,居然说道:"敌人相攻,吾国之福,何患焉?"没有派出援军。十二月的一天,堤坝终于禁不住黄河的冲击而崩塌了,水势四溃,反倒淹死了不少蒙古人。成吉思汗心知此次断然灭不掉西夏,于是见好就收,派遣之前俘虏的西壁讹答入城劝降。这时的西夏也已经内外交困,无力抵抗,只得与蒙古签订了城下之盟。李安全将名叫察合的女儿献给成吉思汗做妃子,并且答应以后给蒙古人进贡,并配合蒙古的军事行动。

蒙古人退走后,李安全深恨金朝见死不救,发兵攻击金朝的葭州(今陕西佳县),两国就此结束了曾维持了80余年的友好关系,在互相征伐中,双方的国力均日渐衰弱,成吉思汗正在一步步达到自己的战略目的。

精美的西夏金器饰物

然而，西夏追随蒙古征伐金朝实际上是屈从于军事胁迫，而非本心所愿的。所以当成吉思汗撤军后，西夏对蒙古的命令更多是一种怠慢的态度。1217年，大汗的使者再次来到中兴府，他满脸傲慢地当着西夏满朝文武对当时在位的夏神宗李遵顼说："你曾经说要给我们大汗充当右手，如今回回国杀了我蒙古的使臣，大汗要去征讨，你们践行当右手的承诺吧。"夏神宗当然知道这次远征给西夏带来的损耗，但拒绝蒙古人的要求就等于选择了战争，思索再三，未及言语，只见将军阿沙敢不走了出来，讥讽道："你气力既不能，不必做皇帝。"使者将此话回报，成吉思汗大怒，命令将士渡过黄河第四次攻击西夏，一路势如破竹，锐不可当，再次包围中兴府。李遵顼见蒙古神兵天降，犹如惊弓之鸟，直奔陪都西凉府（今甘肃武威），只留下太子在都城镇守，同时还不忘赶紧遣使请罪。好在这时成吉思汗和木华黎正兵分两路，分别进攻花剌子模和金国，兵员紧张，不便长期在中兴府的坚墙下消耗，于是就坡下驴，解围而去了。

随着蒙金战争的白热化，西夏军队仆从蒙古的作战也越来越频繁。对此，西夏朝野怨声载道。李德任是神宗李遵顼的太子。某日，神宗李遵顼想要让德任挂帅伐金，德任向父皇劝谏说金国军事实力较强，不如与之和好，以为外援。神宗置之不理。德任眼见多次劝谏不果，不愿意使夏国将士流血漂橹、肝脑涂地，于是请求出家为僧。昏庸的神宗居然不顾忠言，将其囚禁于灵州，另派其他将领军出征。御史中丞梁德懿也苦谏神宗不要再伐金，而是更关注一下国计民生，也被勒令致仕。1223年初，夏神宗派去协助木华黎进攻金朝凤翔府（今陕西宝鸡）的十万军队，因久攻不下和主帅阵亡而产生厌战情绪，未经请示蒙古统帅即班师回国。这些迹象都表明西夏不愿忍受蒙古的征发，迫切地想要从这种依附关系中解放出来。神宗李遵顼不堪国内外的压力，将皇位传于子李德旺，自己做起了太上皇。

夏献宗李德旺即位后，修改了依附蒙古的对外政策，一方面结好漠北诸部，准备在成吉思汗的大后方发难；另一方面派使者去金国试图修复外交关系。当时，成吉思汗尚在西域班师途中，于是诏令当时蒙金战场的统帅孛鲁第五次讨伐西夏，同时又派出了一支先锋部队回师袭击西夏的沙州（今甘肃敦煌），以成东西夹攻之势。1224年九月，孛鲁攻破银州城（今陕西米脂境），斩首数万级，俘获西夏府监塔海并掠夺马驼牛羊数万。献宗李德旺眼看不敌，再次投降，并许诺派出

人质以换取蒙古撤军,于是孛鲁退兵。

然而,围攻沙州的蒙古军队就没这么顺利了,他们遭遇了守将籍辣思义的顽强抵抗,连续一个月都没能攻克。某天,籍辣思义在城头巡查时注意到城外新出现了几座小沙丘,于是特意嘱咐斥堠昼夜仔细观察。果不其然,原来是蒙古军队在半夜偷挖地道,企图借此攻入城中。籍辣思义不动声色,秘密地准备了柴草、硫黄等引火物,派兵士严加把守。又过了几日,籍辣思义终于找到了地道的出口,恰好蒙古人也通过地道发起了进攻,西夏兵将点燃的引火物投入地穴中,整个地道顿时火舌窜动,烟雾缭绕,蒙古兵不是被烧死就是被呛死,损失惨重。

蒙古军因失败而恼羞成怒,把沙州城围得更紧了。城内粮食殆尽,居民们就吃战马、骆驼,虽然困乏不已,却抵挡住了强大的攻势。直到银州失守,德旺请降,蒙古人才撤离。

西夏王陵

西夏刚获得喘息之机,便加紧了与金朝的议和进程,两国终于在1225年九月达成和议,约定各用本国年号,国书往来分别称"兄大金皇帝"与"弟大夏皇帝"。西夏在亡国前两年,终于获得了和中原王朝平起平坐的地位。

成吉思汗听闻西夏背盟,又准备去讨伐。一天,他骑着自己心爱的沙红马与麾下的怯薛军共同围猎,不料在追逐途中遇到一匹横冲直撞的野马,成吉思汗的坐骑受惊失去控制,将大汗重重地从马背上摔了下来。群臣担心大汗的伤势,停止了行军。也遂妃子将大臣召集到大汗身边商量对策,拖雷建议道:"西夏人是住在城池里的百姓,反正城池也不能移动,不如等大汗伤愈了我们再来征讨吧!"成吉思汗说道:"西夏人见我们回去,必然以为是我们害怕了,我不能走!先留在这里养病,派个使者去传话,看他如何应答。"

蒙古使者再一次来到中兴府,面斥献宗李德旺:"你曾经说过,要给我们蒙古人当右手。可当我们去征讨回回国时,你不但不从征,还出言讥讽。如今我已经扫

平中亚,现来对你兴师问罪。"献宗李德旺连忙辩解说:"讥讽的话不是我说的……"话音未落,只见阿沙敢不又站了出来,大胆承认:"讥讽的话就是我说的,要与我厮杀时,你到贺兰山来战;要金银缎匹时,你往西凉来取。"使者将此话回报,成吉思汗听后怒不可遏,指长生天发誓:即便是死,也要灭亡西夏。

1226年春,成吉思汗将纳仇人、背盟、不出兵从征、不遣质子等新账旧恨一起清算,第六次征伐西夏。这次,他采取了迂回包抄战术,先拿河西地区开刀。

二月,蒙古大军来到西夏北疆重镇黑水城下,蒙夏两军在黑水城展开了一场会战,西夏方面损失惨重,死伤数万兵马,城池失守。取得黑水城后,蒙古军沿黑水南下,长驱直入。夏天时,成吉思汗驻扎在肃州(今甘肃酒泉)以北的浑垂山避暑,并派遣将领进攻河西诸州。甘州(今甘肃张掖)、肃州及西凉府等州县,或是投降,或是被攻克。唯独沙州坚守不降。沙州守将对前来诏谕的蒙古将军忽都帖木儿实施诈降,表面上摆设筵席羊酒犒赏蒙古大军,暗地里却设下埋伏,只等忽都帖木儿上钩。果不其然,忽都帖木儿如约而至,夏军万箭齐发,忽都帖木儿坐骑被射倒,几乎被生擒。关键时刻,归附蒙古的西夏人昔里钤部赶到,将马借给忽都帖木儿,助其成功脱围。蒙古军回师再战,沙州最终被攻克。

平定河西后,成吉思汗又越黄河九渡,打下应里(今宁夏中卫)等县。于冬十一月抵达灵州城下。面对看似坚不可摧的灵州城墙,成吉思汗下令火攻。灵州城顿时焰火冲天。刚即位不久的夏末帝李睍心急如焚。这时,老将嵬名令公见国家危在旦夕,于是再度请缨。李睍将十万大军交付嵬名令公,派他前去救援灵州城。嵬名令公带领西夏将士们马不停蹄地赶往战场,终于在黄河边结冰的湖面上遇到了蒙古主力。夏军不是蒙古军队的对手,损失惨重,嵬名令公狼狈败退。失去了外援的灵州终于被攻破,废太子李德任为国捐躯。蒙古将士在城中大肆抄掠子女、金帛,唯独契丹人耶律楚材默默将城内的图书、典籍等收藏了起来,也算是为西夏留下了一笔精神财富。

1227年夏天,西夏只剩下了孤城中兴府,成吉思汗留下一些军队围城,自己去攻打金朝的积石州(今青海循化)、临洮府(今甘肃临洮)、河州(今甘肃临夏)、西宁州(今青海西宁)等地。闰五月,他来到了六盘山避暑。也许是六盘山秀美的环境让他赏心悦目,成吉思汗决定结束这场战争,他派遣自己的养子、党项人察罕进中兴府劝降。此时的中兴府内无斗志,外无援军,城内粮食殆尽,瘟疫横行。夏末帝李睍本想负隅顽抗,然而一场地震的袭来,彻底摧毁了西夏人最后的抵抗决心。不久之后,李睍率文官李仲谔、武臣嵬名令公等奉户口、图籍和九九之数的金银器皿、马驼及金佛像等物品前往蒙古军营投降。

蒙古人本欲将李睍带往大汗的行宫交由其处置,但一代天骄成吉思汗最终还是没能看到末代西夏皇帝跪在自己的帐下。由于出征前坠马,成吉思汗一直是在带伤作战;再加上年岁已高,又为战事所累,成吉思汗终于在行宫中病倒了。弥留之际,他为继承人规划了假道南宋、包抄伐金的战略,言讫而崩。群臣担心西夏新附,人心不稳,于是秘不发丧,托言大汗有病未愈,将李睍引到行宫门外行礼。三日后,拖雷奉大汗遗诏,杀死李睍,并下令族灭西夏皇室,还让蒙古人每次吃饭前都要祷告说:"西夏已经被灭了",以告慰病逝于此次征伐中的成吉思汗。至此,西夏政权就这样从历史长河中消失了。

过去曾有一种观点认为,蒙古人在征服过程中,对西夏的各个城市以及都城中兴府进行了惨无人道的灭绝式屠城,甚至直接导致西夏人完全从历史中消失。这种说法是否真的符合史实呢?

在成吉思汗驾崩后,一些蒙古将领悲痛万分,他们将大汗的死归咎于屡屡反抗、常年不服统属的西夏人,于是密谋屠城中兴府以泄愤。眼看西夏遗民和西夏文化将遭受灭顶之灾,这时,一位党项族英雄力挽狂澜,拯救了万千西夏遗民生命,他就是成吉思汗的西夏养子察罕。

察罕的亲生父亲曲也怯律是西夏贵族、皇亲国戚,官至平章政事。某天,他的一位宠妾怀上了身孕,这本该是一件喜事。然而,他那妒忌心极强的正妻却大发雷霆,为了息事宁人,曲也怯律不得不休掉了宠妾,然后将她配给了自己的牧羊人及里木。不久,她生下了一个男孩,取名嵬名益德。幼年的益德由于不是嫡长子,所以只能跟随养父以放羊为生。

益德的人生转折出现在他11岁时。这年,恰逢成吉思汗第一次讨伐西夏,蒙古哨骑一个接一个地飞驰着经过他的草场。益德早就听说过铁木真这个如雷贯耳的名字,眼看大军将至,他连忙将手杖插在地上,把帽子挂在杖首进行叩拜和行礼。成吉思汗果然被这个孩子的奇怪举动吸引,他勒住了奔驰的骏马,把益德叫来问话。益德回答说:"独行则帽在上而尊,二人行则年长者尊,今独行,故致敬

于帽。且闻有大官至,先习礼仪耳。"成吉思汗很喜欢这个天资聪颖的孩子,将他带回蒙古,并让妻子孛儿帖好生抚养,视为自己的第五个儿子。长大之后,成吉思汗赐他蒙古姓氏,并改名察罕,并从长期与蒙古汗室通婚的弘吉剌部中挑了一个女子嫁给了他。

蒙古发动云中战役时,金军在野狐岭组织抵抗。成吉思汗派察罕去侦察金军虚实。察罕带领游骑登高俯瞰,只见金军兵力虽多,但阵形杂乱不堪,便回报大汗说道:"金军骑兵自由散漫,毫无纪律可言,不足畏之。"成吉思汗将察罕所言通报全军,蒙古军士气大振,擂鼓而前,果然大破金军。察罕继而围困白楼七日,最终攻克,以战功升任御帐前首千户。

在蒙夏战争中,察罕来到父亲曲也怯律把守的甘州城下,将书信射进城内,希望父亲能早日献出城池。曲也怯律不愿再使生灵涂炭,更不愿父子间兵戎相向,计划献城于蒙古。不料副守将阿绰不愿出降,带领36人冲进帅府,杀害了曲也怯律以及察罕的幼弟,前往城内劝降的蒙古使者也一并遇害。消息传来,察罕悲痛不已,但他仍然奋勇作战,最终攻破城池。成吉思汗要杀掉全城百姓给察罕报仇,被察罕断然拒绝,请恕百姓无罪,仅仅只杀掉阿绰等36人。

中兴府被围半年后,察罕又接受成吉思汗的命令,进城劝降。察罕到后,晓以利害,好言相劝,劝说李睍出降,避免了中兴府遭遇更惨烈的兵祸。当听说自己的同胞有被杀戮的危险时,他又挺身而出,制止了屠城。没有人敢挑战大汗养子的权威,失望的蒙古人收起了出鞘的宝刀,悻悻而回。可能是担心蒙古人不守承诺,察罕又单骑驰入中兴府,将百姓召集到自己的身边,亲自安抚和保护他们,中兴府的民心就此安定了下来

察罕制止蒙古将士的屠城行为,实际上也遵循了成吉思汗的遗志。原来,在西夏投降前,成吉思汗确实有过屠城泄愤的想法,群臣见大汗气恼不已,莫敢劝阻。只有汉人王德真谏道:"犯顺效逆的罪魁祸首已经被诛杀了,百万平民各为其主,本来无罪,应该让他们存活下来。陛下应将降服的万国百姓都视为自己的子民,而非敌人,应一视同仁地对待。"据史料记载,成吉思汗听完王德真的话醒悟过来,赦免了西夏百姓的抵抗之罪,看来成吉思汗对王德真的劝谏是心悦诚服地接受和领会了。这说明蒙元统治阶级对西夏人已经有了崭新的看法:西夏遗民已经不再是国家的敌人,而是与蒙古人和其他民族一样,成为元朝统一多民族国家

拜寺口双塔

蒙古军势不可挡
西夏国灰飞烟灭

治下的新成员。

反过来看,站在西夏人的角度,面对所向披靡、战无不胜、席卷欧亚大陆的蒙古铁骑,同样以战立国且具备尚武精神的党项民族虽然组织了一些抵抗,但却并没有取得良好的战绩。然而,当他们发现蒙古骑兵无法战胜,而整个中华从分裂走向统一的趋势又不可避免时,西夏人也发扬了他们的另一种智慧,即有条件地归附,顺应历史趋势,来保证自己的民族和文明能够继续发展。